新能源汽车关键技术研发系列

燃料电池汽车整车控制系统开发实践

李建威 胡东海 方 成 著

机械工业出版社

本书结合燃料电池汽车控制系统开发实践，全面描述了燃料电池汽车整车控制系统开发的流程，并基于控制系统开发工具，给出开发应用案例。本书主要内容包括燃料电池汽车国内外发展现状、燃料电池汽车整车电气原理、燃料电池汽车整车通信协议、燃料电池汽车整车控制策略、整车控制策略自动代码生成、整车控制策略硬件在环仿真、整车控制策略在线自动标定。本书适合燃料电池汽车开发工程师及控制系统开发工程师学习使用，也可供车辆工程专业师生阅读参考。

图书在版编目（CIP）数据

燃料电池汽车整车控制系统开发实践/李建威，胡东海，方成著. —北京：机械工业出版社，2023.5

（新能源汽车关键技术研发系列）

ISBN 978-7-111-72798-9

Ⅰ. ①燃… Ⅱ. ①李… ②胡… ③方… Ⅲ. ①燃料电池-电传动汽车-控制系统-整车试验 Ⅳ. ①U469.72

中国国家版本馆CIP数据核字（2023）第045325号

机械工业出版社（北京市百万庄大街22号　邮政编码100037）
策划编辑：孙　鹏　　　　　责任编辑：孙　鹏
责任校对：郑　婕　梁　静　封面设计：张　静
责任印制：邓　敏
中煤（北京）印务有限公司印刷
2023年6月第1版第1次印刷
169mm×239mm・18.5印张・360千字
标准书号：ISBN 978-7-111-72798-9
定价：149.00元

电话服务　　　　　　　　　网络服务
客服电话：010-88361066　　机　工　官　网：www.cmpbook.com
　　　　　010-88379833　　机　工　官　博：weibo.com/cmp1952
　　　　　010-68326294　　金　书　网：www.golden-book.com
封底无防伪标均为盗版　　　机工教育服务网：www.cmpedu.com

前言

在绿色能源产业高质量发展中,燃料电池汽车因其独特优势而逐渐被人们关注。我国《氢能产业发展中长期规划(2021—2035年)》《"十四五"现代能源体系规划》等产业政策均为燃料电池汽车行业的发展提供了明确方针。燃料电池汽车性能发挥除了取决于电堆等关键部件的质量,成熟可靠的控制系统也对提升燃料电池汽车经济性、耐久性、动力性及燃料电池使用效率和寿命起着至关重要的作用。国外有关科研单位将模型设计、数学建模、联合模拟等技术运用于控制系统开发,其控制系统的广度和深度均已相当成熟,达到了世界先进水平。我国的控制系统研发也在逐步实现产业化、规范化、标准化。

燃料电池汽车整车控制系统的开发是整车研发设计过程中的关键,本书以燃料电池汽车为研究对象,开展对整车控制系统开发的介绍。全书共分为7章:第1章介绍了燃料电池汽车国内外发展现状;第2章介绍了燃料电池系统、动力电池系统、集成配电系统、驱动电机及整车附件电气原理等;第3章介绍了整车通信网络与CAN拓扑结构、整车通信网络要求、CAN网络报文格式、燃料电池管理系统通信协议、动力电池管理系统通信协议、驱动电机控制器通信协议、组合仪表通信协议及智能辅助高压控制器通信协议;第4章介绍了整车控制策略信号输入、控制逻辑及信号输出;第5章介绍了ECCoder工具箱、模型配置参数、模块功能、代码生成与集成;第6章介绍了整车控制策略MIL仿真、SIL仿真及HIL仿真;第7章介绍了ECKA在线标定软件及应用例程。

本书适用于燃料电池汽车控制系统开发领域的教师、学生、制造商、研究人员和工程师,既是一本介绍燃料电池控制系统开发的教材,也是一本值得深入学习的参考书。

在本书编写过程中,参考了国内外一些学者的专著、研究论文与相关教材,在此对所有作者表示由衷的感谢。

由于作者水平有限,书中难免存在不足之处或错误,恳请各位读者批评指正。

作 者

目 录

前言
第1章 燃料电池汽车国内外发展现状 1
1.1 燃料电池汽车国外发展现状 1
1.1.1 燃料电池乘用车国外发展现状 2
1.1.2 燃料电池客车国外发展现状 6
1.1.3 燃料电池卡车国外发展现状 10
1.2 燃料电池汽车国内发展现状 12
1.2.1 燃料电池乘用车国内发展现状 14
1.2.2 燃料电池客车国内发展现状 21
1.2.3 燃料电池卡车国内发展现状 28
1.3 本章小结 35
参考文献 35
第2章 燃料电池汽车整车电气原理 36
2.1 燃料电池系统电气原理 36
2.1.1 燃料电池系统高压电气原理 36
2.1.2 燃料电池系统低压电气原理 40
2.2 动力电池系统电气原理 45
2.2.1 动力电池系统高压电气原理 46
2.2.2 动力电池系统低压电气原理 49
2.3 集成配电系统电气原理 51
2.3.1 集成配电系统高压电气原理 51
2.3.2 集成配电系统低压电气原理 53

目　录

- 2.4 驱动电机电气原理 ······ 54
  - 2.4.1 驱动电机高压电气原理 ······ 54
  - 2.4.2 驱动电机低压电气原理 ······ 55
- 2.5 组合仪表电气原理 ······ 56
  - 2.5.1 组合仪表硬线信号传输 ······ 56
  - 2.5.2 组合仪表 CAN 信号传输 ······ 58
- 2.6 远程监控电气原理 ······ 59
- 2.7 燃料电池商用车整车附件电气原理 ······ 60
  - 2.7.1 整车附件高压电气原理 ······ 60
  - 2.7.2 整车附件低压电气原理 ······ 63
- 2.8 本章小结 ······ 74
- 参考文献 ······ 74

第 3 章　燃料电池汽车整车通信协议 ······ 75
- 3.1 整车通信网络与 CAN 拓扑 ······ 75
- 3.2 整车通信网络要求 ······ 76
- 3.3 CAN 网络报文格式 ······ 76
- 3.4 燃料电池管理系统通信协议 ······ 77
  - 3.4.1 VCU 向 FCU 发送数据 ······ 77
  - 3.4.2 FCU 向 VCU 反馈数据 ······ 79
- 3.5 动力电池管理系统通信协议 ······ 82
  - 3.5.1 VCU 向 BMS 发送数据 ······ 82
  - 3.5.2 BMS 向 VCU 反馈数据 ······ 85
- 3.6 驱动电机控制器通信协议 ······ 96
  - 3.6.1 VCU 向 MCU 发送数据 ······ 96
  - 3.6.2 MCU 向 VCU 反馈数据 ······ 97
- 3.7 组合仪表通信协议 ······ 100
  - 3.7.1 VCU 向 IP 发送数据 ······ 100
  - 3.7.2 IP 向 VCU 反馈数据 ······ 104
- 3.8 智能辅助高压控制器通信协议 ······ 105
  - 3.8.1 VCU 向 PDU 发送数据 ······ 105
  - 3.8.2 PDU 向 VCU 反馈数据 ······ 106
- 3.9 本章小结 ······ 111
- 参考文献 ······ 111

第4章 燃料电池汽车整车控制策略 … 112
4.1 整车控制策略信号输入层 … 112
4.1.1 CAN 输入模块 … 112
4.1.2 I/O 输入模块 … 114
4.2 整车控制策略控制逻辑层 … 117
4.2.1 驾驶意图识别模块 … 117
4.2.2 整车高压上下电模块 … 121
4.2.3 整车驱动控制模块 … 130
4.2.4 整车能量管理模块 … 148
4.2.5 整车故障诊断模块 … 159
4.2.6 整车附件控制模块 … 161
4.3 信号输出层 … 162
4.3.1 CAN 输出模块 … 163
4.3.2 I/O 输出模块 … 164
4.4 本章小结 … 166
参考文献 … 166

第5章 整车控制策略自动代码生成 … 167
5.1 ECCoder 工具概览 … 167
5.1.1 环境要求 … 167
5.1.2 功能概述 … 167
5.2 模型配置参数 … 168
5.2.1 选择 tlc 文件 … 168
5.2.2 选择硬件平台 … 168
5.2.3 自动配置参数 … 168
5.3 模块功能介绍 … 170
5.3.1 CAN 通信模块 … 170
5.3.2 输入输出（IO）接口模块 … 172
5.3.3 变量模块 … 172
5.3.4 系统管理模块 … 173
5.3.5 复杂驱动模块 … 174
5.4 自定义配置说明 … 175
5.4.1 打开配置文件 … 175
5.4.2 编辑配置文件 … 175

目　录

- 5.5 代码生成与集成 ··· 177
  - 5.5.1 代码生成步骤 ·· 177
  - 5.5.2 自动代码集成 ·· 178
  - 5.5.3 A2L 自动合并 ·· 180
  - 5.5.4 手动代码集成 ·· 181
  - 5.5.5 生成代码结构 ·· 181
- 5.6 本章小结 ··· 183

第 6 章　整车控制策略硬件在环仿真 ································· 184

- 6.1 整车控制策略 MIL 仿真 ··· 184
  - 6.1.1 MIL 主要内容 ·· 184
  - 6.1.2 MIL 测试设计 ·· 185
  - 6.1.3 单元模块测试 ·· 187
- 6.2 整车控制策略 SIL 仿真 ··· 208
  - 6.2.1 SIL 主要内容 ·· 208
  - 6.2.2 SIL 测试设计 ·· 209
  - 6.2.3 单元模块设计 ·· 210
- 6.3 整车控制策略 HIL 仿真 ··· 221
  - 6.3.1 HIL 主要内容 ·· 221
  - 6.3.2 HIL 仿真平台 ·· 223
  - 6.3.3 HIL 框架搭建 ·· 228
  - 6.3.4 HIL 模块测试验证 ·· 231
- 6.4 本章小结 ··· 234
- 参考文献 ·· 234

第 7 章　整车控制策略在线自动标定 ································· 236

- 7.1 ECKA 软件介绍 ··· 236
- 7.2 ECKA 工作原理 ··· 236
  - 7.2.1 ECU 在线标定的原理 ······································ 237
  - 7.2.2 ECKA 接口架构 ··· 237
  - 7.2.3 ECKA 文件组成机制 ······································· 238
- 7.3 ECKA 界面布局 ··· 239
  - 7.3.1 菜单栏 ·· 239
  - 7.3.2 工具栏 ·· 247
  - 7.3.3 状态栏 ·· 248

  7.3.4　页面标签栏 ·················· 249
  7.3.5　子窗口显示区 ················ 250
 7.4　应用例程 ························ 250
  7.4.1　创建工程 ··················· 250
  7.4.2　设备管理 ··················· 251
  7.4.3　权限管理 ··················· 252
  7.4.4　配置监控 ··················· 253
  7.4.5　配置界面 ··················· 254
  7.4.6　标定上线 ··················· 257
  7.4.7　运行监控 ··················· 257
 7.5　本章小结 ························ 258
附录 ································· 259
 附录 A　ECCoder 安装说明 ············· 259
 附录 B　ECKA 安装说明 ··············· 261
 附表 ····························· 263

第 1 章
燃料电池汽车国内外发展现状

燃料电池汽车是当今世界新能源汽车发展的重要方向,自巴拉德公司质子交换膜燃料电池成功研发并有样车问世以来,美国、日本、德国等国家各大厂商都对其进行了大量的研究与探讨,相继推出以燃料电池为动力系统的新能源汽车。近年来,随着氢燃料电池技术的突破和新能源汽车的快速发展,以及国家对清洁能源的日益重视,我国开始加大对氢燃料电池领域的规划和支持力度,政策出台也越来越集中,各大车企也对燃料电池汽车寄予厚望。作为本书的开篇之章,本章对国内外氢燃料电池汽车产业发展的一些最新资料进行论述,分析了不同类型燃料电池汽车的整车配置、性能指标与技术水平,并说明燃料电池汽车整车控制系统开发的必要性。

1.1 燃料电池汽车国外发展现状

美国、欧盟、日本、韩国等着眼于未来长期经济和社会的发展,依据各自的国家能源战略推进氢能产业发展,氢燃料电池技术及其在汽车上的推广应用是这些国家氢能战略的重要组成部分,其普遍瞄准二十年以后的氢能经济。国外的一些企业如丰田、本田、戴姆勒、现代、通用等均有氢燃料电池乘用车发布或上市,部分车型如丰田 Mirai、现代 NEXO、本田 Clarity 等一次加氢行驶的里程可达 600km 以上(不同的车型版本及工况标准下续驶里程可能有差别),基本与燃油车相当[1]。在日本和韩国,燃料电池汽车的销售量均突破 10000 辆。其中,丰田 Mirai 是目前全球销量最好的氢燃料电池乘用车。

燃料电池客车因其行驶路线固定、使用方式集中的特点,更方便于燃料补给和检查维修,再加上燃料电池客车车型大,有足够的空间安装燃料电池和相关零部件,推广燃料电池客车已被各国认为是实现燃料电池商业化战略的最佳选择之一。北美、欧洲和亚洲的政府部门都大力支持燃料电池客车的开发和示范运行,这使燃料电池客车的数量增长很快。目前,美国和欧洲都在各个城市推出了燃料电池客车示范运行计划,其目的是在各个领域(经济效益、运行数据的采集、维修养护成本、性能、可靠性等）验证该技术。在亚洲，日本和韩国的商用车公司也在大力投入到氢燃料电池客车的研发中。

虽然轻型的燃料电池汽车在全球的局部市场上都有少量销售，但针对中型和重型汽车的燃料电池汽车技术和市场仍在开发中。为了支持燃料电池重卡的发展和推广，以及其他相关技术的进步，目前已有除中国以外的五个国家和地区在重卡领域采用了强制性的能源和二氧化碳排放标准。2020年，美国能源部（United States Department of Energy）推出了一项为期五年、耗资1亿美元的绿色氢燃料电池卡车计划；2019年，欧洲的燃料电池和氢能联合组织发布了根据17个欧洲主要工业参与者的意见而制定的"欧洲氢能路线图"，将为大约4200万辆大型汽车、170万辆卡车、25万辆公共汽车和超过5500辆列车提供燃料。丰田在氢燃料电池乘用车已有领先优势的基础上，不断在重卡领域加码，市场也由北美逐渐扩展至亚洲，这与近几年亚洲氢燃料电池汽车市场蓬勃发展有关。

1.1.1 燃料电池乘用车国外发展现状

1. 丰田集团

丰田汽车作为燃料电池汽车先进技术的代表，其产品已历经3代技术研发，并首次推出了量产并在全球出售的燃料电池车。丰田最早于1922年开始进行燃料电池汽车技术的研发，1993年开始申请相关专利，到2014年开始可以量产氢燃料电池汽车Mirai，此过程历经22年。丰田在氢燃料电池系统技术各个领域均有专利布局，技术非常全面，其专利申请量占据全球第一。经过不断完善，丰田在2019的东京车展上带来了第二代丰田Mirai Concept，如图1.1所示。相比第一代的Mirai，第二代Mirai在氢燃料电池的性能方面以及氢气的储备容量上都提高了不少，续驶里程也比第一代增加了30%。

图1.1 丰田第二代Mirai Concept

该型号燃料电池乘用车的整车主要配置见表1.1。新一代Mirai的动力系统性能和功率密度进一步提升，采用了固态聚合物氢燃料电池，体积更小且体积比功率更高，燃料电池DC/DC变换器也比老款体积小21%，轻2.9kg，电堆峰值功率提升到128kW，体积比功率高达4.4kW/L，可以在9.0s内加速到100km/h。新一代Mirai还优化了整车布置，燃料电池系统由分散式布置改为一体化集成布置于前舱，储氢瓶增加为3个，氢气搭载量由第一代的4.6kg提升至5.6kg，续驶里程提升至750km。

表1.1 整车主要配置

车辆基本信息	
外廓尺寸长×宽×高/mm	4975×1885×1470
总质量/kg	2205
整备质量/kg	1930
最高车速/(km/h)	175
续驶里程/km	750
燃料电池系统生产企业/型号	丰田FCB130
燃料电池系统最大功率/kW	128

2. 现代集团

现代汽车早在1998年就设立了燃料电池开发部门，启动开发氢燃料电池汽车，并于2000年在圣达菲车型基础上，研发出第一款氢燃料电池车。随后在2004年自主研发出燃料电池电堆，2010年启动燃料电池车量产车型核心零部件的模块化和通用化，2013年发布全球首款量产氢燃料电池汽车ix35 FCEV，2018年推出第二代氢燃料电池汽车NEXO，如图1.2所示。2021年1月，现代汽车首个海外氢燃料电池系统生产与销售基地"HTWO广州"正式宣布落户广东，以满足国内的氢燃料电池需求，涉及汽车、发电机、船舶、火车等行业。

图1.2 现代NEXO

该型号燃料电池 SUV 的整车主要配置见表 1.2。NEXO 搭载的燃料电池系统，最大功率 135kW，峰值转矩 395N·m，比上一代的电池堆体积更小，功率反而提高 20%，可以让车辆在 9.2s 内完成 0—100km/h 的加速，最高车速可达 179km/h。NEXO 配备了 3 个储氢罐，氢气加满体积为 52.2L，储氢系统质量 111kg，比上一代车型减少了 16.5kg，提高了氢重量在整体燃料储存系统重量里的比率。NEXO 仅需 5min 即可加注完成约 156L（6.3kg）的 70MPa 氢气，实现 800km 以上的综合续驶里程。

表 1.2　整车主要配置

车辆基本信息	
外廓尺寸长×宽×高/mm	4670×1860×1640
总质量/kg	2145
整备质量/kg	1870
最高车速/(km/h)	179
续驶里程/km	820
燃料电池电堆生产企业/型号	现代 113kW 燃料电池电堆
燃料电池系统最大功率/kW	135

3. 奔驰汽车

早在 1988 年，戴姆勒工程师就提出将航空航天上的 PEMFC 应用到汽车上，1991 年进入实践阶段，并在短短 3 年时间里开发出第一台真正意义上的 PEM 燃料电池汽车。2003—2008 年，戴姆勒对燃料电池汽车的研究主要是供日常使用以及车队测试，其中就包括了第一款燃料电池乘用车 A-Class F-CELL；2009 年开始推出第二代燃料电池乘用车 B-Class F-CELL，奔驰进入了小批量生产阶段，随后开始进行成本降低、技术迭代，直到 2017 年正式推出 GLC F-Cell，如图 1.3 所示。但由于制造成本以及种种原因，奔驰母公司戴姆勒日前宣布，正式终止氢燃料电池乘用车开发计划。

该型号燃料电池 SUV 的整车主要配置见表 1.3。奔驰 GLC F-CELL 是全球首款搭载燃料电池+蓄电池系统的插电式混合动力汽车，除氢燃料电池外，GLC F-Cell 也可依靠蓄电池行驶。由 400 片燃料电池单体组成的金属极电堆峰值功率 75kW，锂离子电池组容量 13.5kW·h。与奔驰上一代燃料电池汽车相比，新一代燃料电池系统体积减小约 30%，可以完全容纳在发动机舱内，但最高能有 147kW 的输出功率。GLC F-CELL 车辆地板上的两个碳纤维外壳罐在 70MPa 下可容纳 4.4kg 氢气，平均每行驶 100km 所需的氢气量为 0.97kg。

第 1 章
燃料电池汽车国内外发展现状

图 1.3　奔驰 GLC F – Cell

表 1.3　整车主要配置

车辆基本信息	
外廓尺寸长 × 宽 × 高 /mm	4671 × 2096 × 1653
总质量 /kg	未公布
整备质量 /kg	2149
最高车速 /(km/h)	160
续驶里程 /km	430
燃料电池电堆生产企业 / 型号	奔驰 75kW 燃料电池电堆
燃料电池系统最大功率 /kW	147

4. 本田汽车

本田从 1999 年开始研发燃料电池汽车，在使用巴拉德系统的同时也一直坚持自主研发燃料电池系统。本田的燃料电池汽车被认为可以与丰田的 Mirai 媲美，与其一直坚持自主研发有着密切联系。在 1999—2003 年间坚持每年推出一款新的燃料电池汽车，每一次都有着明显的进步，其在 2003 年推出的 FCX – V4，技术参数已经与现在的燃料电池汽车非常接近。但在 2003 年后本田停止了对燃料电池汽车的持续更新，直到 2007 年才再次推出了一款燃料电池汽车 Clarity，这个名字也一直沿用到现在。2007 年之后，本田再次"断更"，直到 2016 年才重新推出了新的 Clarity FUEL CELL，如图 1.4 所示。

该型号燃料电池轿车的整车主要配置见表 1.4。动力方面，本田 Clarity FUEL CELL 通过将构成燃料电池堆的单电池功率提高 1.5 倍，在保持整个电堆功率的同时，减少 30% 的单电池数量，体积比传统燃料电池堆小 33%，体积比

5

图 1.4 本田 Clarity FUEL CELL

功率提高 60%，质量比功率提高 35%。后座后面和后座下方的两个储氢瓶（70MPa）可容纳 5kg 氢气，续驶里程为 750km。

表 1.4 整车主要配置

车辆基本信息	
外廓尺寸长×宽×高/mm	4915×1875×1480
总质量/kg	未公布
整备质量/kg	1850
最高车速/(km/h)	161
续驶里程/km	750
燃料电池系统生产企业/型号	本田 100kW 燃料电池系统
燃料电池系统最大功率/kW	103

1.1.2 燃料电池客车国外发展现状

1. 美国

美国在 2006 年专门启动了国家燃料电池公共汽车计划（National Fuel Cell City Bus Program，NFCBP），进行了广泛的车辆研发和示范工作，2011 年美国燃料电池混合动力公共汽车实际道路示范运行单车寿命超过 11000h；到 2015 年，运行的公交车平均累计运行时间已经达到 9000h（仍然在运行），车辆寿命最长超过 18000h；2016 年，美国燃料电池公共汽车的使用寿命已达到 20000～30000h，车辆性能达到传统柴油客车水平，实现每天 19h 的运行，故障间隔里程大于 4000mile（1mile≈1.6km）[2]。2019 年，北美最大客车制造商 New Flyer 推出 Xcelsior CHARGE H2™ 燃料电池大型客车如图 1.5 所示。

图 1.5 Xcelsior CHARGE H2™ 燃料电池大型客车

Xcelsior CHARGE H2™ 燃料电池重型运输客车 40 英尺型号的整车配置见表 1.5。Xcelsior CHARGE H2™ 客车是一款利用压缩气态氢为燃料的电动汽车，采用巴拉德公司的燃料电池技术。该车型续驶里程可达 563km，可根据不同型号和运行条件在 6~20min 内完成加氢。

表 1.5 整车主要配置

车辆基本信息	
外廓尺寸长×宽×高/mm	12500×2600×3300
整备质量/kg	14628
燃料电池系统生产企业/型号	巴拉德 FCfimet-HD85
续驶里程/km	563
燃料电池系统净功率/kW	85

2. 欧洲

欧洲的燃料电池客车示范计划（HYFLEET-CUTE）于 2003—2010 年在 10 个城市示范运行了 30 辆第一代戴姆勒燃料电池客车 Fuel Cell Citaro，累计运行 130 万 mile。但是第一代纯燃料电池客车燃料电池的效率为 38%~48%，寿命只有 2000h，经济性较差[3]。在此基础上，欧洲燃料电池客车示范项目（CHIC）又于 2011 年在 5 个城市开展了 26 辆第二代燃料电池公共汽车 Citaro Fuel Cell-Hybrid 示范运行，如图 1.6 所示。

该型号氢燃料电池客车的整车主要配置见表 1.6。第二代燃料电池客车总质量为 13.2t，与前代相比减小约 1t；电池设计寿命为 6 年，改进后的燃料电池和锂电池可节省 50% 氢消耗，燃料电池由两个模块组成，可提供 120kW 的功率，

图 1.6 奔驰 Citaro Fuel Cell – Hybrid 氢动力燃料电池客车

每个单元 60kW；续驶里程为 250km。其目标是实现燃料电池汽车性能达到目前燃油汽车的标准。

表 1.6 整车主要配置

车辆基本信息	
外廓尺寸长×宽×高/mm	11950×2550×3400
整备质量/kg	13200
氢耗/(kg/100km)	10~14
续驶里程/km	约 250
燃料电池系统生产企业/型号	巴拉德 FCmoveTM – HD
燃料电池系统峰值功率/kW	120

3. 日本

日本的商用车公司也在大力投入氢燃料电池客车的研发中。由丰田汽车持股 50.1% 的日野公司，从 1997 年开始着手研发燃料电池技术，到 2002 年 9 月正式推出了首台氢燃料电池公交车 FCHV – BUS2。这是日野第一台氢燃料电池技术整车，这款车在 2005 年 1 月投入运营，累计运载超过百万人次。在 2015 年，日野联手丰田又推出了第二代燃料电池客车。这台车的燃料电池系统参考了丰田 Mirai 的"丰田燃料电池系统"（TFCS）。2021 年，丰田在东京奥运会上投入 100 辆燃料电池客车 SORA，如图 1.7 所示。

该型号燃料电池客车的整车主要配置见表 1.7。SORA 搭载了与丰田首款氢燃料汽车 Mirai 相同的 TFCS，其动力总成包括两个 114kW 的燃料电池组和双电机驱动，电机最大功率为 113kW，峰值转矩为 335N·m。为 SORA 提供动力源的是总容量达 600L 的 10 个氢气罐，同时配备了一块镍氢电池以应对紧急情况。

第 1 章
燃料电池汽车国内外发展现状

图 1.7 丰田 SORA 燃料电池客车

此外，SORA 还搭载了大容量外部供电系统，用于紧急情况时的动力输出，最大功率 9kW，燃料满载的情况下可供应 235kW·h。

表 1.7 整车主要配置

车辆基本信息	
外廓尺寸长×宽×高/mm	10525×2490×3340
容量（座位+站立+乘员）	79（22+56+1）人
电机类型	交流同步电机
燃料电池系统生产企业/型号	丰田 FC Stack
燃料电池系统峰值功率/kW	228
高压氢气罐数/个	10
高压氢气罐内容积/L	600

4. 韩国

韩国从 2002 年开始研发燃料电池电动汽车，2005 年采用巴拉德的电堆组装了 32 辆 SUV，2006 年推出了自己研发的第一代电堆，组装了 30 台 SUV 和 4 辆大客车，并进行了示范运行；2009—2012 年间，开发了第二代电堆，装配了 100 台 SUV，开始在国内进行示范和测试，并对电堆性能进行改进；2012—2015 年，推出了第三代燃料电池 SUV 和客车，开始全球示范。基于现代汽车在氢燃料电池技术方面的领先优势，2020 年 9 月 27 日，现代汽车宣布向沙特阿拉伯出口氢燃料电池客车 Elec City FCEV，如图 1.8 所示。这是现代汽车首次面向中东地区展开氢燃料电池车业务的出口贸易。

该型号燃料电池客车的整车主要配置见表 1.8。该款氢燃料电池客车车身尺寸为 10995mm×2490mm×3420mm，配备了 180kW 的燃料电池系统，该系统由

图1.8 现代 Elec City 燃料电池客车

两个 90kW 的氢燃料电池组成,配有耐用的氢扩散层和电解质膜。180kW 的最大输出功率可提供充足的驱动力,即使在丘陵路况下也是如此。车顶有 5 个氢气罐,总共可储存 34kg 氢气,并配备有 78.4kW·h 的电池,适合交通拥堵区段较多的路线或长途行驶路线,以及坡路区段等耗电率较高的行驶路线,一次充电可行驶约 474km。另外,采用 ZF 新中央电机,确保品质的同时提高了运营效率。

表1.8 整车主要配置

车辆基本信息	
外廓尺寸长×宽×高/mm	10995×2490×3420
整备质量/kg	12140
续驶里程/km	474
燃料电池系统生产企业/型号	现代 180kW 燃料电池系统
燃料电池系统峰值功率/kW	180

1.1.3 燃料电池卡车国外发展现状

1. 肯沃斯卡车

2018 年,丰田汽车北美分公司与美国卡车厂商(Kenworth)合作开发的氢燃料电池重型卡车——肯沃斯 T680 氢燃料电池牵引车亮相,并投入到美国加利福尼亚洛杉矶港的货物运输之中,如图 1.9 所示。

该型号燃料电池重卡的整车主要配置见表 1.9。肯沃斯 T680 氢燃料电池牵引车使用 6 个 35MPa 的 5kg 氢燃料罐,非常适合短途旅行和航运港口运营。在肯沃斯 T680 型氢燃料电池牵引车上,氢燃料电池共有 740 组,要比已经批量生

第 1 章
燃料电池汽车国内外发展现状

图 1.9　肯沃斯 T680 氢燃料电池牵引车

产的丰田 Mirai 轿车多 1 倍。肯沃斯 T680 型氢燃料电池牵引车搭载了类似丰田 Mirai 轿车的 2 套氢燃料电池，最高车速可达 105km/h。

表 1.9　整车主要配置

车辆基本信息	
卡车级别	8 级卡车
总质量/kg	9979
整备质量/kg	未公布
最高车速/(km/h)	105
续驶里程/km	482
燃料电池电堆生产企业/型号	丰田氢燃料电池系统
燃料电池系统最大功率/kW	300

2. 现代集团

2020 年 7 月，现代汽车打造的全球首款量产燃料电池重型卡车——XCIENT Fuel Cell，首批 10 台车辆已启程运往瑞士，这些氢燃料电池重卡在瑞士主要用于运输冷藏品。2021 年，现代汽车对 XCIENT 燃料电池的设计和性能进行了升级，如图 1.10 所示。为了顺利推动 XCIENT Fuel Cell 的普及，现代还牵头构建"氢燃料电池重卡生态圈"，主要从产品研发、燃料生产、加氢站网络构建等多个方面发力。

该型号燃料电池重卡的整车主要配置见表 1.10。2021 XCIENT Fuel Cell 配备了 180kW 氢燃料电池系统（两个 90kW 燃料电池堆），针对这款重卡车型进行了全新改装。燃料电池系统的耐用性以及车辆的整体燃料效率得到了改进，以更好

图1.10　现代2021 XCIENT Fuel Cell

地满足商业车队客户的需求。搭载的7个大型氢罐提供约31kg的总燃料存储量，加满氢气需要8～20min，具体取决于环境温度，其最大续驶里程约为400km。

表1.10　整车主要配置

车辆基本信息	
外廓尺寸长×宽×高/mm	9745×2540×3730
总质量/kg	27500
整备质量/kg	8000
最高车速/(km/h)	85
续驶里程/km	400
燃料电池系统生产企业/型号	现代180kW燃料电池系统
燃料电池系统额定功率/kW	180
燃料电池系统最大功率/kW	180

1.2　燃料电池汽车国内发展现状

我国的氢燃料电池汽车研发起步较早，2010年，上汽集团、同济大学、清华大学等企业和高校院所合作推出了6辆燃料电池客车、68辆燃料电池轿车和100辆燃料电池观光车并在世博会示范运行，是当时世界上规模最大的一次燃料电池汽车示范运行活动[4]。2011—2014年，我国的氢燃料电池乘用车参与了"必比登挑战赛"，2011年获得燃料电池汽车总分组第三名，2014年获得燃料电池汽车组第一名，体现了我国氢燃料电池汽车的领先技术。近年来我国逐渐重视氢燃料电池的未来潜力，《能源技术革命创新行动计划（2016—2030年）》发布了氢能全产业链的发展目标及技术研发路线，标志着氢燃料电池产业已被纳入我国国家能源战略。尤其是2018年5月，李克强总理参观丰田氢燃料电池车后，多部委成立氢燃料电池联合小组，政策出台加速，示范运行项目增多，产业链投资热度显著提升，技术及关注热度也逐步提高。2020年4月，财政部、工信部、科技部、发改委明确提出要将氢燃料电池汽车从之前的购置补贴改为"以奖代补"的方式。截至2019年底，我国累计推广燃料电池汽车超过6500辆（含氢燃料电池商用车），建成加氢站超过50座，形成初创企业400多家。虽然目前我国氢燃料电池乘用车仍处在起步阶段，但我国的发展规划比较远大，根据《氢能产业发展中长期规划（2021—2035年）》，到2035年，实现百万辆的氢燃料电池汽车上路行驶，形成氢能多元应用生态，可再生能源制氢在终端能源消费中的比例明显提升[5]。

根据国内氢燃料电池乘用车企业研发起步时间、研发成果、项目团队规模等维度，国内氢燃料电池乘用车企业可以分为三个梯队：上汽集团起步早，且有荣威950燃料电池轿车几十台的批量示范运行，可列为第一梯队；一汽集团和长城汽车的燃料电池汽车项目研发投入相对较早，且研发团队有一定的规模和研发成果，可位居第二梯队；国内其他车企如广汽、吉利、东风、长安等企业在2020—2021年也相继完成了燃料电池乘用车的公告，为第三梯队。虽然国内已经有较多的企业开展研究，但与国外车企相比，我国氢燃料电池乘用车的发展还有很长的道路要走。

目前国内燃料电池客车主要应用到公共交通上，其原因一是国内加氢站较少，氢燃料电池公交车行驶路线固定，便于加氢；二是氢燃料电池客车空间大，目前国内的电堆技术在客车上配套更容易；三是当前燃料电池汽车成本高，且加氢不方便，商业车购买群体主要是公交公司等非私人用户，对价格的敏感性相对较低。政府通过对燃料电池客车的大力推广，从而带动整个氢燃料电池汽车产业的发展。我国政府对燃料电池汽车产业的发展高度重视。2015年5月，国务院印发《中国制造2025》文件，提到要继续支持燃料电池汽车的发展；2016年12月，国务院发布了《"十三五"国家战略性新兴产业发展规划》，提出推进燃料电池汽车产业化[6]；2019年5月，中国汽车工程学会发布《长三角氢走廊建设发展规划》，提出打造世界领先的氢燃料电池汽车产业经济带，通过三个阶段来实现氢走廊建设发展目标；2019年12月，工信部发布《新能源汽车产业发展规划（2021—2035年）》（征求意见稿），提出将有序推进氢燃料供给体系建设；2020年2月，工信部发布关于修改《新能源汽车生产企业及产品准入管理规定》（征求意见稿）。可以看出，国家进一步降低新能源汽车制造门槛，这些政策都将有力推动氢燃料电池汽车产业的大力发展。

随着新能源卡车市场的不断升温,燃料电池卡车由于其节能环保、系统效率高、续驶里程长等优势,在车型和续驶里程的需求方面,可以更好地适应氢燃料电池车的特点,也成了我国各大车企关注的产品开发方向。从2016年开始,我国燃料电池卡车销量呈上升趋势,但并不稳定,特别是2018年的交付量较低,整体行业受产业政策和地方政府驱动方案影响较大。其中主要的生产厂家为中通客车、东风汽车和上汽大通。截至2019年9月,已经有9家车企的34款氢燃料电池卡车进入了工信部推荐目录,其中东风、中通的车型分布较多,分别占50%和14%,但这些车型大多未形成持续的销售订单,这与燃料电池系统技术更迭和国家补贴政策的变化均有关联。而推荐目录中的车型主要以7~9t的中卡为主,占所有车型的97%,而燃料电池系统的额定功率大多在30kW,占全部车型的73%。随着技术的不断进步以及补贴政策要求的提升,系统功率也在逐渐提升,从2018年开始已经逐渐向60kW系统提升。国内中通、东风、福田、庆铃等多家车企均推出了燃料电池轻卡物流车,江铃、上汽、陕汽等多家车企也相继推出了燃料电池中卡与燃料电池重卡[7]。

1.2.1　燃料电池乘用车国内发展现状

1. 上汽集团

早在2001年,上汽集团就启动了凤凰一号燃料电池汽车项目,并于2006年成立了燃料电池车事业部。在其"氢战略"发布之前,上汽集团是全球行业中唯一一家实现多品种燃料电池车商业化落地的企业。二十年来,上汽集团在氢燃料电池汽车领域硕果累累。2014年,荣威750燃料电池轿车成为国内首款实现公告的燃料电池汽车;2016年,荣威950燃料电池轿车成为国内首款实现公告、销售和上牌的燃料电池轿车,荣威950也是国内首款应用燃料电池70MPa储氢系统的车型;2020年,全球首款燃料电池MPV乘用车——上汽大通MAXUS EUNIQ 7正式下线,如图1.11所示。

该型号燃料电池MPV乘用车的整车主要配置见表1.11。该款车型配装了上汽集团最新自主开发的第三代燃料电池系统,搭载了83.5kW的大功率燃料电池,储氢系统压力达70MPa,属国内最高水平,总储氢量达到6.4kg。其所采用的燃料电池与储氢系统,均可基于无痕氢动架构复制到其他类型的车型上。仅需3min,即可加满EUNIQ 7的6.4kg高压储氢瓶,NEDC续驶里程可达605km。100km氢耗仅有1.18kg,折合每1km使用成本0.4元,同时可实现-30℃冷起动,采用电堆余热取暖技术,冬天低温行驶里程也不衰减。

图 1.11　上汽大通 MAXUS EUNIQ 7

表 1.11　整车主要配置

车辆基本信息	
外廓尺寸长×宽×高/mm	5225×1980×1938
总质量/kg	3150
整备质量/kg	2550
最高车速/(km/h)	150
续驶里程/km	605
燃料电池系统生产企业/型号	上海捷氢 p390
燃料电池系统额定功率/kW	84
燃料电池系统最大功率/kW	92

2. 一汽集团

中国一汽早在 2009 年以前就开始了氢能与燃料电池技术的研发，主要研发产品包括燃料电池发动机以及可应用于传统动力汽车和混动汽车的氢能发动机。2010 年上海世博会，中国一汽联合同济大学制作了 6 辆奔腾燃料电池轿车，开展示范运行。中国一汽相继推出了 50kW、100kW 级别的燃料电池发动机；自主设计研发的首款红旗 2.0L 氢能专用发动机也已下线交付。在资源布局方面，中国一汽与丰田等 6 家公司合资，成立了联合燃料电池系统研发（北京）有限公司。在技术开发合作方面，中国一汽积极参与产学研合作，聚焦系统集成、仿真、控制等技术，电堆、空气压缩机、氢循环泵、DC/DC 等部件，测试、评价等领域，与国内企业、高校有广泛的合作。2021 年 6 月 8 日，在第六届国际氢能与燃料电池汽车大会（FCVC 2021）上，红旗 H5 – FCEV（氢燃料电池）车型正式亮相，如图 1.12 所示。

图 1.12　一汽红旗 H5 – FCEV

该型号燃料电池轿车的整车主要配置见表 1.12。该款车型沿用了现款红旗 H5 的造型设计。红旗 H5 – FCEV 采用了中国一汽自主开发、国内首款用于乘用车的 50kW 级别燃料电池发动机，这款燃料电池发动机是国内第一款采用金属双极板单堆、系统功率达到 50kW 的大功率燃料电池发动机，体积比功率达到 400W/L，远高于国内同类产品。其配备 2 个储氢罐可存储 4kg 氢气，只需 3 ~ 5min 便可完成氢燃料的加注，100km 耗氢量小于 0.82kg，NEDC 工况下的续驶里程约为 520km。

表 1.12　整车主要配置

车辆基本信息	
外廓尺寸长×宽×高/mm	4945 × 1845 × 1470
总质量/kg	2310
整备质量/kg	1900
最高车速/(km/h)	160
续驶里程/km	520
燃料电池系统生产企业/型号	一汽 CAFS300P50 – 1 燃料电池系统
燃料电池系统额定功率/kW	50.5
燃料电池系统最大功率/kW	54.2

第 1 章
燃料电池汽车国内外发展现状

3. 长安汽车

长安汽车从 2009 年开始，依托国家"十一五""十二五""十三五"期间的重大专项推进燃料电池乘用车的研发，是国内较早一批进入燃料电池汽车领域的企业之一。2010 年上海世博会，长安志翔燃料电池汽车被国家科技部指定为示范运行车辆。2019 年 11 月，长安汽车在英国成立燃料电池技术创新中心，并培养了一批专业的研发团队。目前长安汽车已经完成了三代整车产品的迭代，也已取得了燃料电池整车生产资质，具备燃料电池系统及整车产业化设计开发、实验验证及生产制造能力。2022 年 4 月，长安汽车公布了"深蓝"品牌发布后推出的首款氢燃料电池车型：长安深蓝 C385，这也是中国第一款量产的氢燃料电池轿车。目前，这款代号"C385"的车正式定名为"深蓝 SL03"，如图 1.13 所示。

图 1.13　长安深蓝 SL03

该型号燃料电池轿车的整车主要配置见表 1.13。SL03 共分纯电、增程与氢电三个版本，氢燃料电池系统采用水气异侧电堆设计，实现了更小的体积和更大的功率，具备 10000h 性能衰减小于 10% 的超长寿命，氢电版综合 CLTC 工况下续驶里程可达 700km 以上，馈电氢耗低于 0.65kg/100km。同时 SL03 还配有高效余热回收采暖技术，让车辆在低温地区行驶也能有可靠的续驶表现。氢电版 SL03 可实现 1kg 氢气产生 20.5kW·h 电的充电效率，做到 3min 快速补能。氢电版 SL03 的氢燃料电池的高压储氢瓶能够承受 70MPa 压力。同时储氢瓶的实时泄漏检测搭配整车 24h 数字监控可以做到毫秒级安全响应。

燃料电池汽车整车控制系统开发实践

表 1.13　整车主要配置

车辆基本信息	
外廓尺寸长×宽×高/mm	4820×1890×1480
总质量/kg	2275
整备质量/kg	1900
最高车速/(km/h)	170
续驶里程/km	700
燃料电池电堆生产企业/型号	上海神力科技 sfc-c9
燃料电池系统额定功率/kW	67.5
燃料电池系统最大功率/kW	67.5

4. 广汽集团

广汽研究院一直在开发燃料电池技术，其已初步掌握了多级孔三维石墨烯纳米材料的大批量制备技术，这有利于下一代锂-硫高能单电池、燃料电池新型催化剂及膜电极和超轻高强车身复合材料等技术的开发与应用。此外广汽集团与丰田、亿华通等共同成立商用车燃料电池系统研发公司，充分发挥各自技术优势联合开展燃料电池电堆等组件技术、燃料电池系统控制技术、车辆搭载技术等一系列技术研发工作，大幅缩短了从开发到产品化所需时间，推动了国内氢能源汽车产业发展。2020 年 7 月，广汽集团发布了首款氢燃料电池汽车 AION LX Fuel Cell，并在如祺出行平台开启示范运营，如图 1.14 所示。

图 1.14　广汽 AION LX Fuel Cell

该型号燃料电池轿车的整车主要配置见表 1.14。AION LX Fuel Cell 是基于广汽 GEP2.0 平台开发的燃料电池乘用车，通过燃料电池系统和动力电池系统的组合，最大输出功率超过 135kW，100km 氢耗仅 0.77kg，并可在 -30℃ 的环境

第 1 章
燃料电池汽车国内外发展现状

中实现不需要外部热源一键冷起动。AION LX Fuel Cell 在车尾设置了两个储氢罐，压力标准为 70MPa，容量分别为 53L 和 77L，可以储存 5.2kg 的氢气作为燃料，加满氢气 NEDC 工况续驶里程可达 650km，一次加氢仅需 3~5min。

表 1.14　整车主要配置

车辆基本信息	
外廓尺寸长×宽×高/mm	4814×1935×1685
总质量/kg	2395
整备质量/kg	2000
最高车速/(km/h)	160
续驶里程/km	650
燃料电池电堆生产企业/型号	新源动力 HYMOD-70
燃料电池系统额定功率/kW	70
燃料电池系统最大功率/kW	70

5. 东风汽车

东风汽车集团有限公司是国内最早从事燃料电池汽车技术研究的企业之一，早在国家"九五"计划期间，东风公司就与中科院共同开发过全国首台 30kW 燃料电池示范车——EQ640，此后不断加大投入，加快氢能产业布局；2005 年和 2008 年联合武汉理工大学开发了"楚天一号"乘用车和"楚天二号"中巴车。2018 年，东风公司技术中心牵头、集合 15 家单位承担国家重点研发专项"全功率燃料电池乘用车动力系统平台及整车开发"项目，旨在打造国内首款高效率、高安全性全功率燃料电池乘用车，助力东风公司抢占新能源汽车制高点。经过 3 年攻坚，东风技术团队先后在整车、氢燃料电池系统等方面开展研究，研发了 70kW、120kW 电堆和 50kW、80kW 燃料电池系统，并建立了先进的试制试验基地，开发了国内首款全功率燃料电池车——东风氢舟 H2·e，如图 1.15 所示。

图 1.15　东风氢舟 H2·e

该型号燃料电池轿车的整车主要配置见表 1.15。东风氢舟 H2·e 是国内首款全功率燃料电池乘用车。该车型基于东风风神 AX7Pro 打造而成，搭载 63kW 燃料电池系统，氢燃料电池系统最高效率可达到 60%。它采用两个 52L 的 70MPa 氢瓶，氢气充注时间小于 3min，续驶里程能达到 500km，100km 耗氢量仅为 0.751kg。在 -30℃ 的环境下，东风氢舟 H2·e 也能快速起动。

表 1.15 整车主要配置

车辆基本信息	
外廓尺寸长×宽×高/mm	4640×1860×1680
总质量/kg	2300
整备质量/kg	1920
最高车速/(km/h)	150
续驶里程/km	500
燃料电池电堆生产企业/型号	新源动力 HYMOD-70
燃料电池系统额定功率/kW	62
燃料电池系统最大功率/kW	65

6. 汉腾汽车

作为国内自主品牌"后起之秀"的汉腾汽车，早在企业成立的初期，就将发展燃料电池车作为企业发展一大方向。汉腾汽车充分发挥中国企业"实干派"精神，迅速与清华大学合作，建立了传动、混合动力、发动机、电机、环境与材料、电池、HIL 七大实验室，为燃料电池车发展提供了有利温床，并且汉腾汽车实验室还成功获得中国合格评定国家认可委员会（CNAS）认可，汉腾汽车在新能源燃料电池研发领域准备充分。同时，为了保障燃料电池技术研发与时俱进，汉腾汽车还招揽大批国内外新能源技术先进人才，组成上千人的研发团队。在 2019 年 4 月的上海车展，汉腾汽车便率先展出了旗下氢燃料电池车——汉腾 FCV，如图 1.16 所示。

图 1.16 汉腾 FCV

该型号燃料电池轿车的整车主要配置见表1.16。汉腾FCV的动力系统是一台汉腾汽车与清华大学联合研发的代号为GH40的氢燃料电池发动机。GH40氢燃料电池发动机最大功率42kW，发电效率可达50%以上，0—100km/h的加速时间为11s。汉腾FCV搭载了一个总容积104L的氢气瓶，储氢量达到了4.3kg，再加上一组容量为17kW·h的三元锂电池，汉腾FCV的NEDC工况续驶里程可达550km，工况氢气耗量仅1.05kg/100km。同时为了保证氢气瓶的耐久性，其内胆采用了铝质材料并有碳纤维包裹，可满足5000次加注或15年超长期限。

表1.16 整车主要配置

车辆基本信息	
外廓尺寸长×宽×高/mm	4775×1902×1697
总质量/kg	未公布
整备质量/kg	未公布
最高车速/(km/h)	未公布
续驶里程/km	550
燃料电池电堆生产企业/型号	GH40
燃料电池系统最大功率/kW	42

1.2.2 燃料电池客车国内发展现状

1. 宇通客车

作为客车行业引领者，宇通自2009年开始研发第一代燃料电池客车，率先取得国内首个燃料电池商用车资质认证和产品公告。经过10余年发展，宇通在燃料电池客车领域的探索已硕果累累：截至2020年7月，累计推广燃料电池汽车超过7200辆，建成加氢站约80座。宇通氢燃料客车具备低氢耗、高安全、低温环境适应性强等优势；加氢时间8~10min，续驶里程超过500km，可实现-30℃低温起动，100km氢耗4.3kg。目前宇通客车已推出第三代燃料电池客车，型号为ZK6126FCEVG5，如图1.17所示。

该型号燃料电池低入口城市客车的整车主要配置见表1.17。作为宇通最新第三代公交车产品，它融合宇通睿控技术，氢燃料加注时间仅需10min，测试工况下续驶里程较第二代产品有明显提升，超过600km，尤其是成本下降了50%。该型号燃料电池客车还采用一级踏步、低入口"宇光"新造型。该车还搭载了ECAS空气悬架、无障碍通道、全气囊驾驶员按摩座椅、驾驶区隔离设施、带卫星定位功能的行驶记录仪、液晶显示仪表、360°全景环视系统、视觉预警系统等人性化、智能化配置，带来更出色的驾乘体验，并确保车辆的安全性与可靠性。

图 1.17　ZK6126FCEVG5 型燃料电池低入口城市客车

表 1.17　整车主要配置

车辆基本信息	
外廓尺寸长 × 宽 × 高/mm	12000 × 2550 × 3400
总质量/kg	18000
整备质量/kg	12350, 12800, 13250, 13700
最高车速/(km/h)	69（限速）
续驶里程/km	700
燃料电池系统生产企业/型号	潍柴动力 120kW 燃料电池
燃料电池系统额定功率/kW	120
燃料电池系统峰值功率/kW	240

2. 中通客车

2014 年，中通开始研发氢燃料电池客车，并组建了专业的燃料电池产品研发团队。2016 年底成功推出国内首台 9m 氢燃料客车，2018 年，中通第二代氢燃料客车产品——10.5m 氢燃料客车面世，整车操控性、舒适性、安全性等全面提升。中通客车在燃料电池系统设计、燃料电池热管理控制、氢系统设计、燃料电池系统标定与测试、整车控制、整车匹配与仿真等方面，进行了深入的研发与测试，至今已涵盖客运、公交、高端商务、物流等在内的全系列氢燃料电池客车产品。北京 2022 年冬奥会，40 辆中通氢燃料客车被选定为媒体专用车，此次参与冬奥会后勤保障的 40 辆 12m 中通新 N 系氢燃料电池客车是中通开发的第四代燃料电池客车，如图 1.18 所示。

该型号燃料电池低入口城市客车的整车主要配置见表 1.18。中通新 N 系氢燃料电池客车在续驶里程和可靠性方面都有了大幅提升，搭载 60kW 燃料电池系

第 1 章
燃料电池汽车国内外发展现状

图 1.18　中通新 N 系氢燃料电池客车

统、锰酸锂动力电池、自主研发的电池控制系统以及整车控制系统,加一次氢气能够行驶 500km 以上,产品更安全、更节能。同时,车辆配备有空气净化及消毒装置、温度监测仪等,起到疫情防护作用。安全方面则配备了整车喷淋灭火系统、烟雾检测报警装置等,车辆安全性能进一步加强。因这批车辆行驶路线主要是奥运村到崇礼南,针对路线的高寒环境,中通客车还对车身的低温适应性和车厢内的保温性能进行了重点开发,可实现 -35℃ 车辆正常起动、运行,车内温度可保持在 15℃。

表 1.18　整车主要配置

车辆基本信息	
外廓尺寸长×宽×高/mm	11900×2550×3450
总质量/kg	18000
整备质量/kg	12200,12800
最高车速/(km/h)	69(限速)
续驶里程/km	510
燃料电池系统生产企业/型号	亿华通 G60 燃料电池
燃料电池系统额定功率/kW	63
燃料电池系统峰值功率/kW	80

3. 上汽大通

上汽大通 2001 年开始氢燃料电池相关技术的研发,启动了凤凰一号燃料电池汽车项目;2010 年与清华大学、同济大学共同合作研发的 174 辆燃料电池汽车在世博会运行；2017 年，上汽大通 MAXUS FCV80 作为中国首款商业化运营燃料电池宽体轻客，在上海、抚顺、佛山、大连、无锡、长治和青岛等城市开展示范运营，如图 1.19 所示。在全年有 2 个月平均最低气温低于 $-20{\rm ℃}$，极端最低气温甚至达到 $-30{\rm ℃}$ 的抚顺，FCV80 燃料电池轻客经受住了极寒天气的考验，总体运行状况良好。

图 1.19　上汽大通 MAXUS FCV80 燃料电池轻客

该型号燃料电池宽体轻客的整车主要配置见表 1.19。作为以上汽新一代氢燃料电池系统为动力源而开发的可插电式双动力源燃料电池汽车，FCV80 搭载国内领先的新一代电堆系统、一体化高功率密度燃料电池动力总成、达到国际水平的 35MPa 供氢系统及高效的制动能量回收系统。同时，燃料电池堆快速低温冷起动温度为 $-10{\rm ℃}$，不需要外部加热系统，适用于中国大部分地区。上汽 MAXUS FCV80 可以在 3min 内给车辆注满氢燃料，氢耗 17g/km，比传统燃油车更节能，用车成本仅相当于燃油车的 1/3。

表 1.19　整车主要配置

车辆基本信息	
外廓尺寸长×宽×高/mm	6120×1998×2612
总质量/kg	4220
整备质量/kg	3105
最高车速/(km/h)	100（限速）
续驶里程/km	305
燃料电池系统生产企业/型号	上海捷氢 p240 燃料电池系统
燃料电池系统额定功率/kW	30

4. 厦门金旅

作为全国第一家实现新能源客车商业化运营的客车制造商，在技术研发和运营实践上，金旅一直以来都是国内新能源客车的先行者。在燃料电池汽车领域，金旅起步早、储备足。早在2010年，金旅客车就成立了专门的技术研发团队，并在2016年推出了第一代氢燃料电池客车。在技术层面上，金旅氢燃料电池系列客车采用国际顶尖氢燃料电堆技术，具有低氢耗、长寿命、高效率、高可靠性等优点，并且在实际运营中具有长里程（续驶里程超过500km）、快充注（一次加氢10~15min）、零污染、零排放等诸多优势。截至目前，金旅已开发了8~12m全系列氢燃料电池客车产品，进一步丰富了产品矩阵。图1.20为金旅川流系列8.5m氢燃料电池公交车，是金旅响应国家新能源政策、结合自身技术优势，全新开发的一款新能源城市客车，作为金旅氢燃料电池公交车家族里的主打车型，已经在多地实际上线运行，运营情况良好。在北京"见证品牌力量——2021年度中国商用车品牌营销盛典"中，金旅客车XML6855JFCEV川流系列氢燃料电池城市客车获"氢燃料电池客车之王"奖项。

图1.20　金旅XML6855JFCEVJOCA氢燃料电池城市客车

该型号氢燃料电池城市客车的整车主要配置见表1.20。在客车内部，氢燃料电池客车在设计方面采用与金旅常规纯电动客车不同的三排座椅布局，车辆中控台上配备有胎压监测器、氢燃料防泄漏应急提示器、氢气监测器等，保障行车安全。

表1.20 整车主要配置

车辆基本信息	
外廓尺寸长×宽×高/mm	8540×2480×3500
总质量/kg	14400
整备质量/kg	9900,9600,9200
最高车速/(km/h)	69(限速)
续驶里程/km	700
燃料电池系统生产企业	爱德曼60kW燃料电池
燃料电池系统额定功率/kW	52
燃料电池系统最大功率/kW	52.2

5. 苏州金龙

早在2005年，苏州金龙海格客车便联合上海交通大学、苏州创元集团、神力科技等高校和高科技企业共同研发氢燃料电池客车。2006年3月，海格第一代氢燃料电池公交车在上海世界客车博览会上展出并获得广泛赞誉。在第一代的基础上，2008年，海格客车联合清华大学共同承担国家863项目，引领性地首次采用锂电池+100kW燃料电池的"电电混合"方案，研制出第二代氢燃料电池低地板城市客车。2018年，海格又推出了自主研发的第四代氢燃料电池客车，并实现商业化运营。目前海格联合丰田汽车、上海重塑科技推出了第五代10.5m氢燃料电池公交产品，如图1.21所示。

图1.21 海格KLQ6106GAFCEV1型氢燃料电池城市客车

该型号氢燃料电池城市客车的整车主要配置见表1.21。该车采用第六代蔚蓝造型，功率响应速度更快，同时采用先进的均衡技术，兼顾燃料电池和锂电池的寿命,燃料电池系统使用寿命可达15000h;采用丰田公司的电堆,能量密度达到3.1kW/L,最高效率达到65%。海格KLQ6106GAFCEV1型燃料电池城市客车100km耗氢量在7.2kg左右,续驶里程达500km,可实现-30℃低温起动、-40℃低温存放和停机自动保护功能。

表1.21 整车主要配置

车辆基本信息	
外廓尺寸长×宽×高/mm	10490×2550×3470
总质量/kg	17000
整备质量/kg	11750,12400
最高车速/(km/h)	69(限速)
续驶里程/km	500
燃料电池系统生产企业/型号	上海重塑镜星六(丰田电堆)
燃料电池系统额定功率/kW	60
燃料电池系统最大功率/kW	92

6. 北汽福田

福田汽车成立于1996年,2006年福田汽车与清华大学、亿华通组建了联合的研发团队,是全球最早投入氢燃料电池客车研发及生产的企业之一,目前已掌握整车控制集成技术、智能安全技术、节能技术等全链条核心技术。2008年福田欧辉成功研发第一代氢燃料电池客车,从2008年北京奥运会开始就进行了示范性运营。2018年生产出第四代氢燃料电池客车,2016—2019年,福田汽车在氢燃料客车领域累计获得189台订单。2022北京冬奥会期间,140台福田欧辉BJ6122FCEVCH氢燃料大客车投入使用,如图1.22所示。

图1.22 福田欧辉BJ6122FCEVCH氢燃料电池城市客车

该型号燃料电池城市客车的整车主要配置见表1.22。福田欧辉 BJ6122 采用国内首创的亿华通-丰田 150kW 大功率燃料电池发动机，且搭载了 70MPa 氢系统。150kW 燃料电池是将两台 80kW 燃料电池通过串联实现的，70MPa 系统将原来 3.5kg 的氢气装载量提升到了 5kg，续驶里程达 600km 以上，大幅拓展了氢燃料电池客车的应用范围；加氢速度达到了 336m/s 的亚音速，氢气加注时间仅为 10~15min。其氢系统、气瓶、瓶阀选型以及数模设计、整车管路设计等整车控制集成技术，均达到行业领先水平。

表1.22 整车主要配置

车辆基本信息	
外廓尺寸长×宽×高/mm	12000×2550×3570
总质量/kg	18000
整备质量/kg	14300，14700
最高车速/(km/h)	69（限速）
续驶里程/km	600
燃料电池系统生产企业	亿华通 80kW 燃料电池
燃料电池系统额定功率/kW	150
燃料电池系统最大功率/kW	186

1.2.3 燃料电池卡车国内发展现状

1. 东风汽车

目前，东风公司技术中心与东风汽车股份有限公司发挥各自在氢燃料电池领域和轻型商用车整车开发领域优势，以燃料电池汽车示范运营为契机展开深度合作，联合开发 8t、12t、18t 三款燃料电池商用车型，能满足物流、市政环卫等各种不同应用场景。早在 2018 年，东风 7.5t 氢燃料电池物流车就已亮相第 20 届工博会开幕式，如图 1.23 所示。该车在国内多个城市上线，服务于 20 余家电商快递企业，仅上海就有 500 辆燃料电池汽车为城市提供配送。

该型号燃料电池轻卡的整车主要配置见表 1.23。该车搭载 Re-Fire 重塑科技自主研发的 CAVEN3 燃料电池系统，车载 9.3kg 氢气，续驶里程达 350km 以上。

第 1 章
燃料电池汽车国内外发展现状

图 1.23　东风 7.5t 氢燃料电池物流车

表 1.23　整车主要配置

车辆基本信息	
外廓尺寸长×宽×高/mm	6410×2200×2850
总质量/kg	7510
整备质量/kg	4100
最高车速/(km/h)	85
续驶里程/km	350
燃料电池电堆生产企业/型号	上海重塑 CAVEN3
燃料电池系统额定功率/kW	30
燃料电池系统最大功率/kW	30.6

2. 福田智蓝

作为北京市属重点国企，也是中国商用车的代表企业，福田汽车 2003 年就开启新能源技术研发，是国内新能源起步最早、覆盖品种最全、商业化运营最早的企业，2021 年，世界智能网联大会上亮相的全球首辆液氢重卡，以及在北京一次性投入运营的 100 辆智蓝氢燃料轻卡冷藏车，均展现了福田智蓝在氢燃料电池商用车行业内的技术实力，如图 1.24 所示。

该型号燃料电池轻卡冷藏车的整车主要配置见表 1.24。智蓝氢燃料冷藏车采用新型高效率整车控制策略，搭载 80.5kW 大功率燃料电池发动机，燃料电池效率最高可达 60%，热电联供能量转化率达 85%，相同运营里程，耗氢量更少。

29

图 1.24　福田智蓝氢燃料电池轻卡冷藏车

同时，该款车型打造了首个不占用货厢容积的氢系统布局形式，搭载行业内最大的氢瓶（260L×2 氢瓶组），加氢时间小于 5min，行驶加制冷续驶里程超过 500km，完全满足城市冷链运输需求。智蓝氢燃料产品还可实现 -30℃ 低温起动、-40℃ 低温存放和停机自动保护功能。

表 1.24　整车主要配置

车辆基本信息	
外廓尺寸长×宽×高/mm	5995×2260×3160
总质量/kg	4495
整备质量/kg	3500
最高车速/(km/h)	90
续驶里程/km	560
燃料电池电堆生产企业/型号	亿华通 G80Pro
燃料电池系统额定功率/kW	80.5
燃料电池系统最大功率/kW	82

3. 中通客车

在燃料电池方面，中通客车依托山东重工集团的优势资源，经过不断的技术迭代升级，已实现氢燃料电池物流车的四代更迭。在 2018 年和 2019 年，连续 2 年燃料电池汽车（包含燃料电池物流车）市场占有率全国第一。2020 年 1 月，喜玛拉雅自主研发的 45kW 一体化电堆首批配套氢燃料电池汽车交付，在粤港澳大湾区投入运营。该批车辆是中通客车研发制造的第四代氢燃料物流车型，如

图 1.25 所示。该款车型适用于广州及珠三角大湾区的城市、城际物流运营场景。

图 1.25　中通第四代氢燃料电池物流车

该型号氢燃料电池物流车的整车主要配置见表 1.25。该车型搭载的喜玛拉雅自主研发的燃料电池系统，集成 45kW 整体石墨电堆，所配置的核心材料及零部件（催化剂、CCM、MEA 等）均为喜玛拉雅自主开发生产，其国产化率超过 95%，打破了核心材料及零部件依赖进口的历史，同时也大幅度提升了产品性能并降低制造成本。

表 1.25　整车主要配置

车辆基本信息	
外廓尺寸长×宽×高/mm	7630×2370×3060
总质量/kg	9000
整备质量/kg	4900
最高车速/(km/h)	90
续驶里程/km	560
燃料电池电堆生产企业/型号	喜玛拉雅光电 45kW 燃料电池系统
燃料电池系统额定功率/kW	45
燃料电池系统最大功率/kW	46

4. 江铃重汽

江铃重汽作为国内领先的商用车企业，始终坚持多元化车型的发展策略，而且在国内诸多商用车企之中，是最先入局氢燃料车型研发赛道的车企之一，拥有氢能源车生产资质以及技术储备。在 2019 年，江铃重汽就带来了自己的氢燃料电池中卡——江铃凯锐 FCV，以及国内首款氢燃料电池重卡——江铃威龙 FCV。江铃凯锐 FCV 如图 1.26 所示。

图 1.26 江铃凯锐 FCV

该型号燃料电池中卡的整车主要配置见表 1.26。江铃凯锐燃料电池中卡搭载 30kW 的燃料电池系统，车辆 100km 氢气消耗量小于 2.5kg，续驶里程达 420km 以上，加注一次氢气的时间小于 5min。

表 1.26 整车主要配置

车辆基本信息	
外廓尺寸长×宽×高/mm	7315×2500×3470
总质量/kg	8800
整备质量/kg	5880
最高车速/(km/h)	85
续驶里程/km	420
燃料电池电堆生产企业/型号	深圳国氢新能源 MG－30
燃料电池系统额定功率/kW	30
燃料电池系统最大功率/kW	31

5. 上汽红岩

上汽红岩早在 2019 年就推出首款氢燃料电池自卸车进行抢先布局，目前该车型已被多个氢能示范城市列为推荐车型。2021 年 10 月，内蒙古客户与上汽红岩签订了批量氢燃料电池重卡采购协议。截至目前，上汽红岩已拥有 4×2、6×4、8×4 三种驱动形式氢燃料电池系列重卡，并已全面覆盖专用车、牵引车、工程车等细分领域，并适用于城市环卫、城市渣土、城配物流、城际物流、冷链物流等多种应用场景,并与上海捷氢科技、联创电子、宁德时代、银隆新能源等多家新能源企业形成了战略合作。日前,多辆上汽红岩重卡——杰狮 H6 氢燃料重卡已经交付鄂尔多斯市的用户,并正式上路运营,如图 1.27 所示。

图 1.27 上汽红岩杰狮 H6 氢燃料重卡

该型号氢燃料电池重卡的整车主要配置见表 1.27。上汽红岩杰狮 H6 氢燃料重卡搭载捷氢燃料电池系统,额定功率可以达到 117kW,寿命达到 10000h,100km 氢耗仅为 7.2~14.5kg,并且仅需 15min 即可补满氢燃料。标配最大续驶里程可超过 400km。同时,该车 -30℃ 低温仍能快速起动,即便是在室外 -35℃ 的低温环境下,无须额外加热,30s 即可起动。

表 1.27 整车主要配置

车辆基本信息	
外廓尺寸长×宽×高/mm	7820×2550×3885
总质量/kg	25000
整备质量/kg	11600
最高车速/(km/h)	85
续驶里程/km	400
燃料电池电堆生产企业/型号	上海捷氢 PROME P390
燃料电池系统额定功率/kW	117
燃料电池系统最大功率/kW	120

6. 陕汽集团

早在 2018 年 2 月,陕汽就曾在"2035 战略"规划发布会现场展示了国内首辆使用氢燃料电池作为动力的德龙 L3000 氢燃料环卫车。2019 年 5 月,搭载了弗尔赛燃料电池系统的陕汽氢燃料电池轻卡也正式下线,该项目在 7 月同时获得了"沣东杯"陕西省科技工作者创新创业大赛金奖。陕汽在专用车、轻卡、重卡领域均进行了燃料电池产品的布局,形成了较为完整的燃料电池汽车产品线。在2021年,陕汽重卡已经完成纯电、混动、氢燃料三种新能源车型的战略布局,在电控技术、电池管理等方面已经达到业内领先水平,并承担科技部重点项目,研发燃料电池重卡。在2020年陕汽集团商务年会上,德龙X5000燃料电池牵引车正式亮相,如图1.28所示。

图1.28　陕汽德龙X5000燃料电池牵引车

该型号燃料电池重卡的整车主要配置见表1.28。德龙X5000燃料电池牵引车搭载潍柴生产的质子交换膜燃料电池发动机。车辆使用的储氢罐容量1920L,35MPa的压力值保障氢燃料供应稳定,设定40km/h场内封闭工况,车货总质量49t,最大续驶里程700km以上。供氢系统配备有泄压阀和多个氢气浓度传感器,可以检测设备周围氢气的含量,当氢气发生泄漏时,会强制关闭储氢罐阀门,保证行驶安全。

表1.28　整车主要配置

车辆基本信息	
外廓尺寸长×宽×高/mm	7460×2550×3985
总质量/kg	25000
整备质量/kg	11400
最高车速/(km/h)	110
续驶里程/km	712
燃料电池电堆生产企业/型号	潍柴动力160kW燃料电池发动机
燃料电池系统额定功率/kW	162
燃料电池系统最大功率/kW	163

1.3 本章小结

本章对美国、欧洲、日本、韩国和国内燃料电池汽车在商用车和乘用车方面的发展情况进行了介绍。纵览世界各国燃料电池汽车的发展状况，不同国家都有不同的发展道路。美国没有主动发展燃料电池汽车，主要是引进其他国家汽车制造商的汽车；日韩等国则是以发展燃料电池乘用车为主；由于我国的政策、国情等原因，我国燃料电池汽车目前的重点发展方向是商用车。在此基础上，本章对国内外各大燃料电池汽车龙头企业生产的不同类型汽车（主要是乘用车、客车和卡车）的各项关键参数指标（包括续驶里程、最高车速、燃料电池系统额定功率与最大功率）进行了列举分析，国内燃料电池汽车相关技术对比丰田、现代等企业还存在一些差距。

参 考 文 献

[1] 赵云峰，宋欣蔓，李榕杰，等. 我国氢燃料电池乘用车的发展现状及建议 [J]. 时代汽车，2020（12）：71-72.

[2] 王可岩，王作函. 双碳目标下燃料电池汽车发展现状与趋势 [J]. 商用汽车，2021（8）：76-83.

[3] 李建秋，方川，徐梁飞. 燃料电池汽车研究现状及发展 [J]. 汽车安全与节能学报，2014，5（1）：17-29.

[4] 雷霆，高婧. 氢燃料电池乘用车国内外研究发展现状及趋势分析 [J]. 上海汽车，2022（2）：3-8.

[5] 张雨. 中国氢燃料电池汽车的"三步走" [N]. 国际商报，2022-04-08（7）.

[6] 王立波. 我国氢燃料电池客车产业发展现况及趋势 [J]. 内燃机与配件，2020（5）：180-181.

[7] 金银花，张志龙. 我国燃料电池商用车的发展现状 [J]. 商用汽车，2020（8）：72-74.

第 2 章 燃料电池汽车整车电气原理

了解整车电气原理是燃料电池汽车整车控制系统开发的基础和前提。随着汽车电子技术的迅速发展，汽车上的电子控制装置日益增多，从简化线束、增强控制功能、提高安全保障、降低燃油消耗、节约制造成本等方面综合考虑，整车电气控制系统技术的集成化、智能化已成为必然。而燃料电池汽车电气系统比传统内燃机车多了燃料电池系统、动力电池、电机及控制系统，整车电气系统更为复杂，且实时性、可靠性要求更高。整车电气原理的设计，关系到整车各用电器的功能实现，是分析电气回路、排查电器故障的重要依据。

2.1 燃料电池系统电气原理

燃料电池系统指的是用于车辆、游艇、航空航天及水下动力设备等作为驱动动力电源或辅助动力，通过电化学反应过程将反应物（燃料和氧化剂）的化学能转化为电能和热能的系统。燃料电池系统由燃料电池电堆、氢气供应系统、空气供应系统、水热管理系统以及控制子系统组成。燃料电池电堆是整个系统电化学反应的场所，其他子系统主要是相互协调确保燃料电池电堆的电化学反应能够正常、高效、可靠地工作。

燃料电池汽车的燃料电池系统电气原理可以分为高压电气原理和低压电气原理，高压电气原理的设计主要是燃料电池系统高压电路的连接，低压电气原理设计主要包括燃料电池系统低压电源配电设计和信号传输设计。

2.1.1 燃料电池系统高压电气原理

燃料电池系统高压电气的作用是为燃料电池汽车提供高压电源，驱动汽车行驶与高压部件的运转。燃料电池汽车的燃料电池高压电气系统，主要包括燃料电池电堆、燃料电池升压DC/DC变换器和燃料电池降压DC/DC变换器等部件。其工作原理为：氢气和氧气在燃料电池电堆内发生化学反应，产生高压电，高压电经过配电盒后进行电源分配，而后输入燃料电池升压DC/DC变换器内，对高压

第 2 章 燃料电池汽车整车电气原理

电进行稳定性升压处理，一部分输入到整车电气系统，为整车高压附件供电；另一部分输入到燃料电池降压 DC/DC 变换器内，对高压电进行降压处理，给燃料电池系统内的附件进行供电。

1. 燃料电池电堆高压输出电路

图 2.1 为燃料电池电堆高压输出电路图，燃料电池电堆输出到燃料电池升压 DC/DC 变换器的高压电路有两种，一种是高压电由电堆高压输出正极接口输入到配电盒高压输入接口，经过配电盒的电源分配，从配电盒输出接口，即系统高压输出正极，再输出到升压 DC/DC 变换器的电堆输入正极接口；另一种是高压电经过电堆高压输出负极接口直接输入到升压 DC/DC 变换器的电堆输入负极接口，燃料电池电堆、升压 DC/DC 变换器和配电盒组成高压输出与输入回路。配电盒集成在燃料电池电堆的内部，是电堆的一个电源保护装置，起到短路过载的快速断电保护、防漏电保护等安全保护作用。

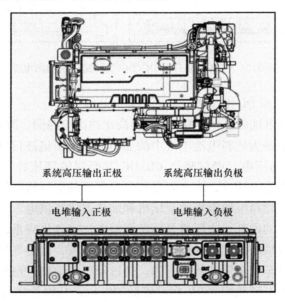

图 2.1　燃料电池电堆高压输出电路

2. 燃料电池升压 DC/DC 变换器高压输出电路

图 2.2 为燃料电池升压 DC/DC 变换器高压输出电路，升压 DC/DC 变换器输出的高压电有两路，其一是高压电经升压 DC/DC 变换器上的 DC/DC 输出正和 DC/DC 输出负接口输入到高压配电箱（PDU）的 FCDCDC + 和 FCDCDC - 接口，为整车高压附件进行供电；另一路高压电是由辅助高压输出接口，输入到燃料电池降压 DC/DC 变换器的降压 DC 高压输入端口。燃料电池电堆输出电压与高压

配电箱之间的升压 DC/DC 变换器不可缺少。由于燃料电池电堆产生的电压是不稳定的、浮动的，而整体线路上需要一个稳定的电压保持供电，升压 DC/DC 变换器的作用就是使燃料电池电堆输出电压升高到与动力电池电压相同，当燃料电池产生的电能过多时，剩余电能可以通过高压配电箱输入到动力电池箱中。

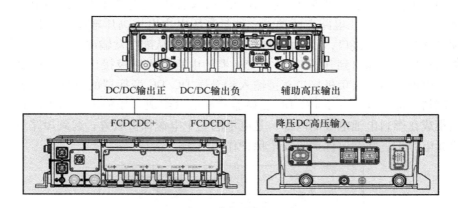

图 2.2　燃料电池升压 DC/DC 变换器高压输出电路

3. 燃料电池降压 DC/DC 变换器高压输出电路

图 2.3 为燃料电池降压 DC/DC 变换器高压输出电路图，降压 DC/DC 变换器输出的高压电，主要为燃料电池电堆中的加热器和空压机进行供电。由升压 DC/DC 变换器输入的高压电，经过降压 DC/DC 变换器的降压处理，由电堆加热器输出和电堆空压机输出端口，输入到燃料电池电堆的空压机高压输入接口和 PTC 高压输入接口，为燃料电池电堆的空压机和加热器进行供电。空压机和加热器集成在燃料电池电堆的内部，空压机是高压燃料电池空气供应系统的关键部件，空气需要空压机来提供压力，增加燃料电池的反应速度，对空气加湿处理，它们所需要的电源是比整车电压低的低压电源，通过降压 DC/DC 变换器把升压 DC/DC 变换器输出的高压电转换为 380V 相对较低的电压，从而为加热器和空压机进行供电。

4. 燃料电池系统高压互锁回路

图 2.4 为燃料电池系统高压互锁回路图，燃料电池系统、整车电气系统和降压 DC/DC 变换器之间设置有高压互锁回路，用来保证燃料电池高压系统的安全。燃料电池高压系统中，高压互锁设计是燃料电池汽车高压系统的一个监测手段在汽车电路设计中的应用，能识别高压回路异常断开和破损，及时断开高压电路。在燃料汽车工作过程中，车辆因为某些故障突然断电，进而失去动力是最大的一种风险。高压互锁可以监测回路的连续性，并在高压断电之前给 VCU 发送报警

第 2 章
燃料电池汽车整车电气原理

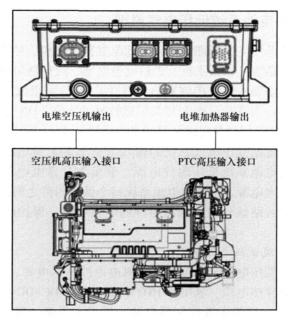

图 2.3　燃料电池降压 DC/DC 变换器高压输出电路

信号，使 VCU 对整车系统采取相应的措施。另外的一个原因可能是人为误操作，高压互锁可以在连接器断开的时候，同时断开动力电池的输出，避免触电。

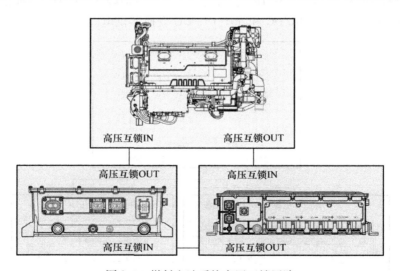

图 2.4　燃料电池系统高压互锁回路

2.1.2 燃料电池系统低压电气原理

燃料电池系统低压电气原理主要分为低压电源分配和信号传输两个部分，低压电源分配主要包括氢气供给系统、燃料电池电堆、散热器组件等部件的低压电路连接，信号传输主要由各类传感器信号以及 CAN 信号组成。燃料电池系统低压电气工作原理为：当驾驶员插入开关钥匙拧到 ON 位，ON 位信号唤醒整车控制器（VCU）。VCU 控制燃料电池总开关和电源总开关，进而控制燃料电池低压附件的供电。燃料电池低压电气系统的输入为整车 24V 常电电源和各类传感器信号，输出为燃料电池系统低压附件电源。整车 24V 常电电源是所有燃料电池系统低压附件的供电电源，与燃料电池系统每个低压附件之间连接有燃料电池熔丝盒，熔丝盒内的各路熔丝限定低压附件的电路电流，保护燃料电池低压系统电路。

1. 燃料电池系统低压电源分配

燃料电池系统低压电源主要包括：燃料电池控制器电源、氢气循环泵电源、水泵电源、氢管路伴热电源、氢尾排 PTC 电源、升压 DC/DC 变换器电源、降压 DC/DC 变换器电源、散热系统控制器电源、风扇 1 电源、风扇 2 电源、风扇 3 电源、风扇 4 电源、氢气供给系统电源、控制器使能电源和各类传感器电源。

图 2.5 为燃料电池升压 DC/DC 和降压 DC/DC 变换器电源分配图，整车 24V 电源经多功能电源箱输出低压电，先输入到燃料电池熔丝盒中，再连接至燃料电池升压 DC/DC 变换器的升压 DC 电源接口和燃料电池降压 DC/DC 变换器的降压 DC 电源接口，为升压 DC/DC 和降压 DC/DC 变换器供电。

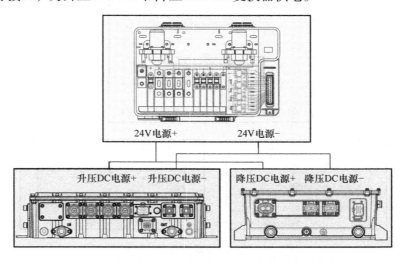

图 2.5 升压 DC/DC 和降压 DC/DC 变换器电源分配

第 2 章
燃料电池汽车整车电气原理

图 2.6 为燃料电池氢气供给系统电源分配图，氢气供给系统的低压电源连接与升压/降压变换器相同，整车 24V 常电电源，先接入到燃料电池熔丝盒中，再连接至氢气供给系统电源接口（氢系统电源 + 和氢系统电源 - ），为氢气供给系统供电。氢气供给系统输出 12V 电源（传感器电源 + 和传感器电源 - ）为储氢舱的氢气浓度传感器供电。

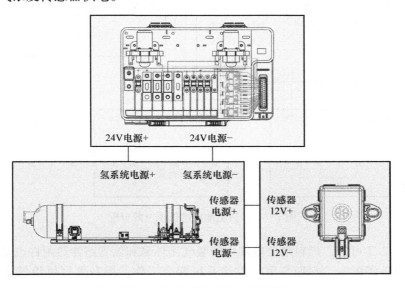

图 2.6　氢气供给系统电源分配

图 2.7 为燃料电池电堆低压电源分配图，燃料电池控制器（FCU）和控制器使能由整车 24V 常电电源供电。低压电源先接入到燃料电池熔丝盒，再输入燃料电池系统中的 FC 控制系统电源接口和控制器使能电源接口，为 FC 控制器和控制器使能供电。燃料电池汽车整车控制器是燃料电池汽车的核心控制部件，主要功能是处理驾驶员输入和系统运行状态信号，例如整车功率需求、系统状态、整车信号的输入、故障的诊断、燃料电池温度和电流等。通过这些信号进行控制决策和计算，将控制指令输出到各部件控制单元。FCU 基本功能是保持与各个子控制单元的通信，对各个子系统进行整体监控和协调；调节燃料电池、主 DC/DC 输出电流以便控制燃料电池输出功率，并实现整车的能量优化。燃料电池舱的空气流量计和氢浓度传感器由燃料电池电堆供电，低压电由电堆上的 12V + 和 12V - 电源接口，输入至空气流量计和氢浓度传感器。空气流量计用来检测空气系统入口量，将进气量信息通过电路的连接转化为电信号输入给 FCU，以供 FCU 控制燃料电池电堆。燃料电池舱里的氢浓度传感器，实时检测氢气浓度，在氢气达到安全的浓度范围内，确保车辆用氢安全。

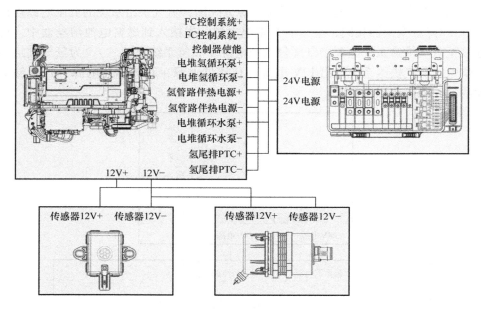

图 2.7　燃料电池电堆低压电源分配

由图 2.7 可知，燃料电池电堆中的氢气循环泵和氢管路伴热附件也是由整车 24V 常电电源供电，它们与氢气供给系统配合工作，提升氢气供给效率和利用率。整车常电电源输出低压电，接入燃料电池熔丝盒，再连接至燃料电池电堆的氢气循环泵低压输入接口（电堆氢循环泵 + 和电堆氢循环泵 -）和氢管路伴热电源接口（氢管路伴热电源 + 和氢管路伴热电源 -），为燃料电池电堆的氢气循环泵和氢管路伴热部件供电。氢气循环泵在燃料电池电堆发电过程中起到至关重要的作用，是燃料电池系统中的核心部件之一，它将未反应的氢气从燃料电池出口直接泵回燃料电池入口，与入口反应气汇合后进入燃料电池。利用氢气循环泵，一方面可以把反应气尾气的水分带入电池，起到增湿作用；另一方面，可以提高氢气在燃料电池阳极流道内的流速，防止阳极水的累积，避免阳极水淹，同时也提高了氢气利用率。氢管路伴热的功能是：当汽车在冬季工作时，氢管路内水分容易凝结，导致管路冰堵，所以需要对氢管路进行加热保温。在燃料电池系统内部加入氢管路伴热装置。另外，氢气浓度达不到要求时，即氢气内含有水分时，也需要对氢管路进行保温加热处理。氢管路伴热用来控制燃料电池系统的氢管路温度，可以显著提升燃料电池系统的发电效率。

燃料电池电堆中的氢尾排 PTC 和循环水泵也是由整车 24V 常电电源供电，它们都是电堆水热管理系统的重要部件。整车常电先输入到燃料电池熔丝盒中，再连接至电堆的氢尾排 PTC 电源接口（氢尾排 PTC + 和氢尾排 PTC -）和循环水泵低压输入接口（电堆循环水泵+和电堆循环水泵-），为它们进行供电。氢尾排 PTC 的作用是：对氢气在燃料电池系统里发生反应后所排出的水汽及未反应的氢气进行加热，让排气管路温度升高，防止汽车在冬季排气管路有水汽凝结，堵塞管路。安装氢尾排 PTC 可以有效地防止故障发生，可以在冬季给燃料电池系统进行加热，以免冬季燃料汽车起动慢，无法正常工作，还可以减少废气带来的污染。燃料电池电堆水泵是燃料电池系统的重要部件之一，对燃料电池的水热管理起到至关重要的作用。燃料电池系统的最佳工作温度为 80℃ 左右，为保证燃料电池系统良好的工作性能，要求冷却水泵及时地带走过多的热量。水泵给燃料电池系统冷却液做功，使冷却循环回路中的冷却液循环，保证电堆产生的热量能够快速有效地散发，使燃料电池系统保持合适的工作温度。

图 2.8 为燃料电池系统散热器组件低压电源分配图，散热系统控制器、水箱液位开关和电导率仪的电源连接在一起。整车 24V 常电电源输出低压电，接入到燃料电池熔丝盒，再输入到散热系统控制器（电源输入正极和电源输入负极）、水箱液位开关和电导率仪。风扇1、风扇2、风扇3 和风扇4 是整车 24V 常电电源输出低压电（风扇1、2、3、4 电源 24V+ 和风扇1、2、3、4 电源 24V-），接入到燃料电池熔丝盒，再连接到风扇1、2、3 和 4 的电源接口（VCC 和 GND）中，从而驱动风扇运转。散热系统的主要任务是保证将燃料电池电堆在化学反应过程中产生的热量排出系统，保证燃料电池在合适的温度下工作。

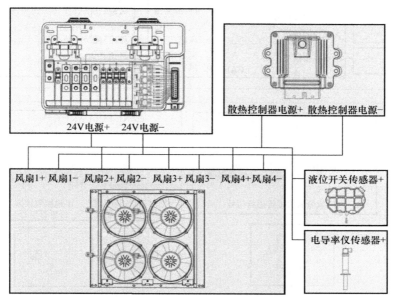

图 2.8　燃料电池系统散热器组件低压电源分配

2. 燃料电池系统信号传输

燃料的电池系统信号传输主要分为硬线信号传输和 CAN 信号传输，硬线信号主要包括：氢浓度传感器信号、空气系统入口流量信号、环境温度信号、液位报警信号、散热出口温度信号、散热入口温度信号、4～20mA 电导率信号、钥匙点火信号、风扇状态反馈信号。燃料电池系统低压电气 CAN 信号主要包括：CAN1、CAN3、CAND 和 CANE 等多路 CAN 信号。

图 2.9 为燃料电池系统硬线信号传输图，硬线信号工作原理为：氢系统的氢浓度传感器，散热系统控制器中的风扇状态反馈、水箱液位开关、散热出水口温度传感器、散热入水口温度传感器、电导率仪、燃料电池电堆中的空气流量计、氢浓度传感器，收集燃料电池系统的信息，然后传递给各类控制器。燃料电池电堆的空气流量计用来检测空气系统入口量，将进气量信息通过电路的连接转化为电信号输入给燃料电池控制器（FCU），以供 FCU 控制燃料电池电堆。燃料电池舱里的氢浓度传感器，实时检测氢气浓度，在氢气达到安全的浓度范围内，确保车辆用氢安全。散热系统控制器的散热出水口温度传感器和散热入水口温度传感器收集温度信号，传输给散热控制器，散热系统控制器根据传感器电信号，判断是否需要控制风扇运作给燃料电池散热。散热系统控制器的电导率仪检测冷却液的电导率信号，保证整车的绝缘安全。水箱液位开关收集水箱液位信号，传给散热系统控

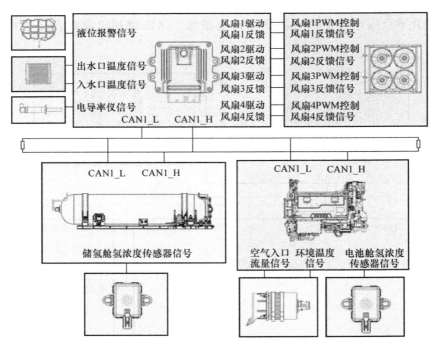

图 2.9　燃料电池系统硬线信号传输

第 2 章
燃料电池汽车整车电气原理

制器，防止水箱中液位过低，影响冷却循环回路的流动，进而影响冷却效果，使得燃料电池系统过热。氢系统中储氢舱的氢浓度传感器，布置在易于出现氢气泄漏和聚集的地方，实时检测相关区域的氢气浓度，保障燃料电池汽车的氢安全。

图 2.10 为燃料电池系统 CAN 线信号传输图，CAN 信号主要有四条 CAN 线信号组成，分别为：燃料电池电堆、燃料电池升压 DC/DC 变换器、燃料电池降压 DC/DC 变化器、氢系统。CAN1 调试口和散热系统控制器的 CAN 网络组成燃料电池系统 CAN1 网络拓扑；燃料电池电堆和整车电气系统的 CAN 网络组成燃料电池系统 CAN3 网络拓扑；燃料电池升压 DC/DC 变换器和 CAND 调试口的 CAN 网络组成燃料电池系统的 CAND 网络拓扑；燃料电池降压 DC/DC 变换器和 CANE 调试口的 CAN 网络组成燃料电池系统的 CANE 网络拓扑。燃料电池低压电气 CAN 线信号传输工作原理为：各控制器先接收传感器测量的硬线信号，然后将硬线信号信息在 CAN 线上传输，燃料电池系统内的各控制器通过接收到的硬线信号信息，根据设定的控制策略，再通过 CAN 线发出信号，对燃料电池系统中的各附件进行控制。当燃料电池系统中的升压 DC/DC 变换器和降压 DC/DC 变换器出现故障时，可以通过 CAND 和 CANE 调试口对它们进行调试，检查故障所在。同样，当燃料电池系统 CAN1 网络出现故障时，可以通过 CAN1 调试口进行调试。

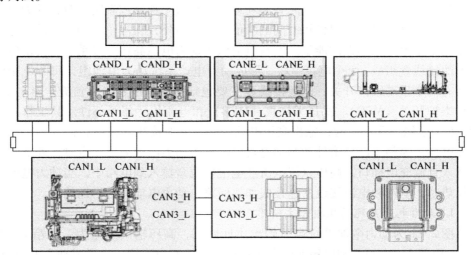

图 2.10　燃料电池系统 CAN 信号传输

2.2　动力电池系统电气原理

动力电池是新能源汽车的重要组成部分，是指为交通运输工具提供动力的电池，一般是相对于为便携式电子设备提供能量的小型电池而言。动力电池系统主要包括动力电池模组、电池管理系统、动力电池箱辅助元器件等。动力电池模组由多个电池模块或单体电池串联组成；电池管理系统（BMS）是整个动力电池系统的神经中枢；动力电池箱用来放置动力电池模组；辅助元器件主要包括动力电池系统内部的电子电器元件，如熔断器、继电器、分流器、插接件、紧急开关、维修开关以及电子电器元件以外的辅助元器件。

对于燃料电池汽车而言，由于燃料电池自身的缺陷，如其输出特性软、输出响应慢等，动力电池系统要提供燃料电池起动时所需的电能，这里包括空气压缩机、增湿器、控制器等部件的供电，在燃料电池开始发电之前这些部件必须先要起动运行。同时，当汽车加速或者爬坡时，需要短时间的峰值功率，此时，动力电池系统可以辅助燃料电池提供这一能量。另外，在汽车制动时，动力电池可以用来吸收制动回馈的能量，这样，动力系统使燃料电池汽车在动力性和经济性上都得到提高。

2.2.1 动力电池系统高压电气原理

燃料电池汽车动力电池高压系统的功能为：动力电池系统可以提供燃料电池起动时所需的电能，包括空气压缩机、增湿器和控制器等部件的供电，在燃料电池开始发电之前这些部件必须先要起动运行。在汽车加速或者爬坡时，动力电池系统可以辅助燃料电池提供短时间的峰值功率。另外，在汽车制动时，动力电池可以用来吸收制动回馈的能量。燃料电池汽车动力电池高压电气系统主要由电箱和电池接线盒组成。5个电箱串联，形成动力电池系统动力电池组，每个电箱内都装有一个手动维修开关；电池接线盒主要包括加热继电器、直流充电继电器、手动维护开关（MSD）、高压采样板（HVB）和电流传感器等部件。其工作原理为：5个电箱串联在一起，输出高压电源，流经电池接线盒，然后输入到高压电源配电盒，为整车高压附件和驱动电机供电。当动力电池需要充电时，外部充电枪插入直流充电插口，高压直流电流经电池接线盒输入到电箱中。当动力电池需要加热时，电箱和电池接线盒连接成加热回路，动力电池进行自加热。

1. 动力电池系统高压输出主回路

图2.11为动力电池系统高压输出主回路图，高压输出回路为：电箱1、电箱2、电箱3、电箱4和电箱5的电箱正极和负极对应连接，串联成动力电池组，电池总正输出高压电，由电池接线盒的电池总正接口，输入到电池接线盒，再由电池接线盒上的主回路正接口，输出高压电源。电池接线盒的主回路正输出的高压电输入到整车高压附件中，再由主回路负接口流回到电池接线盒中，经电池总负接口，流回到动力电池箱内。

电池接线盒中的手动维护开关（MSD）、主负继电器和电流传感器接入到动力电池高压电主回路中。手动维护开关（MSD）保证电池在使用过程及维护过

第 2 章
燃料电池汽车整车电气原理

程的安全性。当我们想要断电的时候,把 MSD 打开,实现高压互锁。主负继电器可以控制主回路中电流的大小和通断,起到自动调节、安全保护的作用。电流传感器对动力电池组的充放电电流进行检测,防止电流过大,对电池造成损害,同时还可以测量电池组的电量状态,由管理系统对电流进行积分运算,得到充放电的电荷量,从而对电池组的电量状态进行判断,防止使用过程中,过充电和过放电情况的发生,避免影响电池组的使用寿命。

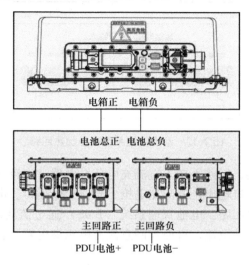

图 2.11　动力电池系统高压输出主回路

2. 动力电池系统加热回路

图 2.12 为动力电池系统高压加热回路,动力电池的加热回路为:5 个电箱的加热输入和加热输出串联,电箱输出的电流由电箱 1 的加热输入接口输入到电池接线盒的加热输出接口,流经加热正继电器,再由电池接线盒的主回路正接口流出,再由电池接线盒的主回路负接口流入,流经加热负继电器,再由电池接线盒的加热输入接口流出,输入到电箱 5 的加热输入接口。5 个电箱和电池接线盒组成加热回路,这是由于燃料电池汽车在冬季寒冷的环境下时,动力电池输出的电流小,需要对动力电池进行自加热。BMS 通过监测动力电池的温度和自加热时间,进而控制回路内的加热正继电器和加热负继电器的断开与闭合。

3. 动力电池系统直流充电回路

图 2.13 为动力电池系统直流充电高压回路图,充电回路为:外部充电枪插入燃料电池汽车的直流充电插口中,电流经直流充电接口经电池接线盒的直流充电正接口输入到电池接线盒内,经直流充电正继电器,由电池接线盒的电池总正接口输出,通过电池总正接口输入到电箱内。电箱的电池总负接口与电池接线盒

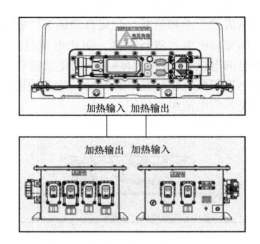

图 2.12　动力电池系统高压加热回路

的电池总负接口连接，回路上接入直流充电负继电器，直流充电电流再经电池接线盒的直流充电负接口输出。外部充电枪、直流充电插口、电池接线盒和动力电池箱连接成直流充电回路。电池管理系统（BMS）通过监测动力电池箱的电量、充电时间及充电回路的电流，进而控制直流充电正继电器和直流充电负继电器的开关闭合。

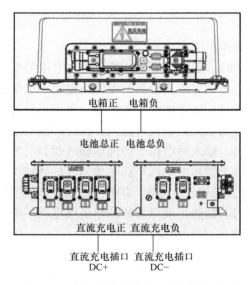

图 2.13　动力电池系统直流充电高压回路

第 2 章
燃料电池汽车整车电气原理

2.2.2 动力电池系统低压电气原理

燃料电池汽车动力电池系统低压电气功能是准确地估测电池组的剩余电量，保证其维持在合理的范围内；动态监测电池组的工作状态，实时采集电池组及单体电池的电压、电流和温度，防止电池发生过充电或过放电，同时还能够判断电池状况，判读出故障电池；建立每块电池的使用历史档案，为进一步优化和开发新型电池和充电器等提供资料，为离线分析系统故障提供依据；保证电池间的均衡充电。燃料电池汽车动力电池系统低压电气主要包括电池箱、电池控制盒和电池接线盒等部件。电箱主要由电池单体和电箱内部的附件组成，电池控制盒主要由电池管理系统控制器（BMU）和远程数据桥（RDB）等部件构成，电池接线盒内包括高压采样板（HVB）等部件，并且电池控制盒和电池接线盒内部的各附件组成电池管理系统（BMS）。动力电池系统低压电气工作原理为：整车 24V 常电为动力电池系统的电池管理系统附件和电箱内部的附件进行供电。电池管理系统通过检测动力电池组中电箱的状态来确定整个电池系统的状态，并根据它们的状态对动力电池系统进行对应的控制调整和策略实施，实现对动力电池系统及各电池单体的充放电管理以保证动力电池系统安全稳定地运行。动力电池系统的数据采集和数据检测的部件收集到的电池信息，一般通过采用内部 CAN 总线技术实现部件之间的数据信息通信。当整车控制器需要动力电池系统的电池信息时，BMS 通过 CAN 通信传输给整车控制器，整车控制器根据状态信息对动力电池系统进行相应的控制。

1. 动力电池系统低压电路连接

图 2.14 为动力电池系统低压电源分配图，整车 24V 常电通过电池控制盒上整车低压插口中的常电接口，输入到电池控制盒内，为电池管理系统中的部件，例如电池控制器（BMU）、远程数据桥（RDB）等部件供电。电池接线盒上整车低压插口中的 ON 接口与车身控制单元（BCM）后模块 BMS ON 接口连接，为电池管理系统

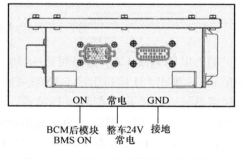

图 2.14 动力电池系统低压电源分配

（BMS）ON 电源，即由车身控制单元后模块来控制电池管理系统的电源开闭状态。

2. 动力电池系统信号传输

图 2.15 为动力电池系统信号传输图，其硬线信号工作原理为：动力电池电箱的实时状态信息，经电箱与电池控制盒之间的低压输出与低压输入回路，传递

给电池管理系统（BMS）；电池控制盒上整车低压插口的 A + 接口与整车控制器（VCU）的唤醒接口连接，整车控制器唤醒电池管理系统的唤醒信号经过这一线路传输；整车低压插口的唤醒继电器控与唤醒继电器连接，电池管理系统经线路将控制信号传递给唤醒继电器。A 枪 CC2 接口与直流充电口 CC2 接口连接，为充电连接确认信号；T1 + 和 T2 + 接口与直流充电口的 PT1 + 和 PT2 + 接口连接，T1 - 和 T2 - 接口与直流充电口的 PT1 - 和 PT2 - 接口连接，直流充电插座内置温度传感器，传感器收集充电座温度，传输给 BMS。

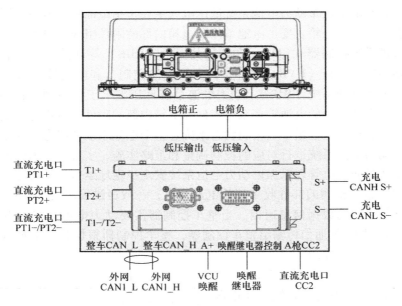

图 2.15 动力电池系统信号传输

动力电池系统 CAN 信号可以分为：整车 CAN 通信和直流充电 CAN 通信。整车 CL 和整车 CH 接口引出 CAN 线接入仪表外网，与整车控制器（VCU）、车载诊断系统（OBD）等部件进行通信。S + 和 S - 接口与充电 CANH S + 和充电 CANL S - 接口连接，BMS 与直流充电插座进行 CAN 通信。另外电池接线盒中的电流传感器信号和高压采样板（HVB）的绝缘阻值信号以及高压采样信号经过 CAN 线传递给电池管理系统的电池控制器（BMU）。动力电池系统 CAN 信号传输工作原理为：BMS 收集动力电池电箱和直流充电信息，然后将电池实时状态信息通过整车 CAN 线传递给整车控制器（VCU），整车控制器根据它们的状态对动力电池系统进行对应的控制调整和策略实施，实现对动力电池系统管理以保证动力电池系统安全稳定地运行。RDB 作为远程数据桥，主要功能是将电池管理系统（BMS）采集的电池信息传递到 CATL 后台数据中心。

第 2 章
燃料电池汽车整车电气原理

2.3 集成配电系统电气原理

目前燃料电池汽车的控制，基本是分散控制，由于部件的分离化，汽车的可靠性还有待于提升。并且，由于部件都是分散的，部件成本也比较高。随着技术的不断成熟，用户对于汽车的要求越来越高，电气系统集成化已经成为不可逆转的趋势。

电气系统如果集成化，首先，可以带来很大的成本优势。电气系统集成化，少了很多电缆和插接件以及外壳，部分电路器件复用。同时，制造装配难度下降，装配费用降低。如果是深度的集成，电气的零部件在各个电气里面可以共享。整个高压系统的成本会有很大程度的降低。其次，功率密度优势提升。低压部件壳体及线束的取消，电气系统体积明显减小。另外，性能优势也会大大提升。系统布线得到优化，连接线束的取消使电磁兼容性得到大幅度提升。由于紧凑的设计和插接件的取消，线路阻抗减小，燃料电池发动机转换效率也会提升。部件间 CAN 通信线大幅度缩短，不同电气部件的 CAN 电路甚至设计在同一 PCB，误码率降低。最后，还能带来可靠性优势，因为它少了很多线缆插接件，少了很多连接的环节。另外还有一个非常直接的优势，即可制造性的优势。

2.3.1 集成配电系统高压电气原理

燃料电池汽车集成配电系统高压电气是汽车高压电大电流分配单元，采用集中配电方案，机构设计紧凑。同时，高压配电系统还集成部分电池管理系统智能控制单元，进一步地简化整车系统架构配电的复杂度。燃料电池汽车集成配电高压电气主要由辅控四合一高压配电系统构成，主要包括电源管理系统控制器（PDU）、高压配电箱、DC/DC 变换器和 DC/AC 转换器等部件。燃料电池汽车集成配电高压电气工作原理为：动力电池系统将高压电输入到高压配电箱中，配电箱将高压直流电分流，为整车高压附件供电。当整车高压附件需要交流供电时，高压电经过 DC/AC 转换器，将直流电转交流电，为高压附件供电。同时，燃料电池电堆经升压 DC/DC 变换器输出的多余高压电，会经高压配电箱输入到动力电池系统中。四合一控制器控制高压配电箱支路上继电器的闭合，由 VCU 发送命令给 PDU，PDU 执行控制命令。

1. 集成配电系统直流配电回路

图 2.16 为燃料电池汽车集成配电系统直流配电回路图，高压直流配电回路为：动力电池输出的高压电经四合一的电池正接口，输入到四合一的高压配电箱内，然后经过配电箱的分流，高压电经高压配电箱上的高压附件电源输出接口，

输入到整车高压附件正极电源接口中。高压电再经整车高压附件电源负极接口，回流至配电箱，再由配电箱上的电负接口，输入到动力电池系统电池总负接口。动力电池、高压配电箱和整车高压附件组合成高压回路，主回路由主负继电器控制，各支路由高压配电箱内各支路开关控制。电源管理系统控制器控制高压配电盒中的各继电器，从而对驱动电机、电暖风、电空调等高压附件进行控制。高压配电箱内各支路上的开关开启与闭合命令由 VCU 发出，电源管理系统控制器（PDU）接收到命令后进行执行，控制各支路开关。每条支路上都连接一个熔丝，熔丝上的额定电流，限制每条支路的电流，保护电路安全。

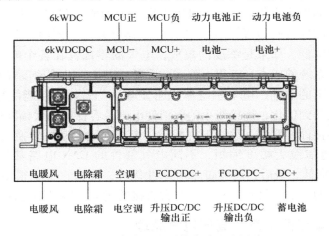

图 2.16　集成配电系统直流配电回路

当燃料电池电堆产生多余的电能时，高压电会流入动力电池系统中，为电箱充电。燃料电池电堆与动力电池系统电箱的充电回路为：燃料电池电堆产生的高压电经过升压 DC/DC 变换器的稳定性升压后，由升压 DC/DC 变换器的 DCDC 输出正接口输出，经高压配电箱的 FCDCDC + 接口输入至高压配电盒，再由电池正接口输出，流入到动力电池系统电箱中。升压 DC/DC 变换器的 DCDC 负接口与高压配电箱的 FCDCDC - 接口连接，升压 DC/DC 变换器、高压配电箱和动力电池系统电箱组成充电回路。

驱动电机高压供电回路中，MCU 正对应的支路有两路，分别为 K1 和 K2 开关所在的支路，原因是：如果瞬间在电机两端加载一个很高的电压，会对电机造成损害。在电机两端存在一个很大的电容，而 K1 这一支路的作用就是先对电机进行预充电，电阻的作用是减小电流，放慢充电速度。当电机两端的电容充满电，接近于电池电压之后，断开 K1，闭合 K2，电机正常运转。蓄电池为整车上 24V 常电，用动力电池进行充电。6kWDC 和 FCDC 变换器与燃料电池供电相关，6kWDC 是降压 DC 变换器，FCDC 是升压 DC 变换器。燃料电池 DC/DC 变换器输出端内置并联电容703μF,需要进行预充电,K3继电器接入FCDC支路上,对变换器进行预充电,根据燃料电池DC/DC变换器输出端并联电容的预充电策略,可知预充电时间为2s,最大电流为3A,预充电电流来自整车动力系统总线。

2. 集成配电系统交流配电回路

图2.17为集成配电系统交流配电回路图,集成配电交流配电回路主要是为空气压缩机中的气泵电动机和永磁同步电动动转向泵中的油泵电动机供电。高压交流配电回路为:动力电池输出的高压电经四合一的电池正接口,输入到四合一的高压配电箱内,经过配电箱内DC/AC转换器的作用,将直流电转换为交流电,通过四合一上的气泵和油泵接口输入到气泵电动机和油泵电动机中。由于气泵电动机和油泵电动机需要三相交流电驱动,所以在直流配电回路中接入DC/AC转换器,将直流电转为交流电,再为它们进行供电。

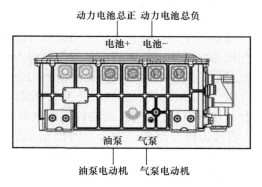

图2.17 集成配电系统交流配电回路

2.3.2 集成配电系统低压电气原理

图2.18为集成配电系统四合一低压电气原理图。四合一低压电气工作原理为:整车24V常电通过四合一的+24V_1与+24V_2组合接口,输入至四合一中,为其中的DC/DC继电器板和DC/AC转换器供电。电源管理系统(PDU)控制器接收传感器的硬线信号,将高压配电系统信息传输到整车CAN线,VCU通过整车CAN线,实现对集成配电系统的控制。

集成配电系统低压电源供电回路主要为四合一中的DC/AC转换器、DC/DC继电器板以及电源管理系统控制器等低压附件供电,整车24V常电电源通过+24V_1接口给DC/AC转换器供电,GND_1为DC/AC转换器的负极;+24V_2接口是DC/DC继电器板的电源正极接口,GND_2接口为DC/DC继电器板电源负极。+24V_1和+24V_2接口组合在一起,接入电源配电盒中,路径上接有15A熔丝保护电路。

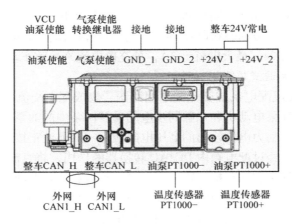

图 2.18　集成配电系统四合一低压电气原理

集成配电系统的硬线信号主要包括：气泵使能信号、油泵使能信号以及温度传感器信号等。集成配电系统低压电气硬线信号工作原理为：油泵的温度传感器采集电动转向泵的温度信息，以硬线信号的形式传输到四合一的控制器中。配电箱的油泵使能接口与 VCU 油泵使能接口连接，受 VCU 控制。气泵使能接口与气泵使能转换继电器连接，由 VCU 控制气泵使能转换继电器开关的闭合。集成配电系统低压电气 CAN 信号工作原理为：四合一的整车 CH 和整车 CL 接口引出CAN 线，接入整车外网 CAN 线中，四合一控制器通过 CAN 线与整车控制器（VCU）进行 CAN 信号通信。

2.4　驱动电机电气原理

驱动电机是燃料电池汽车驱动系统的重要组成部分，同时也是燃料电池汽车的三大核心部件之一，其驱动特性在很大程度上决定了汽车行驶的主要性能指标。电机驱动系统主要由电机、功率转换器、控制器、各种检测传感器以及电源部分组成。电机一般要求具有电动和发电两项功能，功率转换器按所选电机驱动电流要求，将蓄电池转换为相应电压等级的直流、交流或脉冲电源。针对本次燃料电池汽车的设计要求，选用的永磁同步电机的参数是：额定功率 58kW，额定转速 680r/min，额定转矩为 810N·m，峰值功率为 160kW，峰值转速为 3500r/min，峰值转矩为 2100N·m，冷却方式为水冷。

2.4.1　驱动电机高压电气原理

燃料电池汽车驱动电机系统高压电气的作用是以燃料电池和动力电池输入的

第 2 章
燃料电池汽车整车电气原理

高压电为主要动力,驱动车辆前进。图 2.19 为驱动电机系统电气原理图,其高压电气工作原理为:当驾驶员踩下加速踏板时,车辆控制模块将控制动力电池输出电能,然后通过控制逆变器驱动电机运转,驱动电机输出的转矩经齿轮机构带动车轮转动,实现车辆的前进或后退。驱动电机系统高压电供电回路为:高压电由动力电池系统电池总正接口,输入到集成配电系统高压配电箱内,再经过配电箱的 MCU + 输出,输入至永磁同步电机的正极。同步电机的负极与配电箱的 MCU - 接口连接,动力电池系统电箱、高压配电箱和驱动电机形成高压回路。

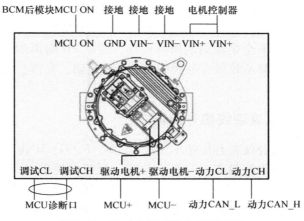

图 2.19 驱动电机系统电气原理图

2.4.2 驱动电机低压电气原理

驱动电机系统低压电气功能为:电机控制器收集电驱系统内各检测传感器的硬线信号,然后通过动力 CAN 线与整车控制器以及燃料电池控制器等控制器进行 CAN 通信。驱动电机系统低压电气工作原理为:当点火开关处于 ON 位,VCU 将信号传输到驱动电机系统中 MCU ON 接口处,此时驱动电机处于就绪状态,等待下一步指令。驱动电机系统中,电机控制器与驱动电机集成在一起,使得驱动电机系统结构紧凑。VCU 传递信号到动力 CAN 总线上,进而控制电机输出指定的转矩和转速,驱动车辆行驶。汽车连接器 AMP 实现电路不通或者电路被孤立的情况下电路板的连接,保护整车高压互联系统。

驱动电机控制器接口中,VIN + 为 DC9 ~ 36V,即控制器规格中定义最小及最大输入电压,应该选择固定的输入电压:DC9V、DC24V 和 DC36V,而且电机控制器的供电受整车控制器控制,低压供电电路上接 MCU 主继电器。与此相对应的是 VIN - 接口,为 24V 电源回流地,同时供电受整车控制器控制。电机控制器调试 CL 与调试 CH 为 MCU 诊断口,调试 CAN 接口布置在后舱方便调试处,另外 VCU 的诊断口线束与其同分支。

2.5 组合仪表电气原理

燃料电池汽车组合仪表集成电量、电池温度、主动安全、胎压、巡航等信息显示，"电火隔离"全数字电流管理技术实现全车高低压用电监控和全车网络信息监控可视化终端。该仪表采用铸铝壳体，保障产品的散热能力，避免黑屏死机；内含 6 路 CAN 网关，满足信息化车辆网络架构；采用 ET – Kerenl 车规级操作系统，并行式双处理器，冷启动速度快；满足 ISO26262 道路车辆功能安全标准，具备在恶劣环境下全生命周期的可靠性；独立 2D 图形加速引擎和独立 3D 图形加速引擎，整体显示效果（分辨率、色域、色阶、亮度、刷新率、图层等）可对标顶级标准。

2.5.1 组合仪表硬线信号传输

燃料电池汽车组合仪表上共有 A、B、C、D、F、G、H 共 7 个接口，根据这些接口功能定义，可以将仪表电气系统分为：低压电源供电、硬性信号传输和 CAN 信号传输。其工作原理为：整车 24V 常电电源为仪表供电，各车身附件输出硬性信号，传输到组合仪表，仪表面板上对应的信号指示灯点亮。同时，组合仪表通过 CAN 线与整车控制器、车身控制模块等整车附件控制单元进行通信。

1. 组合仪表模拟量信号传输

图 2.20 为组合仪表模拟量类硬线信号，包括仪表低压电源供电、传感器信号、唤醒信号等硬线信号。整车 24V 常电经仪表 F 插口的常电端口输入到仪表中为仪表供电，搭铁接口接地线。仪表 B 插口暖风油箱浮子端口与暖风油箱浮子传感器连接，传感器测量浮子中心在油箱中的高度，检测方式为恒流源高精度检测，然后以硬线信号的形式传输给仪表，在仪表面板上显示出来。仪表 F 插口的通卡倒车信号端口与人机交互终端倒车信号端口连接，当汽车倒车时，仪表输出倒车信号给人机交互终端，人机交互终端上会显示倒车信号标识。左转向信号和右转向信号与 ADAS 主机左转向信号和右转向信号接口连接，当汽车左转和右转时，仪表输出转向信号给 ADAS 主机，ADAS 主机检测汽车的车道偏离状态以及汽车与车外障碍物的距离，进行碰撞预警。

仪表唤醒信号包括车身控制单元的 WkUp、电源总开关、点火开关 ON、点火开关 ACC 和应急。仪表 C 插口的 WkUp 端口为车身控制单元的唤醒信号端口与车身控制单元前后模块的模块唤醒输入接口连接，由仪表输出唤醒信号唤醒车身控制单元。仪表 G 插口的电源总开关端口外接电源总开关，ON 端口接点火开关 ON 开关，ACC 端口与点火开关 ACC 开关连接。当驾驶员插入钥匙开关，闭

第 2 章
燃料电池汽车整车电气原理

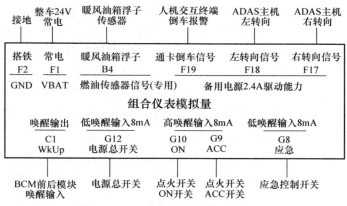

图 2.20　组合仪表硬线信号模拟量

合点火开关,唤醒输入信号输入仪表中。仪表 G 插口的应急端口与应急控制开关连接,驾驶员按下应急控制开关,仪表上的应急灯点亮。

2. 组合仪表开关量信号传输

图 2.21 为组合仪表 A、G 接口中的开关量类硬线信号,主要包括驾驶员暖风、驾驶员离座报警、安全带报警、厢灯、前门开、中门开等信号。仪表 A 接口中的前门开和前门关端口外接一个单刀双置开关,中门开和中门关端口也外接单刀双置开关,驾驶员按下面板上的开关,开关量硬线信号传输到仪表中,仪表上显示前门和中门的状态。仪表 A 接口的驾驶员离座报警端口与驾驶员离座报警常闭开关连接,驾驶员坐在座位上,开关处于常闭状态。当驾驶员在汽车运行状态下离开座位,常闭开关打开,信号传输到仪表中,仪表会进行离座报警,提醒驾驶员回到座位。图中其余端口均与对应开关连接,驾驶员按下开关,开关量信号传输到仪表,仪表上显示相应状态。仪表 A 接口开关量内部有 12V 检测电压,如果接其他设备的话,考虑这个电压会不会影响其他设备。

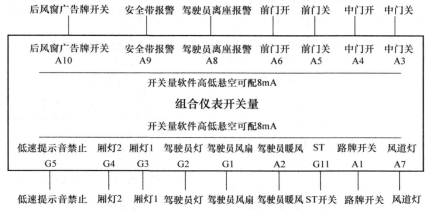

图 2.21　组合仪表 A、G 接口硬线信号开关量

图 2.22 为组合仪表 H 接口开关量硬线信号，主要包括近光开关、远光开关、喇叭按钮、左转向开关、右转向开关等信号。仪表 H 接口中的除霜高速开关和除霜低速开关端口与除霜控制开关连接，除霜控制开关中有 O、I、II 三个档位，I 对应除霜低速开关，II 对应除霜高速开关，O 对应除霜开关关闭。其余端口与对应开关连接，当驾驶员按下开关，仪表上显示对应的状态。开关量内部有 12V 检测电压，如果接其他设备的话得考虑这个电压会不会影响其他设备。

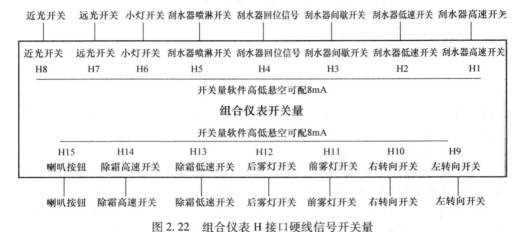

图 2.22　组合仪表 H 接口硬线信号开关量

2.5.2　组合仪表 CAN 信号传输

图 2.23 为组合仪表 CAN 信号，主要包括车身模块 CAN 网络、程序升级及诊断 CAN 网络和新能源系统 CAN 网络。仪表 C 接口的 CAN1_L、CAN1_Shid 和 CAN1_H 端口引出 CAN 线，与车身控制单元前模块和车身控制单元模块组成车身模块 CAN 网络。当驾驶员按下面板上的开关，开关信号以硬线信号的形式传给仪表，仪表再以 CAN 信号的方式传给车身控制单元，由车身控制单元控制车身附件工作。仪表 D 接口的 CAN5_L 和 CAN5_H 端口外接程序升级及诊断口，当仪表出现故障或需要对仪表进行系统升级时，通过程序升级及诊断口进行操作。仪表

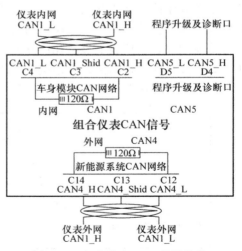

图 2.23　组合仪表 CAN 信号传输

C 接口的 CAN4_H、CAN4_Shid 和 CAN4_L 端口引出 CAN 线接入到仪表外网 CAN 网络中，与整车控制器（VCU）、车载诊断系统（OBD）、行车记录仪、远程监控等整车附件进行 CAN 通信。

2.6 远程监控电气原理

　　车载视屏监控系统通常指随着数字视音频编码技术在车辆上应用而发展起来的一个新兴系统，该系统包含车载终端、网络传输和监控平台组合成的车辆监管系统，提供车内外视频图像的实时传输、车辆位置实时定位、纠纷取证、不规范驾驶等状态监督功能，以解决现在车辆的动态管理问题。车载远程监控系统主要功能包括远程图像传输、视频录像、存储、下载、回放、油量、温度、车速、驾驶员状态等监控、语音对讲、报警联动、GPS 定位、车辆历史轨迹回放、设备远程监控等。目前车载远程监控系统主要由车载 MDVR、车载摄像头、各类传感器、监控平台和网络传输构成。车载 MDVR 是车载硬盘录像机，支持 HDD/SSD/SD 卡存储，多路视频传输；车载摄像头可以选择模拟高清和网络（IPC）摄像头，用来采集视频数据；各类传感器是用来检测不同的状态，比如车厢密闭检测、车厢举升检测、RFID 电子标签、盲区雷达检测和预警等；监控平台可以在平台对车辆轨迹、车辆位置、视频录制等进行查看，通过语音对讲并进行远程指挥，实现对车辆的管理；网络传输可以根据自身需求选择 4G/5G 网络、WiFi、GPS。

　　伴随着 3G、4G、5G、WiFi 等网络技术的成熟和视频压缩技术的普及，车载远程视频监控系统的各种问题也得到基本的解决，车载高清视频监控系统要求高实时性，因此对大数据流量也提出了很高的要求。不同的行业对于图像的实时性和质量的要求不同，就汽车行业而言，汽车对远程监控的实时性和流畅性有很高的要求。

　　图 2.24 为燃料电池汽车远程监控电气原理图，远程监控的常电接口接整车 24V 电源，充电唤醒接口接 VCU 充电唤醒端口，ON 接口接驱动前模块 T-BOX ON 端口，CAN_L 与 CAN_H 接入仪表外网 CAN 总线中。远程监控的工作原理为：车辆起动后，整车常电电源给其供电，此时远程监控处于待机状态。驾驶员按下车身控制单元前模块的 T-BOX ON 按钮，整车控制器（VCU）进行充电唤醒，此时远程监控处于工作状态。远程监控所接收的信息，经仪表外网 CAN 总线，传递到整车控制器内。

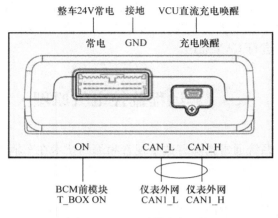

图 2.24 远程监控电气原理

2.7 燃料电池商用车整车附件电气原理

2.7.1 整车附件高压电气原理

燃料电池汽车整车高压附件电气系统主要包括：空调系统、空压机打气泵和同步电动转向泵等设备。它们大多集中在车辆底部和前机舱，由整车控制器控制，各系统电控单元执行控制命令，支持燃料电池汽车的运行。

1. 空调系统电气原理

汽车空调的功能是把车厢内的温度、湿度、空气清洁度及空气流动性保持在使人感觉舒适的状态。在各种气候环境中，车厢内均应保持舒适状态，特别是炎热的夏季和寒冷的冬季，空调能极大地降低驾驶员的疲劳感，降低交通事故发生的概率。对于电动汽车以及其他拥有高压电源的汽车来说，均可以采用电动压缩机制冷空调系统。该系统的基本原理：电池组的直流电经逆变器为空调压缩机驱动电机供电，空调电动机带动压缩机旋转，从而形成制冷循环，产生制冷效果。

图 2.25 为燃料电池汽车电动空调电气原理，电动空调主要供电电源为动力电池系统，供电回路为：动力电池系统输出高压电，经辅控四合一中高压配电箱，连接至车载电动空调。电动空调的 ON 接口与车身控制单元前模块的空调 ON 接口连接，空调开启信号端口与整车控制器空调开启信号端口连接，GND 端口接地线。电动空调电气系统工作原理为：燃料电池汽车的电动空调工作是在高压环境下进行的，整车控制器（VCU）控制空调高压系统的上下电流程。VCU

对上下电的时序做一定的优先级管理，上电过程中，VCU 等待整个高压系统预充成功后，通过空调开启信号端口发送信号给空调系统的控制器，允许空调系统起动工作。驾驶员闭合面板上的空调开关，车身控制单元传输 ON 电源给空调控制器，空调处于待工作状态。当驾驶员拔出关闭点火开关时，空调高压系统处于下电过程，整车控制器给空调系统发送停机信号，等待空调停止工作。

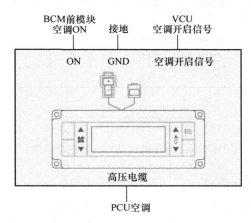

图 2.25 空调系统电气原理

2. 空压机打气泵电气原理

空压机是燃料电池汽车动力系统中的重要部件，主要由压缩元件、驱动器、驱动压缩机元件的机械设备等组成。压缩元件是执行气体压缩过程所需的压缩元件和辅助装置，驱动器和机械设备是指提供机械输入，直接或间接驱动空压机的机器，以及空压机中将能量从驱动器转移到压缩元件的部件。辅助设备是指压缩机产品中空压机、驱动器或机械设备之外的任何设备。空压机的功能为：压缩机将环境大气中的氧气提升至一定压力，输送给燃料电池反应堆，并与储备氢气发生电化学反应产生电能和水。空压机的驱动能源来自燃料电池反应堆，空压机和燃料电池反应堆形成互为依赖的关系，因此空压机的工作特性对车载燃料电池电堆具有显著影响。

图 2.26 为燃料电池汽车空压机制动打气泵电气原理图，工作原理为：动力电池系统输出高压电，经辅控四合一高压配电箱中的 DC/AC 转换器，将直流电转换为交流电，输入到空压机内。空压机的空滤器检测气泵空气过滤口的堵塞程度，当堵塞达到一定的程度时，传感器传输报警信号给车身控制单元，车身控制单元出现报警状态。空压机内有两个打气泵，对应图中的风机 1 和风机 2，其中空压机的风机 1+ 和风机 2+ 接口与整车控制器气泵使能/风扇接口连接，风机 1- 和风机 2- 接口接地线，整车控制器通过整车 24V 常电为打气泵两个风机供电。

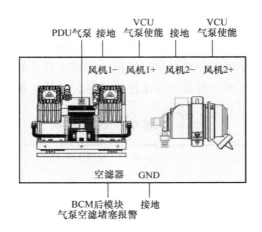

图 2.26 空压机制动打气泵电气原理

3. 电动转向泵电气原理

电动转向泵是燃料电池汽车转向系统的重要部件，由驱动电动机和转向液压助力泵组合而成，转向液压助力泵动力由传统发动机驱动改变为由电动机驱动，为混合动力客车和纯电动客车等车型转向系统提供液压助力，是转向系统的动力源及核心部件。转向泵采用全封闭高效率的永磁同步电动机驱动，转向泵在传统泵的基础上进一步提高了密封性和可靠性。电动机和转向泵之间采用平稳、防冲击的柔性联轴器进行动力传递，大大提高了使用寿命。

图 2.27 为燃料电池汽车永磁同步电动转向泵电气原理图，电路连接为：动力电池系统输出高压电，通过辅控四合一高压配电箱中的 DC/AC 转换器，将直流电转为交流电，再输入到电动转向泵的高压电源接口。工作原理为：动力电池系统输出高压电，通过 DC/AC 转换器为驱动电动机提供稳定的电压和电流，当整车 ACC 低压电路接通后，电动机控制器接收到工作指令，此时电动机根据控制器提供的信号来起动运转，驱动转向泵工作，为转向器提供油压，起到转向助力的作用。电动转向泵的温度传感器 PT1000 外接插接件与辅控四合一的转向泵 PT1000 − 和转向泵 PT1000 + 接口连接，传感器热缩套管颜色红色与正常区分。温度传感器检测电动转向泵的工作温度，以硬线信号的形式传输给辅控四合一控制器。控制器根据传感器信号和设定的控制策略，对电动转向泵的工作电压进行控制。当工作温度小于等于 120℃时，电动转向泵处于整车工作状态；当温度达到 125℃时，电动转向泵降低 50% 功率运行；当温度达到 150℃时，电动转向泵停机。温度降到 120℃时，恢复工作状态。

第 2 章
燃料电池汽车整车电气原理

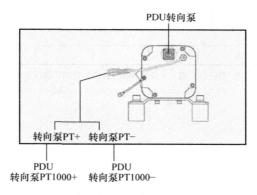

图 2.27 永磁同步电动转向泵电气原理

2.7.2 整车附件低压电气原理

燃料电池汽车电气系统需要为常规低压电器及辅助部件供电，整车附件低压电气系统采用整车 24V 常电，一方面为灯光、刮水器等常规低压电器供电，另一方面为各设备控制器等辅助部件供电。整车低压附件电气系统的 CAN 通信网络系统的作用是整车控制器和车载在线诊断系统与汽车其他控制单元进行信息通信。

1. 档位控制面板电气原理

随着新能源汽车的不断发展，汽车动力系统和控制策略不断复杂。车辆的档位设置和档位控制策略，是动力系统和整车控制系统的衔接部分。档位控制策略是给汽车的使用状态设置合适的车辆档位，从而使车辆在使用过程中满足驾乘舒适性、操控性以及动力经济性等要求。

燃料电池汽车档位控制系统，主要分为三个档位：R（倒车档），D（前进档），和 N（空档）。图 2.28 为燃料电池汽车档位控制面板电气原理图，电路与信号传输连接为：档位控制面板的常电、D 位公共端、R 位公共端、N 位公共端和高压急断公共端组合连接至整车 24V 常电，电路上连接有额定电流为 5A 的熔丝保护电路。档位控制面板的 ON 接口连接至仪表的选档面板 ON 接口，D 位常开、R 位常开、N 位常开和高压急断常开接口分别与整车控制器的 D 位、R 位、N 位和急停开关接口连接。档位控制面板的 D、N、R 位按钮与档位控制系统之间是数字量硬线信号输入，整车控制器以电压信号接收档位信号。

由图 2-28 可知，档位控制面板电气工作原理为：驾驶员打开点火开关，车身控制单元前模块的 ON 电源信号传递倒档系统，档位系统处于准备工作状态。按下 R 位，常开开关闭合，24V 电压信号传输到整车控制器上，其中电压信号是高有效，即高电平信号有效，常态下为低电平，即数字量为 0，高电平时为 1。

燃料电池汽车整车控制系统开发实践

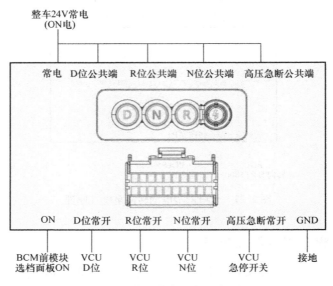

图2.28 档位控制面板电气原理

整车控制器根据电平信号进行控制策略的判别。当要切换到其他档位时，电平信号传输与上述一致。

2. 加速踏板和制动踏板电气原理

加速踏板的主要作用是控制发动机节气门的开度，从而控制发动机的动力输出。传统的加速踏板是通过加速踏板拉索或者拉杆和节气门相连的。而随着汽车电子技术的不断发展，电子节气门的应用越来越广泛，驾驶员踩踏加速踏板时，实际上是传递给发动机ECU一个加速踏板位置传感器信号。

燃料电池汽车加速踏板是通过霍尔传感器来实现其作用的，当驾驶员踩下踏板时，产生不一样的电压信号。图2.29为燃料电池汽车加速踏板的电气原理图，工作原理为：加速踏板输出两路电压信号，即信号1和信号2，以模拟量硬线信号的形式传输给整车控制器。整车控制器输出5V电压，给加速踏板的两个传感器供电，同时整车控制器通过电压信号判断开度，整车控制器由开度来计算确定整车需要多大的驱动力。加速踏板中两路信号的作用是：踩下加速踏板后，两路信号在整车控制器的程序中进行比较，如果其中一个信号与另一路信号的关系不满足设定，说明车辆产生故障。

制动系统是汽车的主要组成部分，制动系统的工作原理为：当驾驶员踩下制动踏板，制动踏板向下的行程中会推动制动主缸工作，主缸中的制动液会被输送到各个轮缸中，在盘式制动中，轮缸也就是制动卡钳中的活塞，当活塞被推动后，会与制动盘产生强烈的摩擦力，继而产生制动力，使汽车减速或者停下。以

第 2 章
燃料电池汽车整车电气原理

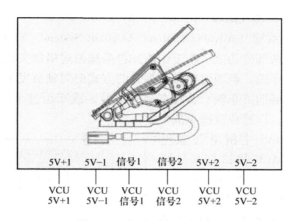

图 2.29 加速踏板电气原理

电压信号的形式输入给整车控制器。

燃料电池汽车的制动踏板也采用电子踏板,图 2.30 为燃料电池汽车制动踏板电气原理图,制动踏板上制动踏板地和制动踏板+端口与整车控制器的制动踏板地和制动踏板+端口连接,制动踏板的模拟量接口与整车控制器的制动踏板模拟量接口连接。制动踏板工作原理为:整车控制器为制动踏板传感器供电,供电电压为 24V。当驾驶员踩下制动踏板,制动踏板传感器的制动模拟量以硬线信号的方式传输到整车控制器,整车控制器根据电压信号的大小,对制动力进行计算,然后传输到制动系统控制器,执行制动命令。

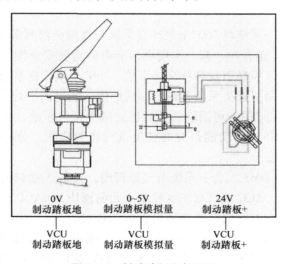

图 2.30 制动踏板电气原理

3. 驾驶辅助附件电气原理

高级辅助驾驶系统（Advanced Driver Assistant System，ADAS）具有车道偏离预警和碰撞预警两部分功能。车道偏离预警系统通过摄像头检测车道线，如存在车辆无意识偏离车道，则通过声音与视觉的方式向驾驶员发出警告。碰撞预警系统利用摄像头检测前方车辆，若存在碰撞危险，或车距过小危及行车安全时，向驾驶员发出警告，以避免碰撞事故发生。

图 2.31 为 ADAS 主机电气原理图，ADAS 主机的 ACC 接口与车身控制单元（BCM）前模块的 ADAS ACC 接口连接，右转向信号和左转向信号与仪表的右转向信号和左转向信号接口连接。ADAS 电气原理为：当驾驶员打开点火开关，未点火时，整车低压附件上电，车身模块控制单元的常电电源通过 ADAS ACC 接口为 ADAS 主机供电，ADAS 主机开始工作。当驾驶

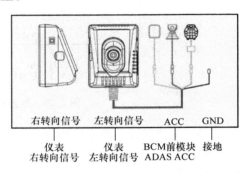

图 2.31　ADAS 主机电气原理

员关闭点火开关并取走钥匙后，整车下电，车身控制单元断电，ADAS 主机停止工作。ADAS 主机的 ACC 正极只用于行车时工作，汽车不工作时，ADAS 主机同样不工作。ADAS 主机为防止系统误报警，当汽车主动变道时，驾驶员将转向灯开启，仪表的左转向信号和右转向信号传输到 ADAS 主机，ADAS 主机此时不会发出报警信号。

360 DMS 二合一系统将 360°全景环视系统与驾驶员检测系统（Driver Monitoring System，DMS）组合在一起，实现更为全面的驾驶安全性。商用车车身尺寸大，周围存在的盲区极易引发各种交通事故。360°全景环视系统通过安装在车身前后左右 4 个超广角摄像头采集车辆四周的影像，通过图形处理单元的矫正和无缝拼接，形成 3D 全景图，可消除驾驶盲区，减少盲区事故，提高行车安全。驾驶员检测系统（DMS）的功能是对驾驶员进行疲劳检测、分心检测以及危险行为检测，保证行车安全。

图 2.32 为 360 DMS 二合一系统电气原理图，设备 A 接口的常电端口与整车 24V 常电电源连接，ACC 端口与车身控制单元前模块 360ACC 端口连接，疲劳驾驶报警端口与人机交互终端疲劳驾驶报警端口连接，调试 CL 与调试 CH 端口接入仪表外网 CAN 线，报警喇叭＋和报警喇叭－端口分别与报警喇叭的正负极连接。360 DMS 二合一系统工作原理为：整车 24V 常电为 360°环视系统控制器、视频显示屏等附件供电，当驾驶员将点火开关打到 ACC 档，整车低压电路上电，车身控制单元前模块的常电电源为 360 DMS 二合一系统的工作电路供电，系统

第 2 章
燃料电池汽车整车电气原理

开始工作。系统的前后左右 4 个摄像头实时采集车身前后左右的高清视频画面信号,经过系统设备 C 接口传输到系统控制器中,经过芯片的算法处理,将车身周围实时环境画面展示在视频显示屏上。DMS 工作原理为:行车过程中,摄像头对驾驶员的闭眼和打哈欠行为进行采样,DMS 结合行车时间、行车速度等因子,来判断驾驶员是否疲劳和疲劳等级;摄像头对驾驶员的视线偏移及人脸角度偏移进行采样,根据偏移的角度阈值,进行判断,触发偏移阈值开始计时,根据时间长短来判断分心等级;危险行为监测包含驾驶员抽烟、打电话、饮食等行为。当 DMS 判断驾驶员处于疲劳驾驶状态,通过报警喇叭对驾驶员进行报警提示,同时人机交互终端也会对驾驶员进行语音提示。系统的调试端口接入仪表外网,当系统出现故障时,可以通过仪表外网 CAN 线对系统进行调试。

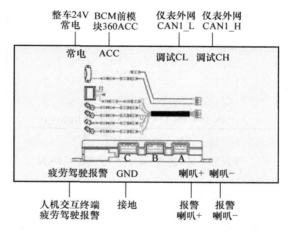

图 2.32 360DMS 二合一系统电气原理

4. 车载故障诊断系统电气原理

车载诊断系统(On-Board Diagnostic,OBD)是汽车上的一种用于监控车辆状况以及控制排放的一种在线诊断系统。该车载系统从汽车内部的传感器网络收集信息,随后该系统会根据数据来调节汽车系统或向用户报告问题,技术人员可以轻易地通过 OBD 系统读出汽车数据,以此来诊断问题,OBD 系统可以更好地帮助用户了解汽车诊断。车载诊断系统监测多个系统和部件,包括燃料电池电堆、驱动电机系统等,与整车控制器(VCU)连接。当汽车出现故障时,OBD 记录故障信息和相关代码,并通过故障灯发出警告,告知驾驶员,整车控制器通过 CAN 数据接口,保证对故障信息的访问和处理。

图 2.33 为车载诊断系统电气原理图,电源正接口与整车 24V 电源连接,CAN_H 与 CAN_L 接口接入仪表外网,动力 CAN_L 和动力 CAN_H 接入动力 CAN 线中,VCU 调试 CL 和 VCU 调试 CH 与整车控制器(VCU)的 VCU 诊断

CAN_L 和 VCU 诊断 CAN_H 接口连接。车载诊断系统工作原理为：整车 24V 常电电源为车载诊断系统设备供电，车载诊断系统的 CAN 线接入仪表外网 CAN 和动力 CAN 中。当汽车出现故障时，汽车上的故障指示灯亮起，向驾驶员发出报警信号。OBD 收集故障信息，并进行分析检测，另外还会通过 CAN 通信传输给整车控制器，保证 VCU 对故障信息的处理。当整车控制器出现故障时，工作人员通过车载诊断系统上的 VCU 调试接口对整车控制器进行调试诊断。

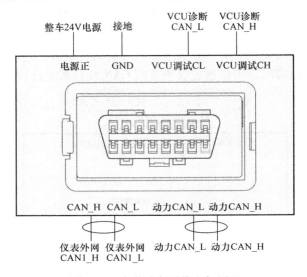

图 2.33　车载诊断系统电气原理

5. 制动系统附件电气原理

汽车防抱死制动系统（Anti-lock Braking System，ABS）的作用是使汽车在打滑的路面上制动过程中行驶时，自动控制制动器制动力的大小，保持车辆的可操作性，仍能转动转向盘绕开障碍物，避免事故发生。同时 ABS 会减少轮胎的磨损，降低汽车维护费用。ABS 中的缓速器是辅助制动装置，为汽车提供额外制动力的同时不会增加车轮制动器的发热，确保车辆紧急制动的可靠性。

图 2.34 为防抱死制动系统电气原理图，电源 + 接口接整车 24V 常电电源，电源 - 接口接地线，指示灯接口接 ABS 指示灯，ON + 接口与车身控制单元后模块的 ABS ON 接口连接，缓速器接口与 VCU 的 ABS 信号接口连接，CAN_L 和 CAN_H 接口引出 CAN 线接入仪表外网。ABS 电气系统工作原理为：整车 24V 常电电源为 ABS 系统供电，当驾驶员将点火开关打到 ON 位，整车低压上电，车身控制单元后模块的常电电源为 ABS 工作电路供电，ABS 指示灯亮，此时 ABS 处于工作状态。前左右传感器和后左右传感器测出每个车轮的速度信号，以硬线信号传输方式传递到 ABS 的电子控制单元（ECU）中，ECU 对输入的信号加以分

析、运算并根据车轮的运动状况向前左右电磁阀和后左右电磁阀发出制动压力的控制指令。当它发现某个车轮要抱死时，立即让调节器适量排放制动空气减少制动鼓与制动蹄片间的摩擦力，使轮速适当上升；当 ECU 发现轮速上升过快时，又会让电磁阀停止排气，让轮速降低。ABS 的 CAN 信号传输是通过 CAN_L 和 CAN_H 引出 CAN 线接入仪表外网 CAN 中，与整车控制器（VCU）、车载故障诊断系统（OBD）等部件共享信息。整车控制器接收到 ABS 的信息，可以根据设定的控制策略，对 ABS 进行控制管理。

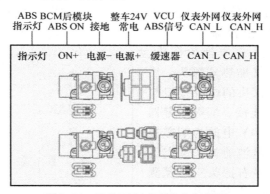

图 2.34　防抱死制动系统电气原理

6. 胎压监测系统附件电气原理

胎压监测系统是保证汽车行驶安全的重要部件，主要用于在汽车上路行驶时，对车胎胎压进行自动监测，如果出现轮胎漏气、车胎温度过高和气压低等方面的问题时，系统会自动报警，以确保行车安全。汽车安装胎压监测设备具有保证事前安全保护、延长轮胎使用寿命、减少油耗以及保护汽车部件等好处。胎压监测系统主要由胎压传感器、接收器、显示器构成，其作用主要是监控轮胎的胎压，保证轮胎气压的一致性，提高轮胎的使用寿命，降低油耗。

图 2.35 为燃料电池汽车胎压监测系统电气原理图，系统电源接口接整车 24V 常电电源，GND 接口接地线。其工作原理为：轮胎上的胎压传感器接收到轮胎的压力、温度等信息，经过芯片的处理后，由各轮胎的发射器发射到接收器上。左前轮和右前轮的胎压信息直接经发射器发射到接收器内，左后内外轮和右后内外轮的胎压信息先发射到中继器中，中继器再传

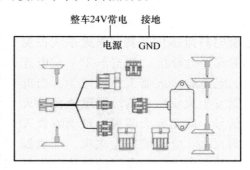

图 2.35　胎压监测系统电气原理

输到胎压监测系统的接收器中。胎压信息经接收器处理后,反馈到显示器上。

7. 火情管理附件电气原理

汽车火灾事故时有发生,特别是客车由于采用空调系统使得人们处于一个相对封闭的环境,给火灾处理和人员逃离带来了很多的不便,控制火灾的发生和先期的预警显得很重要。抓好火灾预防必须借助于高科技火灾产品在汽车领域中的应用。烟雾报警器能探测汽车环境中温度、烟雾浓度变化,实时监测指标数据,及时发现指标异常,经智能分析、判断,排除干扰信息,筛选出火灾隐患和早期情况,并及时发出预警信号。当达到报警条件时,输出灭火动作指令。

图 2.36 为烟雾报警器电气原理图,烟雾报警主机、左电池舱探头、右电池舱探头、空气加热器探头、后舱左探头和后舱右探头的电源接口与整车 24V 常电电源连接。烟雾报警器工作原理为:整车 24V 电源为烟雾报警系统供电,左右电池舱探头、空气加热器探头和后舱左右探头实时探测温度、烟雾和 CO 浓度指标变化,对电池舱、乘客舱等地方进行智能判断和分析,准确预报火灾隐患。

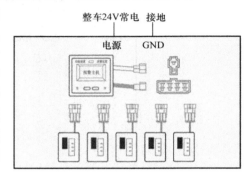

图 2.36 烟雾报警器电气原理

燃料电池汽车的动力电池箱和燃料电池电堆储存能量越多时,电池就越不稳定,甚至容易起火。对电池箱而言,电池起火的主要原因主要包括:不当充电时高温造成的电解液汽化;过度充电或者短路使得电池外壳撑破后,空气与电解液发生激烈的化学反应造成起火。对燃料电池电堆而言,电池起火的主要原因包括:氢气管路发生泄漏;电堆过度反应,电解液泄漏,电池保护罩撑破。

图 2.37 为电池舱灭火器电气原理图,灭火系统的电池舱温度传感器、电堆燃料泄漏传感器、灭火系统控制器等部件电源接口与整车 24V 常电连接。电池舱灭火器工作原理为:当电池舱发生火灾时,热敏线迅速传导火灾信号,启动灭火装置,自动喷放灭火剂灭火。电池舱发生火灾,环境温度上升至灭火装置设定的公称动作温度时,无论热敏线是否动作,灭火装置自动启动喷放灭火剂灭火。

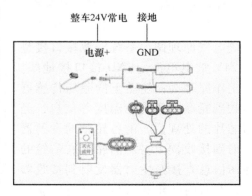

图 2.37 电池舱灭火器电气原理

第 2 章
燃料电池汽车整车电气原理

8. 车身附件电气原理

电子后视镜（Camera Monitor System）在车辆两侧分别安装短焦和长焦摄像头，并将摄像头投射到 A 柱的高清显示屏上，用于辅助解决传统光学后视镜的盲区、雨天挂水和夜晚可视距离短问题，减少安全隐患。在夜晚弱光环境、白天强光反光、雨雪天气情况下，实现视野无盲区、夜晚看得见、雨天看得清，给驾驶员提供持续可靠的良好驾驶视野，提高驾驶安全性。

图 2.38 为电子后视镜电气原理图，左后视镜和右后视镜的点火接口与整车 24V 电源常电电源连接，ON 接口与车身控制单元前模块的电子后视镜 ON 接口连接，左后视镜灯和右后视镜灯接口与车身控制单元示廓灯、开关照明连接。电子后视镜电气原理为：整车 24V 常电电源通过电子后视镜上的点火接口为左右后视镜供电，当驾驶员将点火开关打到 ON 位，汽车整车低压电路接通，车身控制单元的常电电源为电子后视镜工作电路供电，此时左右电子后视镜处于工作状态。当汽车在大雾、雨、雪及黑夜状态下行驶时，驾驶员打开示廓灯及照明灯，车身控制单元的常电电源为左后视镜灯和右后视镜灯供电，电子后视镜灯打开。

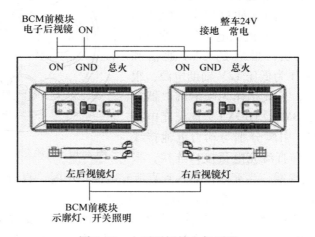

图 2.38　电子后视镜电气原理

行车记录仪是汽车车身的重要附件，功能是通过数字视频记录并循环更新车前或周围的路面情况，甚至车内的录音、汽车的加速度、转向和制动等信息数据也会被记录下来，以备调查交通事故责任时所用。行车记录仪的基本组成：主机（包括微处理器、数据存储器、实时时钟、显示器、数据通信接口等装置）、车速传感器、数据分析软件以及红外摄像头。

图 2.39 为燃料电池汽车行车记录仪电气原理图，行车记录仪上的常电端口接整车 24V 常电，电路上接有额定电流为 5A 的熔丝，接地端口接地线。行车记

录仪上的 CAN_H 和 CAN_L 端口接入仪表外网 CAN，与整车控制器（VCU）、远程监控（TBOX）、故障诊断系统（OBD）、四合一控制器等控制单元进行 CAN 通信。ACC 端口接到驱动前模块的记录仪 ACC 端口，行车记录仪以整车 24V 常电供电。

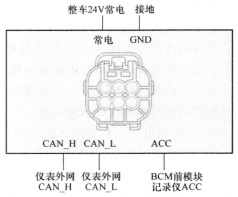

图 2.39　行车记录仪电气原理

图 2.40 为燃料电池汽车动力电池系统直流充电插口，动力电池系统的直流充电插口共有九个孔，分别是：DC+，直流电源正；DC−，直流电源负；S+，充电 CAN_H；S−，CAN_L；PE，接地；A+，辅助电源正；A−，辅助电源负；CC1，充电连接确认（充电桩检测）；CC2，充电连接确认（车辆确认检测）。在插头与插座的互插过程中，CC2 与 PE 最先连接，接着是直流供电正负，然后是低压辅助电源正负，最后是 CAN 通信和 CC1。A+ 和 A− 作为低压 12V 辅助电源，很少用它们来供电，一般是作为唤醒继电器控制（唤醒 VCU、BMS、TBOX）。直流充电接口的 DC+ 和 DC− 引脚分别与动力电池接线盒的直流充电正和直流充电负接口连接，采用 50mm² 高压电缆线。当充电枪插入到直流充电插口中时，直流电通过 DC+ 和 DC−，流入电池接线盒，再充入动力电池电箱中。

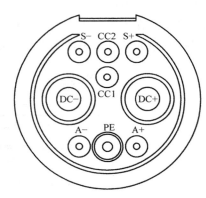

图 2.40　直流充电插口电气原理

图 2.41 为燃料电池汽车多功能电源箱电气原理图，主要包括电源总开关、熔丝、铁板、铜板等主要部件，工作原理为：低压蓄电池正极和四合一 DC+ 输出接口进行并联连接，同时满足四合一对蓄电池的充电需求，然后接入到多功能电源箱的电源总开关给其供电。当电源总开关闭合后，整车 24V 常电通过多功能电源箱的各电源输出端口输出。

多功能电源箱 4 块铁板分别对应燃料电池熔丝盒、前盒主电、前盒常电和燃料电池 ATS 这四个接口，铁板承受最大电流为 200A。前盒主电接前熔丝盒 X 柱，前盒常电接前熔丝盒 U 柱，整车 24V 常电经多功能电源箱的前盒主电和前盒常电为前熔丝盒所连接的整车低压附件供电。燃料电池 ATS 接口与风扇 1、风扇 2、风扇 3 和风扇 4 的电源正极接口连接，多功能电源箱通过燃料电池 ATS 接

第 2 章
燃料电池汽车整车电气原理

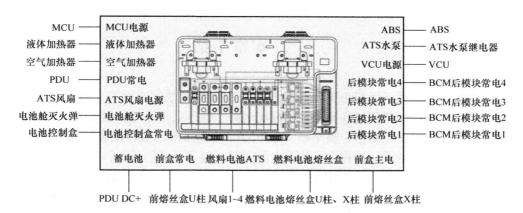

图 2.41　多功能电源箱电气原理

口为风扇供电。多功能电源箱上的燃料电池熔丝盒接口接燃料电池熔丝盒 U 柱和 X 柱，整车 24V 常电通过此接口为燃料电池熔丝盒所接的低压附件供电。同时，整车常电也通过多功能电源箱上的其余电源接口为多功能电源箱所接的低压附件进行供电，例如电机控制器（MCU）、ATS 水泵、四合一控制器、ATS 风扇、车身控制单元后模块、空气加热器、液体加热器等整车附件。

风扇是燃料电池汽车 ATS 电子风扇式冷却系统的重要组成部分，由 ECU 控制器根据传感器温度数值进行控制，可以实现无级变速，按需散热。风扇的作用就是降低流经散热器的冷却液的温度，根据驱动电机的散热需求，将风扇布置在对应的位置，采用 PWM 控制技术，实现对驱动电机及电控系统等部件的冷却。

图 2.42 为风扇的电气原理图，风扇上 ATS 电源接口接整车 24V 常电电源，ATS 报警接口与车身控制单元后模块 ATS 风扇报警接口连接，ATS PWM 控制接口与整车控制器（VCU）的 ATS 控制 PWM 接口连接，GND 接口接地线。ATS 风扇的工作原理为：整车 24V 常电为风扇供电，当驱动电机系统工作温度高时，风扇中的温度传感器检测温度信息，发送过热报警信息给整车控制单元，整车控制单元

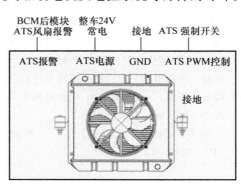

图 2.42　风扇电气原理

将信息通过 CAN 线再传递给整车控制器（VCU）。整车控制器通过 PWM 控制技术控制 ATS 强制开关，接通风扇控制电源，风扇运转为驱动电机散热。

2.8 本章小结

本章详细介绍了燃料电池汽车整车电气原理中的燃料电池高、低压电气原理，动力电池高、低压电气原理，集成配电高、低压电气原理，驱动电机高、低压电气原理，整车控制器，整车高、低压附件电气原理，组合仪表，远程监控。对整车电气原理的设计过程中可能存在的问题，做了系统的分析，并提出了相应的解决方案。同时，对燃料电池汽车的燃料电池系统、动力电池系统、集成配电、驱动电机、组合仪表、远程监控以及整车附件等各电子模块的电源分配、信号连接和网络拓扑做了详细的说明。汽车整车电气原理设计是整车电气系统设计的核心，是后续整车控制策略设计、参数设计、线束设计与在环仿真等方面的基础。

参 考 文 献

[1] 佘小芬. 纯电动汽车高压互锁及失效问题分析 [J]. 内燃机与配件，2019（8）：53-54

[2] 杨晓东. 燃料电池电动汽车的车辆控制器的研究与开发 [D]. 大连：大连交通大学，2008.

[3] 冯健美. 涡旋氢循环泵用防涡盘径向脱开结构 [D]. 西安：西安交通大学，2018.

[4] 刘春晖. 北汽 E150EV 电动汽车动力电池系统的结构与检修 [J]. 汽车维修与保养，2020（7）：68-70.

[5] 齐垂辉，胡浩，薛帅强，等. 一种交流电动机驱动上装的纯电动压缩式垃圾车：CN207825944U [P]. 2018-09-07.

[6] 谢长君，全书海，沈迪，等. 燃料电池做车载增程式充电器的电动汽车动力系统：CN202357902U [P]. 2012-08-01.

[7] 萧媛. 浅析电动汽车空调系统技术 [J]. 时代汽车，2021（18）：106-107.

[8] 郝冬，朱凯，张妍懿，等. 燃料电池电动汽车专用空压机技术简析 [J]. 汽车零部件，2019（8）：96-100.

[9] 宋明谛，张富宁，徐有芬，等. 一种轻卡前桥 ABS 制动防抱死装置：CN204870975U [P]. 2015-12-16.

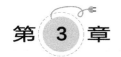

第 3 章

燃料电池汽车整车通信协议

德国博世公司在 1986 年提出了一种串口通信协议——控制器局域网（Controller Area Network，CAN），用来解决车辆控制与测试系统间的数据通信与资源共享问题。CAN 总线可实现分布式控制系统中各节点之间实时、可靠的数据通信，CAN 总线通信已成为世界公认的汽车工业的标准现场总线之一。飞利浦公司于 1991 年制定并发布了 CAN2.0 技术规范，2000 年美国汽车工程师学会（SAE）提出了汽车控制器局域网的通用标准 SAE J1939，逐渐成为现代车用标准通信协议。我国"863 计划"也明确规定新申报的电动汽车项目必须采用 CAN 总线通信技术。本章详细规定了燃料电池汽车控制系统中，以整车控制器为核心，与各相关部件进行 CAN 通信的数据定义及格式。

3.1 整车通信网络与 CAN 拓扑

根据燃料电池汽车的功能需求及 CAN 通信协议内容，整车 CAN 网络拥有以下网络节点：整车控制器（VCU）、电机控制器（MCU）、燃料电池控制器（FCU）、动力电池管理系统（BMS）、组合仪表（IP）和电源管理系统控制器（PDU）。整车 CAN 网络拓扑结构如图 3.1 所示。

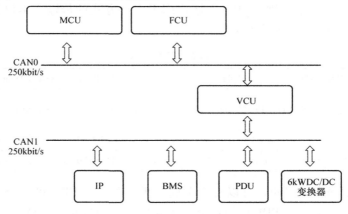

图 3.1　网络拓扑图

各个通信节点的名称、简写及地址分配见表3.1。

表3.1 通信节点的名称、简写及地址分配

名称	简写	地址	备注
整车控制器	VCU	0xD0	
电机控制器	MCU	0xD2	
燃料电池控制器	FCU	0xD3	扩展帧
动力电池管理系统	BMS	0xD4	
组合仪表	IP	0xD6	
智能辅助高压控制器	PDU	0xD5	

3.2 整车通信网络要求

1）本协议规定的数据定义及格式遵循SAE J1939协议标准。
2）各通信部件间的通信接口为CAN2.0B标准接口。
3）CAN0、CAN1各通信部件间的通信速率为250kbit/s，CAN2通信速率为100kbit/s。
4）各通信部件间的时序格式为Intel，低位在前，高位在后。

3.3 CAN网络报文格式

SAE J1939标准中定义了两种PDU格式：PDU1格式（PS为目标地址）和PDU2格式（PS为组扩展），PDU2格式用于广播方式的传输。本协议兼容两种PDU格式，其PDU格式见表3.2。

表3.2 PDU格式

IDENTIFIER 11bit			SRR	IDE	IDENTIFIER EXTENSION 18bit		
PRIORITY (P)	R	DP	PDU FORMAT (PF)	SRR	IDE	PF	PDU SPECIFIC (PS)	SOURCE ADDRESS (SA)
3 2 1	1	1	8 7 6 5 4 3	—	—	2 1	8 7 6 5 4 3 2 1	8 7 6 5 4 3 2 1
28 27 26	25	24	23 22 21 20 19 18	—	—	17 16	15 14 13 12 11 10 9 8	7 6 5 4 3 2 1 0

其中，优先级为3bit，可以有8个优先级；P、R、DP、PF、PS和SA分别为相关协议数据单元（PDU）的6个组成部分，它们分别代表优先级、保留位、

数据页、PDU 格式、特殊 PDU 和源地址。R 固定为 0；DP 固定为 0；8bit 的 PF 为报文的编码；8bit 的 PS 为目标地址或组扩展；8bit 的 SA 为源地址。

PDU 数据帧中未使用或保留字节置为 0xFF。

3.4 燃料电池管理系统通信协议

3.4.1 VCU 向 FCU 发送数据

VCU 向 FCU 发送的数据、位数、单位、缺省值、范围、分辨率和时序见表 3.3 ~ 表 3.6，其中未标注数据状态见附表。

表 3.3 VCU 向 FCU 发送的第 1 帧数据

发送	接收	ID						通信周期
		0x0CF0D3D0						
VCU	FCU	PGN = 0x00F0D3						100ms
		P	R	DP	PF	PS	SA	
		0x03	0x00	0x00	0xF0	0xD3	0xD0	
数据								
位置	数据名称（中文）	位数	单位	缺省值	范围	偏移量	分辨率	时序
1	整车发送燃料电池目标功率	16bit	kW	0	0 ~ 400	0	0.1	
2								
3.1	整车燃料电池请求开关	2bit	—	0	0 ~ 3	0	1	
3.3	电堆急停	2bit	—	0	0 ~ 3	0	1	
3.5	燃料电池 0 功率输出请求	2bit	—	0	0 ~ 3	0	1	
3.7	6kWDCDC 接触器状态反馈	2bit	—	0	0 ~ 3	0	1	
4.1	预留	2bit	—	0	0 ~ 3	0	1	见附表 1
4.3	59kWDCDC 主接触器状态反馈	2bit	—	0	0 ~ 3	0	1	
4.5	预留	4bit	—	—	—	—	—	
5	车速	16bit	km/h	0	0 ~ 250	0	1	
6								
7	空调运行功率	16bit	kW	0	0 ~ 50	0	0.1	
8								

表 3.4　VCU 向 FCU 发送的第 2 帧数据

发送	接收	ID						通信周期
		0x0CF1D3D0						
		PGN = 0x00F1D3						
VCU	FCU	P	R	DP	PF	PS	SA	100ms
		0x03	0x00	0x00	0xF1	0xD3	0xD0	
数据								

位置	数据名称（中文）	位数	单位	缺省值	范围	偏移量	分辨率	时序
1	整车累积行驶里程数	32bit	km	0	0 ~ 214748364	0	0.005	—
2								
3								
4								
5	电池电压	16bit	V	0	0 ~ 980	0	0.015	—
6								
7	电池荷电状态	8bit	%	0	0 ~ 100	0	0.4	—
8	Life	8bit	—	0	0 ~ 255	0	1	—

表 3.5　VCU 向 FCU 发送的第 3 帧数据

发送	接收	ID						通信周期
		0x0CF2D3D0						
		PGN = 0x00F2D3						
VCU	FCU	P	R	DP	PF	PS	SA	100ms
		0x03	0x00	0x00	0xF2	0xD3	0xD0	
数据								

位置	数据名称（中文）	位数	单位	缺省值	范围	偏移量	分辨率	时序
1	电池放电/充电电流	16bit	A	0	-1600 ~ 1600	-1600	0.05	—
2								
3	正对的绝缘阻值	16bit	kΩ	0	0 ~ 60000	0	1	—
4								
5	负对的绝缘阻值	16bit	kΩ	0	0 ~ 60000	0	1	—
6								
7	预留	8bit	—	—	—	—	—	—
8	预留	8bit	—	—	—	—	—	—

第 3 章 燃料电池汽车整车通信协议

表 3.6 VCU 向 FCU 发送的第 4 帧数据

发送	接收	ID						通信周期
VCU	FCU	0x0CF3D3D0						100ms
		PGN = 0x00F3D3						
		P	R	DP	PF	PS	SA	
		0x03	0x00	0x00	0xF3	0xD3	0xD0	

位置	数据名称（中文）	位数	单位	缺省值	范围	偏移量	分辨率	时序
1	BMS 允许的脉冲放电电流（瞬时电流）	16bit	A	0	0~6554	0	0.1	—
2								
3	BMS 允许的脉冲充电电流（瞬时电流）	16bit	A	0	0~6554	0	0.1	
4								
5	BMS 允许的持续充电电流	16bit	A	0	0~6554	0	0.1	
6								
7	预留	8bit	—	—	—	—	—	
8	预留	8bit	—	—	—	—	—	

3.4.2 FCU 向 VCU 反馈数据

FCU 向 VCU 反馈的数据、位数、单位、缺省值、范围、分辨率和时序见表 3.7~表 3.12，其中未标注数据状态见附表。

表 3.7 FCU 向 VCU 反馈的第 1 帧数据

发送	接收	ID						通信周期
FCU	VCU	0x0CF1D0D3						10ms
		PGN = 0x00F1D0						
		P	R	DP	PF	PS	SA	
		0x03	0x00	0x00	0xF1	0xD0	0xD3	

位置	数据名称（中文）	位数	单位	缺省值	范围	偏移量	分辨率	时序
1	燃料电池状态	8bit	—	0	0~255	0	1	
2.1	燃料电池故障等级	2bit	—	0	0~3	0	1	
2.3	预留	6bit	—	—	—	—	—	
3	燃料电池故障码	16bit	—	0	0~65535	0	1	见附表2
4								
5	DC/DC 输出电压	16bit	V	0	0~1000	0	0.1	
6								
7	DC/DC 输出电流	16bit	A	0	0~500	0	0.1	
8								

表 3.8　FCU 向 VCU 反馈的第 2 帧数据

发送	接收	ID						通信周期
		0x0CF2D0D3						
FCU	VCU	PGN = 0x00F2D0						10ms
		P	R	DP	PF	PS	SA	
		0x03	0x00	0x00	0xF2	0xD0	0xD3	

位置	数据名称（中文）	位数	单位	缺省值	范围	偏移量	分辨率	时序
1	DC 温度	8bit	℃	0	-40~120	-40	1	—
2	燃料电池探针数量	8bit	—	0	0~250	0	1	—
3	电堆入口温度	8bit	℃	0	-40~120	-40	1	—
4	电堆出口温度	8bit	℃	0	-40~120	-40	1	—
5 6	燃料电池输出电流	16bit	A	0	0~1000	0	0.1	—
7 8	燃料电池输出电压	16bit	V	0	0~1000	0	0.1	—

表 3.9　FCU 向 VCU 反馈的第 3 帧数据

发送	接收	ID						通信周期
		0x0CF3D0D3						
FCU	VCU	PGN = 0x00F3D0						10ms
		P	R	DP	PF	PS	SA	
		0x03	0x00	0x00	0xF3	0xD0	0xD3	

位置	数据名称（中文）	位数	单位	缺省值	范围	偏移量	分辨率	时序
1 2	100km 氢气消耗	16bit	kg/100km	0	0~600	0	0.01	—
3 4	氢气高压压力	16bit	MPa	0	0~120	0	0.1	—
5	氢气最高浓度	8bit	%	0	0~4	0	0.02	—
6 7	氢系统最高温度	16bit	℃	-40	0~240	-40	0.1	—
8	氢系统最高温度探针代号	8bit	—	0	0~250	0	1	—

第 3 章
燃料电池汽车整车通信协议

表 3.10 FCU 向 VCU 反馈的第 4 帧数据

发送	接收	ID						通信周期
		0x0CF4D0D3						
		PGN = 0x00F4D0						
FCU	VCU	P	R	DP	PF	PS	SA	10ms
		0x03	0x00	0x00	0xF4	0xD0	0xD3	

位置	数据名称（中文）	位数	单位	缺省值	范围	偏移量	分辨率	时序
1	氢系统最压力探针代号	8bit	—	0	0~250	0	1	
2.1	高压 DC/DC 状态	2bit	—	0	0~3	0	1	
2.3	燃料电池液位报警	1bit	—	0	0~1	0	1	
2.4	氢气剩余量报警	1bit	—	0	0~1	0	1	
2.5	电导率高报警	1bit	—	0	0~1	0	1	
2.6	预留	3bit	—	—	—	—	—	见附表 3
3	辅助风扇散热转速请求	8bit	%	0	0~100	0	1	
4	FCU Life	8bit	—	0	0~255	0	1	
5 6	燃料电池最大输出功率限值	16bit	kW	0	0~400	0	0.1	
7	氢系统燃料剩余量	8bit	%	0	0~100	0	1	
8	预留	8bit	—	—	—	—	—	

表 3.11 FCU 向 VCU 反馈的第 5 帧数据

发送	接收	ID						通信周期
		0x0CF5D0D3						
		PGN = 0x00F5D0						
FCU	VCU	P	R	DP	PF	PS	SA	10ms
		0x03	0x00	0x00	0xF5	0xD0	0xD3	

位置	数据名称（中文）	位数	单位	缺省值	范围	偏移量	分辨率	时序
1 2	燃料电池发动机实际功率	16bit	kW	0	0~400	0	0.1	—
3 4	燃料电池发动机输出电压	16bit	V	0	0~1000	0	0.01	—
5 6	燃料电池发动机输出电流	16bit	A	0	0~1000	0	0.01	—
7	预留	8bit	—	—	—	—	—	
8	预留	8bit	—	—	—	—	—	

表 3.12　FCU 向 VCU 反馈的第 6 帧数据

发送	接收	ID						通信周期
		0x0CF6D0D3						
		PGN = 0x00F6D0						
FCU	VCU	P	R	DP	PF	PS	SA	10ms
		0x03	0x00	0x00	0xF6	0xD0	0xD3	

位置	数据名称（中文）	位数	单位	缺省值	范围	偏移量	分辨率	时序
1	燃料电池发动机累计运行时间	16bit	h	0	0 ~ 65535	0	1	—
2								
3	燃料电池发动机累计发电量	32bit	kW·h	0	0 ~ 500000	0	0.1	—
4								
5								
6								
7	预留	8bit	—	—	—	—	—	—
8	预留	8bit	—	—	—	—	—	—

3.5　动力电池管理系统通信协议

3.5.1　VCU 向 BMS 发送数据

VCU 向 BMS 发送的数据、位数、单位、缺省值、范围、分辨率和状态见表 3.13 和表 3.14，其中未标注数据状态见附表。

表 3.13　VCU 向 BMS 发送的第 1 帧数据

发送	接收	ID						通信周期
		0x1802F3D0						
		PGN = 0x0002F3						
VCU	BMS	P	R	DP	PF	PS	SA	100ms
		0x04	0x00	0x00	0x02	0xF3	0xD0	

位置	数据名称（中文）	位数	单位	缺省值	范围	偏移量	分辨率	状态
1	VCU 生命信号	8bit	—	0	0 ~ 255	0	1	见附表4
2.1	整车发给 BMS 的主回路上下高压指令	2bit	—	0	0 ~ 3	0	1	

第 3 章
燃料电池汽车整车通信协议

（续）

发送	接收	ID						通信周期
		0x1802F3D0						
VCU	BMS	PGN = 0x0002F3						100ms
		P	R	DP	PF	PS	SA	
		0x04	0x00	0x00	0x02	0xF3	0xD0	

数据								
位置	数据名称（中文）	位数	单位	缺省值	范围	偏移量	分辨率	状态
2.2	整车发给 BMS 的附件 1 回路上下高压指令（无该附件回路则发 0x03）	2bit	—	0	0~3	0	1	
2.3	整车发给 BMS 的附件 2 回路上下高压指令（无该附件回路则发 0x00）	2bit	—	0	0~3	0	1	
2.4	整车发给 BMS 的附件 3 回路上下高压指令（无该附件回路则发 0x00）	2bit	—	0	0~3	0	1	
3	车速	8bit	km/h	0	0~255	0	1	
4.1	整车端主正继电器触点状态	2bit	—	0	0~3	0	1	
4.2	整车端主正继电器故障状态	2bit	—	0	0~3	0	1	
4.3	整车端主负继电器触点状态（无该继电器则发 0x00）	2bit	—	0	0~3	0	1	见附表 4
4.4	整车端主负继电器故障状态（无该继电器则发 0x00）	2bit	—	0	0~3	0	1	
4.5	整车端充正继电器触点状态（无该继电器则发 0x00）	2bit	—	0	0~3	0	1	
4.6	整车端充正继电器故障状态（无该继电器则发 0x00）	2bit	—	0	0~3	0	1	
5.1	整车端加热正继电器触点状态（无该继电器则发 0x00）	2bit	—	0	0~3	0	1	
5.2	整车端加热正继电器故障状态（无该继电器则发 0x00）	2bit	—	0	0~3	0	1	
5.3	整车端加热负继电器触点状态（无该继电器则发 0x00）	2bit	—	0	0~3	0	1	

（续）

发送	接收	ID						通信周期
		0x1802F3D0						
VCU	BMS	PGN = 0x0002F3						100ms
		P	R	DP	PF	PS	SA	
		0x04	0x00	0x00	0x02	0xF3	0xD0	

位置	数据名称（中文）	数据						
		位数	单位	缺省值	范围	偏移量	分辨率	状态
5.4	整车端加热负继电器故障状态（无该继电器则发0x00）	2bit	—	0	0~3	0	1	
6.1	整车端辅件1接触器触点状态（无该继电器则发0x00）	2bit	—	0	0~3	0	1	
6.2	整车端辅件1接触器故障状态（无该继电器则发0x00）	2bit	—	0	0~3	0	1	
6.3	整车端辅件2接触器触点状态（无该继电器则发0x00）	2bit	—	0	0~3	0	1	
6.4	整车端辅件2接触器故障状态（无该继电器则发0x00）	2bit	—	0	0~3	0	1	见附表4
6.5	整车端辅件3接触器触点状态（无该继电器则发0x00）	2bit	—	0	0~3	0	1	
6.6	整车端辅件3接触器故障状态（无该继电器则发0x00）	2bit	—	0	0~3	0	1	
6.7	整车端辅件4接触器触点状态（无该继电器则发0x00）	2bit	—	0	0~3	0	1	
6.8	整车端辅件4接触器故障状态（无该继电器则发0x00）	2bit	—	0	0~3	0	1	
7	预留	2bit	—	—	—	—	—	
8	预留	2bit	—	—	—	—	—	

第3章 燃料电池汽车整车通信协议

表 3.14 VCU 向 BMS 发送的第 2 帧数据

发送	接收	ID						通信周期
		0x1803F3D0						
		PGN = 0x0003F3						
VCU	BMS	P	R	DP	PF	PS	SA	200ms
		0x04	0x00	0x00	0x03	0xF3	0xD0	

数据							
位置	数据名称（中文）	位数	单位	缺省值	范围	偏移量	分辨率	状态
1	绝缘检测仪工作状态（多合一项目或者整车采绝缘的项目）	4bit	—	0	0~15	0	1	见附表5
2	绝缘故障等级（多合一项目或者整车采绝缘的项目）	4bit	—	0	0~15	0	1	
3 4	正极绝缘值（多合一项目或者整车采绝缘的项目）	16bit	kΩ	0	0~6000	0	1	
5 6	负极绝缘值（多合一项目或者整车采绝缘的项目）	16bit	kΩ	0	0~6000	0	1	
7 8	Reserved（填充0）	24bit	—	0	0~20000000	0	1	

3.5.2 BMS 向 VCU 反馈数据

BMS 向 VCU 反馈的数据、位数、单位、缺省值、范围、分辨率和时序见表 3.15~表 3.29，其中未标注数据状态见附表。

表 3.15 BMS 向 VCU 发送的第 1 帧数据

发送	接收	ID						通信周期
		0x18E1EFF3						
		PGN = 0x00E1EF						
BMS	VCU	P	R	DP	PF	PS	SA	200ms
		0x04	0x00	0x00	0xE1	0xEF	0xF3	

数据							
位置	数据名称（中文）	位数	单位	缺省值	范围	偏移量	分辨率	状态
1	电池编码信息帧序号	8bit	—	0	0~255	0	1	见附表6
2	电池编码长度	8bit	—	0	0~255	0	1	
3	电池编码（SN）字符 1，7，13，19（ASCII）	8bit	—	0	0~255	0	1	

（续）

发送	接收	ID						通信周期
		0x18E1EFF3						
BMS	VCU	PGN = 0x00E1EF						200ms
		P	R	DP	PF	PS	SA	
		0x04	0x00	0x00	0xE1	0xEF	0xF3	

数据								
位置	数据名称（中文）	位数	单位	缺省值	范围	偏移量	分辨率	状态
4	电池编码（SN）字符 2，8，14，20（ASCII）	8bit	—	0	0~255	0	1	
5	电池编码（SN）字符 3，9，15，21（ASCII）	8bit	—	0	0~255	0	1	
6	电池编码（SN）字符 4，10，16，22（ASCII）	8bit	—	0	0~255	0	1	见附表6
7	电池编码（SN）字符 5，11，17，23（ASCII）	8bit	—	0	0~255	0	1	
8	电池编码（SN）字符 6，12，18，24（ASCII）	8bit	—	0	0~255	0	1	

表3.16　BMS 向 VCU 发送的第 2 帧数据

发送	接收	ID						通信周期
		0x18E2EFF3						
BMS	VCU	PGN = 0x00E2EF						200ms
		P	R	DP	PF	PS	SA	
		0x04	0x00	0x00	0xE2	0xEF	0xF3	

数据								
位置	数据名称（中文）	位数	单位	缺省值	范围	偏移量	分辨率	状态
1 2	电池包额定容量	16bit	A·h	0	0~6554	0	0.1	
3 4	电池包额定电压	16bit	V	0	0~6554	0	0.1	
5 6	电池包额定总能量	16bit	kW·h	0	0~6554	0	0.1	
7.1	电池类型	4bit	—	0	0~15	0	1	见附表7
7.2	电池冷却方式	2bit	—	0	0~3	0	1	
7.3	电池厂家	4bit	—	0	0~15	0	1	
8.1	通信协议版本高位（例如：版本为3.1，则此处发3）	2bit	—	0	0~3	0	1	
8.2	通信协议版本低位（例如：版本为3.1，则此处发1）	4bit	—	0	0~15	0	1	

第3章 燃料电池汽车整车通信协议

表3.17　BMS向VCU发送的第3帧数据

发送	接收	ID						通信周期
		0x18E3EFF3						
BMS	VCU	PGN = 0x00E3EF						200ms
		P	R	DP	PF	PS	SA	
		0x04	0x00	0x00	0xE3	0xEF	0xF3	
数据								
位置	数据名称（中文）	位数	单位	缺省值	范围	偏移量	分辨率	状态
1	电池系统中CSC总的数目（电池监控单元数目）	8bit	—	0	0~255	0	1	见附表8
2 3	电池包中单体电池的总数目	16bit	—	0	0~65535	0	1	
4	电池包中单体电池温度点（探针）的总数目	8bit	—	0	0~255	0	1	
5	电池系统高压支路数	8bit	—	0	0~5	0	1	
6	电池系统单支路单体电池数	8bit	—	0	0~5	0	1	
7	可充电储能系统数目（EV默认1，满足GB32960要求）	8bit	—	0	0~5	0	1	
8	可充电储能系统序号（EV默认1，满足GB32960—2016要求）	8bit	—	0	0~5	0	1	

表3.18　BMS向VCU发送的第4帧数据

发送	接收	ID						通信周期
		0x18E4EFF3						
BMS	VCU	PGN = 0x00E4EF						1000ms
		P	R	DP	PF	PS	SA	
		0x04	0x00	0x00	0xE4	0xEF	0xF3	
数据								
位置	数据名称（中文）	位数	单位	缺省值	范围	偏移量	分辨率	状态
1 2	电池包可用电压上限（根据技术协议）	16bit	V	0	0~6554	0	0.1	见附表9
3 4	电池包可用电压下限（根据技术协议）	16bit	V	0	0~6554	0	0.1	
5	电池包可用最高SOC（根据技术协议）	8bit	(%)	0	0~102	0	0.4	

（续）

发送	接收	ID						通信周期
		0x18E4EFF3						
BMS	VCU	PGN = 0x00E4EF						1000ms
		P	R	DP	PF	PS	SA	
		0x04	0x00	0x00	0xE4	0xEF	0xF3	
数据								
位置	数据名称（中文）	位数	单位	缺省值	范围	偏移量	分辨率	状态
6	电池包可用最低SOC（根据技术协议）	8bit	(%)	0	0~102	0	0.4	见附表9
7	电池包可用温度上限（根据技术协议）	8bit	℃	-40	-40~215	0	1	
8	电池包可用温度下限（根据技术协议）	8bit	℃	-40	-40~215	0	1	

表 3.19 BMS 向 VCU 发送的第 5 帧数据

发送	接收	ID						通信周期
		0x18C1EFF3						
BMS	VCU	PGN = 0x00C1EF						100ms
		P	R	DP	PF	PS	SA	
		0x04	0x00	0x00	0xC1	0xEF	0xF3	
数据								
位置	数据名称（中文）	位数	单位	缺省值	范围	偏移量	分辨率	状态
1 2	本帧起始单体电压序号（从1开始）	16bit	—	0	0~65535	0	1	—
3 4	本帧第1号电池电压	16bit	V	0	0~65.54	0	0.001	—
5 6	本帧第2号电池电压	16bit	V	0	0~65.54	0	0.001	—
7	本帧第3号电池电压	16bit	V	0	0~65.54	0	0.001	—

第3章
燃料电池汽车整车通信协议

表3.20　BMS 向 VCU 发送的第 6 帧数据

发送	接收	ID						通信周期
		0x18C2EFF3						
BMS	VCU	PGN＝0x00C2EF						200ms
		P	R	DP	PF	PS	SA	
		0x04	0x00	0x00	0xC2	0xEF	0xF3	

数据							
位置	数据名称（中文）	位数	单位	缺省值	范围	偏移量	分辨率	状态
1 2	本帧起始单体电池温度序号（从1开始）	16bit	—	0	0～65535	0	1	
3	本帧第1号电池温度（最后一帧发不满，则发送0xFF）	8bit	℃	0	－40～215	0	1	—
4	本帧第2号电池温度（最后一帧发不满，则发送0xFF）	8bit	℃	0	－40～215	0	1	—
5	本帧第3号电池温度（最后一帧发不满，则发送0xFF）	8bit	℃	0	－40～215	0	1	—
6	本帧第4号电池温度（最后一帧发不满，则发送0xFF）	8bit	℃	0	－40～215	0	1	—
7	本帧第5号电池温度（最后一帧发不满，则发送0xFF）	8bit	℃	0	－40～215	0	1	—
8	本帧第6号电池温度（最后一帧发不满，则发送0xFF）	8bit	℃	0	－40～215	0	1	—

表3.21　BMS 向 VCU 发送的第 7 帧数据

发送	接收	ID						通信周期
		0x1883EFF3						
BMS	VCU	PGN＝0x0083EF						100ms
		P	R	DP	PF	PS	SA	
		0x04	0x00	0x00	0x83	0xEF	0xF3	

数据							
位置	数据名称（中文）	位数	单位	缺省值	范围	偏移量	分辨率	时序
1.1	主正继电器状态（如继电器状态由BMS检测）	2bit	—	0	0～255	0	1	见附表10
1.2	主负继电器状态（如继电器状态由BMS检测）	2bit	—	0	0～3	0	1	

(续)

发送	接收	ID						通信周期
		0x1883EFF3						
BMS	VCU	PGN = 0x0083EF						100ms
		P	R	DP	PF	PS	SA	
		0x04	0x00	0x00	0x83	0xEF	0xF3	

位置	数据名称（中文）	位数	单位	缺省值	范围	偏移量	分辨率	时序
1.3	主回路预充或预检继电器状态（如继电器状态由BMS检测）	2bit	—	0	0~3	0	1	
1.4	直流充正继电器1状态（如继电器状态由BMS检测）	2bit	—	0	0~3	0	1	
1.5	直流充负继电器1状态（如继电器状态由BMS检测）	2bit	—	0	0~3	0	1	
1.6	直流充正继电器2状态（如继电器状态由BMS检测）	2bit	—	0	0~3	0	1	
1.7	直流充负继电器2状态（如继电器状态由BMS检测）	2bit	—	0	0~3	0	1	见附表10
2.1	加热正继电器状态（如继电器状态由BMS检测）	2bit	—	0	0~3	0	1	
2.2	加热负继电器状态（如继电器状态由BMS检测）	2bit	—	0	0~3	0	1	
3.1	集电弓正继电器状态（如继电器状态由BMS检测）	2bit	—	0	0~3	0	1	
3.2	集电弓负继电器状态（如继电器状态由BMS检测）	2bit	—	0	0~3	0	1	

第 3 章
燃料电池汽车整车通信协议

（续）

发送	接收	ID						通信周期
BMS	VCU	0x1883EFF3						100ms
		PGN = 0x0083EF						
		P	R	DP	PF	PS	SA	
		0x04	0x00	0x00	0x83	0xEF	0xF3	

数据

位置	数据名称（中文）	位数	单位	缺省值	范围	偏移量	分辨率	时序
4.1	交流正继电器状态（如继电器状态由 BMS 检测）	2bit	—	0	0~3	0	1	
4.2	交流负继电器状态（如继电器状态由 BMS 检测）	2bit	—	0	0~3	0	1	
4.3	附件 1 继电器状态（如继电器状态由 BMS 检测）	2bit	—	0	0~3	0	1	
4.4	附件 2 继电器状态（如继电器状态由 BMS 检测）	2bit	—	0	0~3	0	1	
4.5	附件 3 继电器状态（如继电器状态由 BMS 检测）	2bit	—	0	0~3	0	1	见附表 10
5.1	BMS 当前高压状态	2bit	—	0	0~3	0	1	
5.2	BMS 当前均衡状态	1bit	—	0	0~1	0	1	
6.1	直流充电枪连接状态	2bit	—	0	0~3	0	1	
6.2	集电弓充电枪连接状态	1bit	—	0	0~1	0	1	
6.3	交流充电枪连接状态	1bit	—	0	0~1	0	1	
6.4	BMS 当前充电模式	2bit	—	0	0~3	0	1	
6.5	充电状态	2bit	—	0	0~3	0	1	
7.1	当前加热状态	1bit	—	0	0~1	0	1	
7.2	当前冷却状态	2bit	—	0	0~1	0	1	
8	充电次数	8bit	—	0	0~300000	0	1	

表 3.22　BMS 向 VCU 发送的第 8 帧数据

发送	接收	ID						通信周期
		0x1884EFF3						
BMS	VCU	PGN = 0x0084EF						200ms
		P	R	DP	PF	PS	SA	
		0x04	0x00	0x00	0x84	0xEF	0xF3	

位置	数据名称（中文）	位数	单位	缺省值	范围	偏移量	分辨率	状态
1	电池包 SOC	8bit	（%）	0	0～100	0	0.4	
2	电池包 SOH	8bit	（%）	0	0～100	0	0.4	
3	电池包总电流，充电为负值，	16bit	A	-1000	-1000～1000	0	0.1	
4	放电为正值							
5	电池包内侧电压	16bit	V	0	0～6554	0	0.1	见附表11
6								
7	故障码	8bit	—	0	0～255	0	1	
8.1	当前最高故障等级	2bit	—	0	0～3	0	1	
8.2	BMS 下高压请求	2bit	—	0	0～3	0	1	
8.3	BMS 生命信号	4bit	—	0	0～15	0	1	

表 3.23　BMS 向 VCU 发送的第 9 帧数据

发送	接收	ID						通信周期
		0x1885EFF3						
BMS	VCU	PGN = 0x0085EF						500ms
		P	R	DP	PF	PS	SA	
		0x04	0x00	0x00	0x85	0xEF	0xF3	

位置	数据名称（中文）	位数	单位	缺省值	范围	偏移量	分辨率	状态
1	BMS 正极绝缘值	16bit	kΩ	0	0～60000	0	1	
2								
3	BMS 负极绝缘值	16bit	kΩ	0	0～60000	0	1	
4								见附表12
5	BMS 系统绝缘值	16bit	kΩ	0	0～60000	0	1	
6								
7	BMS 绝缘检测状态	1bit	—	0	0～1	0	1	
8	预留（填充0）	2bit						

第 3 章
燃料电池汽车整车通信协议

表 3.24　BMS 向 VCU 发送的第 10 帧数据

发送	接收	ID						通信周期
		0x1886EFF3						
BMS	VCU	PGN = 0x0086EF						500ms
		P	R	DP	PF	PS	SA	
		0x04	0x00	0x00	0x86	0xEF	0xF3	

数据							
位置	数据名称（中文）	位数	单位	缺省值	范围	偏移量	分辨率	状态
1	单体电池温度最大值	8bit	℃	-40	-40~215	0	1	
2	单体电池温度最小值	8bit	℃	-40	-40~215	0	1	
3	单体电池温度平均值	8bit	℃	-40	-40~215	0	1	
4	最高温度探针所在的 CSC 编号	8bit	—	0	1~255	0	1	见附表 13
5	最高温度探针在系统中的位置	8bit	—	0	1~255	0	1	
6	最低温度探针所在的 CSC 编号	8bit	—	0	1~255	0	1	
7	最低温度探针在系统中的位置	8bit	—	0	1~255	0	1	
8	预留（填充 0）	8bit	—	—	—	—	—	

表 3.25　BMS 向 VCU 发送的第 11 帧数据

发送	接收	ID						通信周期
		0x1887EFF3						
BMS	VCU	PGN = 0x0087EF						500ms
		P	R	DP	PF	PS	SA	
		0x03	0x00	0x00	0x87	0xEF	0xF3	

数据							
位置	数据名称（中文）	位数	单位	缺省值	范围	偏移量	分辨率	状态
1 2	单体电池电压最大值	16bit	V	0	0~65.54	0	0.001	—
3 4	单体电池电压最小值	16bit	V	0	0~65.54	0	0.001	—
5 6	单体电池电压平均值	16bit	V	0	0~65.54	0	0.001	—
7 8	预留（填充 0）	16bit	—	—	—	—	—	

表 3.26 BMS 向 VCU 发送的第 12 帧数据

发送	接收	ID						通信周期
		0x1888EFF3						
BMS	VCU	PGN = 0x0088EF						500ms
		P	R	DP	PF	PS	SA	
		0x04	0x00	0x00	0x88	0xEF	0xF3	

位置	数据名称（中文）	位数	单位	缺省值	范围	偏移量	分辨率	状态
1	最高电压单体电池在的 CSC 编号	8bit	—	0	0~255	0	1	—
2 3	最高电压单体电池在系统中的位置	16bit	—	0	0~65535	0	1	—
4	最低电压单体电池在的 CSC 编号	8bit	—	0	0~255	0	1	—
5 6	最低电压单体电池在系统中的位置	16bit	—	0	0~65535	0	1	—
7 8	预留（填充0）	16bit						

表 3.27 BMS 向 VCU 发送的第 13 帧数据

发送	接收	ID						通信周期
		0x1889EFF3						
BMS	VCU	PGN = 0x0089EF						500ms
		P	R	DP	PF	PS	SA	
		0x04	0x00	0x00	0x89	0xEF	0xF3	

位置	数据名称（中文）	位数	单位	缺省值	范围	偏移量	分辨率	状态
1	直流充电 A 枪 DC + 温度传感器温度（无该温度传感器发默认发 0xFF）	8bit	℃	-40	-40~215	0	1	—
2	直流充电 A 枪 DC - 温度传感器温度（无该温度传感器发默认发 0xFF）	8bit	℃	-40	-40~215	0	1	—
3	直流充电 B 枪 DC + 温度传感器温度（无该温度传感器发默认发 0xFF）	8bit	℃	-40	-40~215	0	1	—

（续）

发送	接收	ID						通信周期
		0x1889EFF3						
BMS	VCU	PGN = 0x0089EF						500ms
		P	R	DP	PF	PS	SA	
		0x04	0x00	0x00	0x89	0xEF	0xF3	
数据								
位置	数据名称（中文）	位数	单位	缺省值	范围	偏移量	分辨率	状态
4	直流充电 B 枪 DC – 温度传感器温度（无该温度传感器发默认发 0xFF）	8bit	℃	–40	–40 ~ 215	0	1	—
5	交流充电枪 AC + 温度传感器温度（若交流充电只有一个温度传感器，则默认为 AC + ）	8bit	℃	–40	–40 ~ 215	0	1	—
6	交流充电枪 AC – 温度传感器温度（若交流充电只有一个温度传感器，则默认为 AC + ）	8bit	℃	–40	–40 ~ 215	0	1	—
7	预留（填充 0）	8bit	—	—	—	—	—	—
8	预留（填充 0）	8bit	—	—	—	—	—	—

表 3.28　BMS 向 VCU 发送的第 14 帧数据

发送	接收	ID						通信周期
		0x18C4EFF3						
BMS	VCU	PGN = 0x00C4EF						500ms
		P	R	DP	PF	PS	SA	
		0x04	0x00	0x00	0xC4	0xEF	0xF3	
数据								
位置	数据名称（中文）	位数	单位	缺省值	范围	偏移量	分辨率	状态
1 2	BMS 允许的脉冲放电电流（瞬时电流）	16bit	A	0	0 ~ 6554	0	0.1	—
3 4	BMS 允许的脉冲回充电电流（瞬时电流）	16bit	A	0	0 ~ 6554	0	0.1	—
5 6	BMS 允许的持续回充电电流（燃料电池或 PHEV 才有）	16bit	A	0	0 ~ 6554	0	0.1	—
7 8	预留（填充 0）	16bit	—	—	—	—	—	—

表 3.29 BMS 向 VCU 发送的第 15 帧数据

发送	接收	ID						通信周期
		0x188AEFF3						
		PGN = 0x008AEF						
BMS	VCU	P	R	DP	PF	PS	SA	500ms
		0x04	0x00	0x00	0x8A	0xEF	0xF3	

位置	数据名称（中文）	位数	单位	缺省值	范围	偏移量	分辨率	状态
1	充电继电器请求（若该项目为多合一项目，且该项目存在该继电器）	8bit	—	0	0~3	0	1	见附表1
2	加热正继电器请求（若该项目为多合一项目，且该项目存在该继电器）	8bit	—	0	0~3	0	1	
3	加热负继电器请求（若该项目为多合一项目，且该项目存在该继电器）	8bit	—	0	0~3	0	1	
4	主负继电器请求（若该项目为多合一项目，且该项目存在该继电器）	8bit	—	0	0~3	0	1	
5	绝缘禁止请求（多合一项目）	8bit	—	0	0~3	0	1	
6	主负继电器线圈状态（多合一项目）	8bit	—	0	0~3	0	1	
7	预留（填充0）	8bit	—	—	—	—	—	
8	预留（填充0）	8bit	—	—	—	—	—	

3.6 驱动电机控制器通信协议

3.6.1 VCU 向 MCU 发送数据

VCU 向 MCU 发送的数据、位数、单位、缺省值、范围、分辨率和状态见表 3.30，其中未标注数据状态见附表。

第 3 章 燃料电池汽车整车通信协议

表 3.30　VCU 向 MCU 发送的第 1 帧数据

发送	接收	ID						通信周期
VCU	MCU	0x0C51D2D0						10ms
		PGN = 0x005100						
		P	R	DP	PF	PS	SA	
		0x02	0x00	0x00	0x51	0xD2	0xD0	

位置	数据名称（中文）	位数	单位	缺省值	范围	偏移量	分辨率	状态
1.1	电机使能指令	2bit	—	0	0～2	0	1	
1.3	电机运行方向	2bit	—	0	0～2	0	1	
1.5	电机控制模式	4bit	—	1	0～8	0	1	
2 3	电机需求转矩/电机转矩限制	16bit	N·m	0	−5000～5000	−5000	1	
4 5	电机需求转速/电机转速限制	16bit	r/min	0	−12000～12000	−12000	1	见附表 15
6.1	档位	2bit	—	0	0～3	0	1	
6.3	驻车制动状态	1bit	—	0	0～1	0	1	
6.4	制动踏板状态	1bit	—	0	0～1	0	1	
6.5	加速踏板状态	1bit	—	0	0～1	0	1	
6.6	防倒溜请求	1bit	—	0	0～1	0	1	
6.7	预留	2bit	—	—	—	—	—	
7	预留	8bit	—	—	—	—	—	
8	预留	8bit	—	—	—	—	—	

3.6.2　MCU 向 VCU 反馈数据

MCU 向 VCU 反馈的数据、位数、单位、缺省值、范围、分辨率和状态见表 3.31～表 3.34，其中未标注数据状态见附表。

表 3.31　MCU 向 VCU 反馈的第 1 帧数据

发送	接收	ID						通信周期
		0x0C52D0D2						
MCU	VCU	PGN＝0x005200						10ms
		P	R	DP	PF	PS	SA	
		0x02	0x00	0x00	0x52	0xD0	0xD2	

数据								
位置	数据名称（中文）	位数	单位	缺省值	范围	偏移量	分辨率	状态
1.1	电机实际使能状态	2bit	—	0	0~1	—	—	
1.3	电机实际运行方向	2bit	—	0	0~2	—	—	
1.5	电机实际工作模式	4bit	—	0	0~8	0	1	
2	保留置 0xFF	8bit	—	—	—	—	—	
3	电机实际转矩	16bit	N・m	0	-5000~5000	-5000	1	见附表16
4								
5	电机实际转速	16bit	r/min	0	-12000~12000	-12000	1	
6								
7	电机在当前状态下能提供的最大转矩	16bit	N・m	0	-5000~5000	-5000	1	
8								

表 3.32　MCU 向 VCU 反馈的第 2 帧数据

发送	接收	ID						通信周期
		0x0C53D0D2						
MCU	VCU	PGN＝0x005300						10ms
		P	R	DP	PF	PS	SA	
		0x03	0x00	0x00	0x53	0xD0	0xD2	

数据								
位置	数据名称（中文）	位数	单位	缺省值	范围	偏移量	分辨率	状态
1	电机故障等级	4bit	—	0	0~3	0	1	
2	电机故障码	8bit	—	0	—	0	1	
3		8bit	—	—	—	—	—	
4	电机故障位	8bit	—	—	—	—	—	见附表17
5		8bit	—	—	—	—	—	
6		8bit	—	—	—	—	—	
7		8bit	—	—	—	—	—	
8		8bit	—	—	—	—	—	

第3章 燃料电池汽车整车通信协议

表3.33 MCU向VCU反馈的第3帧数据

发送	接收	ID						通信周期
		0x1854D0D2						
MCU	VCU	PGN = 0x005400						10ms
		P	R	DP	PF	PS	SA	
		0x06	0x00	0x00	0x54	0xD0	0xD2	
数据								
位置	数据名称(中文)	位数	单位	缺省值	范围	偏移量	分辨率	状态
1	电机直流母线电压	16bit	V	0	0 ~ 1000	0	1	
2								
3	电机直流母线电流	16bit	A	0	-500 ~ 500	-500	1	
4								
5	电机三相线电压	16bit	V	0	0 ~ 1000	0	1	见附表18
6								
7	电机三相线电流	16bit	A	0	-500 ~ 500	-500	1	
8								

表3.34 MCU向VCU反馈的第4帧数据

发送	接收	ID						通信周期
		0x1855D0D2						
MCU	VCU	PGN = 0x005500						10ms
		P	R	DP	PF	PS	SA	
		0x06	0x00	0x00	0x55	0xD0	0xD2	
数据								
位置	数据名称(中文)	位数	单位	缺省值	范围	偏移量	分辨率	状态
1	电机实际电功率	16bit	kW	0	-300 ~ 300	-300	0.01	
2								
3	电机消耗的电能累计	16bit	kW·h	0	-300 ~ 300	-300	0.01	
4								见附表19
5	电机绕组温度	8bit	℃	0	-40 ~ 210	-40	1	
6	电机逆变器温度	8bit	℃	0	-40 ~ 210	-40	1	
7	电机轴承温度	8bit	℃	0	-40 ~ 210	-40	1	
8	电机生命周期	8bit	—	0	0 ~ 255	0	1	

3.7 组合仪表通信协议

3.7.1 VCU 向 IP 发送数据

VCU 向 IP 发送的数据、位数、单位、缺省值、范围、分辨率和时序见表 3.35 ~ 表 3.41,其中未标注数据状态见附表。

表 3.35 VCU 向 IP 发送的第 1 帧数据

发送	接收	ID						通信周期
		0x1825D6D0						
VCU	IP	PGN = 0x002500						100ms
		P	R	DP	PF	PS	SA	
		0x06	0x00	0x00	0x25	0xD6	0xD0	

位置	数据名称(中文)	位数	单位	缺省值	范围	偏移量	分辨率	时序
1	输出轴转速	16bit	r/min	0	0~16000	0	0.25	
2								
3	续驶里程	16bit	km	0	0~655	0	0.01	
4								
5.1	高压互锁状态	1bit	—	0	0~1	0	1	
5.2	预留	1bit	—	—	—	—	—	
5.3	档位	2bit	—	0	0~3	0	1	
5.5	预留	4bit	—	—	—	—	—	
6.1	空调运行控制	1bit	—	0	0~1	0	1	
6.2	空调状态	2bit	—	0	0~3	0	1	见附表20
6.4	空调请求	1bit	—	0	0~1	0	1	
6.5	预留	4bit	—	—	—	—	—	
7.1	PTReady 灯	1bit	—	0	0~1	0	1	
7.2	驱动系统故障灯	1bit	—	0	0~1	0	1	
7.3	火灾系统报警灯	1bit	—	0	0~1	0	1	
7.4	制动踏板指示灯	1bit	—	0	0~1	0	1	
7.5	驻车制动指示灯	1bit	—	0	0~1	0	1	
7.6	预留	3bit	—	—	—	—	—	
8	预留	8bit	—	—	—	—	—	

第3章 燃料电池汽车整车通信协议

表3.36 VCU向IP发送的第2帧数据

发送	接收	ID						通信周期
VCU	IP	0x1826D6D0						100ms
		PGN = 0x002600						
		P	R	DP	PF	PS	SA	
		0x06	0x00	0x00	0x26	0xD6	0xD0	
数据								

位置	数据名称（中文）	位数	单位	缺省值	范围	偏移量	分辨率	时序
1	电机实际转速	16bit	r/min	0	0~16000	0	0.25	
2								
3	预留	8bit	—	—	—	—	—	
4	预留	8bit	—	—	—	—	—	
5	电机温度	8bit	℃	0	−40~210	−40	1	
6	电机控制器温度	8bit	℃	0	−40~210	−40	1	
7.1	电机运行状态	2bit	—	0	0~3	0	1	见附表21
7.3	电机工作模式	2bit	—	0	0~3	0	1	
7.5	电机转向	2bit	—	0	0~3	0	1	
7.7	电机状态	2bit	—	0	0~3	0	1	
8.1	电机故障等级	2bit	—	0	0~3	0	1	
8.3	电机故障码	6bit	—	0	0~50	0	1	

表3.37 VCU向IP发送的第3帧数据

发送	接收	ID						通信周期
VCU	IP	0x1827D6D0						100ms
		PGN = 0x002700						
		P	R	DP	PF	PS	SA	
		0x06	0x00	0x00	0x27	0xD6	0xD0	
数据								

位置	数据名称（中文）	位数	单位	缺省值	范围	偏移量	分辨率	时序
1	电池电压	16bit	V	0	0~980	0	0.015	
2								
3	电池放电/充电电流	16bit	A	0	−1600~1600	−1600	0.05	
4								
5	电池荷电状态	8bit	(%)	0	0~100	0	0.4	
6	预留	8bit	—	—	—	—	—	见附表22
7.1	电池状态	2bit	—	0	0~3	0	1	
7.3	充电连接状态	1bit	—	0	0~1	0	1	
7.4	充电状态	2bit	—	0	0~3	0	1	
7.6	预留	3bit	—	—	—	—	—	
8.1	电池故障等级	2bit	—	0	0~3	0	1	
8.3	电池故障码	6bit	—	0	0~60	0	1	

表3.38　VCU向IP发送的第4帧数据

发送	接收	ID						通信周期
		0x1828D6D0						
VCU	IP	PGN = 0x002800						100ms
		P	R	DP	PF	PS	SA	
		0x06	0x00	0x00	0x28	0xD6	0xD0	

位置	数据名称（中文）	位数	单位	缺省值	范围	偏移量	分辨率	时序
1	燃料电池发动机主接触器状态	2bit	—	0	0~3	0	1	
2	燃料电池发动机累计运行时间	16bit	h	0	0~65535	0	1	
3								
4	燃料电池发动机累计发电量	32bit	kW·h	0	0~500000	0	0.1	见附表23
5								
6								
7								
8	预留	—	—	—	—	—	—	

表3.39　VCU向IP发送的第5帧数据

发送	接收	ID						通信周期
		0x1829D6D0						
VCU	IP	PGN = 0x002900						100ms
		P	R	DP	PF	PS	SA	
		0x06	0x00	0x00	0x29	0xD6	0xD0	

位置	数据名称（中文）	位数	单位	缺省值	范围	偏移量	分辨率	时序
1	燃料电池发动机功率	16bit	kW	0	0~400	0	0.1	
2								
3	燃料消耗率	16bit	kg/100km	0	0~600	0	0.01	
4								见附表24
5	燃料电池发动机状态	4bit	—	0	0~15	0	1	
6	氢系统燃料剩余量	8bit	(%)	0	0~100	0	1	
7	预留	8bit	—	—	—	—	—	
8	预留	8bit	—	—	—	—	—	

第 3 章 燃料电池汽车整车通信协议

表 3.40 VCU 向 IP 发送的第 6 帧数据

发送	接收	ID							通信周期
		0x1830D6D0							
VCU	IP	PGN = 0x003000							50ms
		P	R	DP	PF	PS	SA		
		0x06	0x00	0x00	0x30	0xD6	0xD0		

位置	数据名称（中文）	位数	单位	缺省值	范围	偏移量	分辨率	时序
1	燃料电池发动机输出电压	16bit	V	0	0～1000	0	0.01	
2								
3	燃料电池发动机输出电流	16bit	A	0	0～1000	0	0.01	
4								
5	燃料电池故障等级	8bit	—	0	0～255	0	1	见附表25
6	燃料电池故障码	16bit	—	0	0～65535	0	1	
7								
8.1	氢高压压力偏低报警灯	1bit	—	0	0～1	0	1	
8.2	冷却水箱液位低报警灯	1bit	—	0	0～1	0	1	
8.3	氢气浓度高报警灯	1bit	—	0	0～1	0	1	
8.4	预留	5bit	—					

表 3.41 VCU 向 IP 发送的第 7 帧数据

发送	接收	ID							通信周期
		0x1830D6D0							
VCU	IP	PGN = 0x003100							50ms
		P	R	DP	PF	PS	SA		
		0x06	0x00	0x00	0x30	0XD6	0xD0		

位置	数据名称（中文）	位数	单位	缺省值	范围	偏移量	分辨率	时序
1	氢气高压压力	16bit	MPa	0	0～120	0	0.1	—
2								
3	氢气最高浓度	8bit	(%)	0	0～4	0	0.02	
4	氢系统最高温度	16bit	℃	−40	0～240	−40	0.1	
5								
6	氢系统最高温度探针代号	8bit	—	0	0～250	0	1	
7	氢气最高浓度传感器代号	8bit	—	0	0～250	0	1	
8	预留	8bit	—					

3.7.2 IP 向 VCU 反馈数据

IP 向 VCU 反馈的数据、位数、单位、缺省值、范围、分辨率和时序见表 3.42 和表 3.43，其中未标注数据状态见附表。

表 3.42 IP 向 VCU 反馈的第 1 帧数据

发送	接收	ID						通信周期
		0x1821D0D6						
		PGN = 0x002100						
IP	VCU	P	R	DP	PF	PS	SA	500ms
		0x06	0x00	0x00	0x21	0xD0	0xD6	

数据								
位置	数据名称（中文）	位数	单位	缺省值	范围	偏移量	分辨率	状态
1	整车累计行驶里程数	32bit	km	0	0 ~ 214748364	0	0.005	见附表26
2								
3								
4								
5	整车当前行驶里程数	32bit	km	0	0 ~ 214748364	0	0.005	
6								
7								
8								

表 3.43 IP 向 VCU 反馈的第 2 帧数据

发送	接收	ID						通信周期
		0x1822D0D6						
		PGN = 0x002200						
IP	VCU	P	P	P	P	P	P	100ms
		0x06	0x00	0x00	0x22	0xD0	0xD6	

数据								
位置	数据名称（中文）	位数	单位	缺省值	范围	偏移量	分辨率	状态
1	车速	16bit	km/h	0	0 ~ 250	0	1	见附表27
2								
3	前气压值	8bit	MPa	0	0 ~ 2	0	0.01	
4	后气压值	8bit	MPa	0	0 ~ 2	0	0.01	
5	驻车气压值	8bit	MPa	0	0 ~ 2	0	0.01	

（续）

发送	接收	ID							通信周期
		0x1822D0D6							
IP	VCU	PGN = 0x002200							100ms
		P	P	P	P	P	P		
		0x06	0x00	0x00	0x22	0xD0	0xD6		
数据									
位置	数据名称（中文）	位数	单位	缺省值	范围	偏移量	分辨率		状态
6	辅助气压值	8bit	MPa	0	0~2	0	0.01		见附表27
7	蓄电池电压	8bit	V	0	0~50	0	0.2		
8.1	制动状态	1bit	—	0	0~1	0	1		
8.2	预留	1bit	—	0	—	—	—		
8.3	前门状态	1bit	—	0	0~1	0	1		
8.4	中门状态	1bit	—	0	0~1	0	1		
8.5	后门状态	1bit	—	0	0~1	0	1		
8.6	发动机舱门状态	1bit	—	0	0~1	0	1		
8.7	预留	2bit	—	—	—	—	—		

3.8 智能辅助高压控制器通信协议

3.8.1 VCU 向 PDU 发送数据

VCU 向 PDU 发送的数据、位数、单位、缺省值、范围、分辨率和时序见表3.44，其中未标注数据状态见附表。

表 3.44 VCU 向 PDU 发送的第 1 帧数据

发送	接收	ID						通信周期
		0x0CF0D5D0						
VCU	PDU	PGN = 0x00F0D5						10ms
		P	R	DP	PF	PS	SA	
		0x03	0x00	0x00	0xF0	0xD5	0xD0	
数据								
位置	数据名称（中文）	位数	单位	缺省值	范围	偏移量	分辨率	时序
1.1	电机预充接触器指令请求	1bit	—	0	0~1	0	1	见附表28
1.2	电机主正接触器指令请求	1bit	—	0	0~1	0	1	

（续）

发送	接收	ID						通信周期
		0x0CF0D5D0						
VCU	PDU	PGN = 0x00F0D5						10ms
		P	R	DP	PF	PS	SA	
		0x03	0x00	0x00	0xF0	0xD5	0xD0	

位置	数据名称（中文）	位数	单位	缺省值	范围	偏移量	分辨率	时序
1.3	油泵接触器指令请求	1bit	—	0	0~1	0	1	
1.4	气泵接触器指令请求	1bit	—	0	0~1	0	1	
1.5	DC/DC接触器指令请求	1bit	—	0	0~1	0	1	
1.6	电空调接触器指令请求	1bit	—	0	0~1	0	1	
1.7	预留	1bit	—	—	—	—	—	
1.8	预留	1bit	—	—	—	—	—	
2.1	预留	1bit	—	0	0~1	0	1	
2.2	DC/DC使能请求	1bit	—	0	0~1	0	1	
2.3	6kWDC/DC接触器指令请求	1bit	—	0	0~1	0	1	见附表28
2.4	预留	1bit	—	0	0~1	0	1	
2.5	59kWDC/DC主接触器指令请求	1bit	—	0	0~1	0	1	
2.6	预留	1bit	—	—	—	—	—	
2.7	预留	2bit	—	—	—	—	—	
3	预留	8bit	—	—	—	—	—	
4	预留	8bit	—	—	—	—	—	
5	预留	8bit	—	—	—	—	—	
6	预留	8bit	—	—	—	—	—	
7	预留	8bit	—	—	—	—	—	
8	预留	8bit	—	—	—	—	—	

3.8.2　PDU向VCU反馈数据

PDU向VCU反馈的数据、位数、单位、缺省值、范围、分辨率和时序见表3.45~表3.48，其中未标注数据状态见附表。

第 3 章
燃料电池汽车整车通信协议

表 3.45 PDU 向 VCU 反馈的第 1 帧数据

发送	接收	ID						通信周期
		0x0CF1D0D5						
PDU	VCU	PGN=0x00F1D0						10ms
		P	R	DP	PF	PS	SA	
		0x03	0x00	0x00	0xF1	0xD0	0xD5	
数据								
位置	数据名称（中文）	位数	单位	缺省值	范围	偏移量	分辨率	时序
1.1	电机预充接触器状态反馈	2bit	—	0	0~3	0	1	
1.3	电机主接触器状态反馈	2bit	—	0	0~3	0	1	
1.5	油泵接触器状态反馈	2bit	—	0	0~3	0	1	
1.7	气泵接触器状态反馈	2bit	—	0	0~3	0	1	
2.1	DC/DC 接触器状态反馈	2bit	—	0	0~3	0	1	
2.3	电空调接触器状态反馈	2bit	—	0	0~3	0	1	
2.5	6kWDC/DC 接触器状态反馈	2bit	—	0	0~3	0	1	
2.7	预留	2bit	—	0	0~3	0	1	
3.1	59kWDC/DC 主接触器状态反馈	2bit	—	0	0~3	0	1	
3.3	电机预充接触器故障状态	2bit	—	0	0~3	0	1	
3.5	电机主接触器故障状态	2bit	—	0	0~3	0	1	见附表29
3.7	油泵接触器故障状态	2bit	—	0	0~3	0	1	
4.1	气泵接触器故障状态	2bit	—	0	0~3	0	1	
4.3	DC/DC 接触器故障状态	2bit	—	0	0~3	0	1	
4.5	电空调接触器故障状态	2bit	—	0	0~3	0	1	
4.7	预留	2bit	—	0	0~3	0	1	
5.1	6kWDC/DC 接触器故障状态	2bit	—	0	0~3	0	1	
5.3	预留	2bit	—	0	0~3	0	1	
5.5	59kWDC/DC 主接触器故障状态	2bit	—	0	0~3	0	1	
5.7	预留	2bit	—	—	—	—	—	
6	预留	8bit	—	—	—	—	—	
7	预留	8bit	—	—	—	—	—	
8	预留	8bit	—	—	—	—	—	

表 3.46 PDU 向 VCU 反馈的第 2 帧数据

发送	接收	ID						通信周期
		0x18F2D0D5						
		PGN = 0x00F2D0						
PDU	VCU	P	R	DP	PF	PS	SA	10ms
		0x06	0x00	0x00	0xF2	0xD0	0xD5	
数据								
位置	数据名称（中文）	位数	单位	缺省值	范围	偏移量	分辨率	时序
1.1	DC/DC 状态	2bit	—	0	0~3	0	1	
1.3	预留	6bit	—	—	—	—	—	
2.1	DC/DC 输出电压	8bit	V	0	31.875	0	0.125	
3 4	DC/DC 输入电压	16bit	V	0	0~1000	0	1	
5.1	DC/DC 输入电流	8bit	A	0	127	0	0.5	
6.1	DC/DC 输出电流	8bit	A	0	127	0	0.5	
7.1	输出欠电压	1bit	—	0	0~1	0	1	
7.2	输出过电压	1bit	—	0	0~1	0	1	见附表 30
7.3	输入欠电压	1bit	—	0	0~1	0	1	
7.4	输入过电压	1bit	—	0	0~1	0	1	
7.5	硬件故障	1bit	—	0	0~1	0	1	
7.6	过温	1bit	—	0	0~1	0	1	
7.7	短路/过电流保护	1bit	—	0	0~1	0	1	
7.8	通信故障	1bit	—	0	0~1	0	1	
8.1	24V 低压欠电压	1bit	—	0	0~1	0	1	
8.2	预留	1bit	—	—	—	—	—	
8.3	预留	6bit	—	—	—	—	—	

第 3 章 燃料电池汽车整车通信协议

表 3.47 PDU 向 VCU 反馈的第 3 帧数据

发送	接收	ID						通信周期
		0x18F3D0D5						
PDU	VCU	PGN = 0x00F3D0						10ms
		P	R	DP	PF	PS	SA	
		0x06	0x00	0x00	0xF3	0xD0	0xD5	

位置	数据名称（中文）	位数	单位	缺省值	范围	偏移量	分辨率	时序
1.1	气泵状态	2bit	—	0	0~3	0	1	
1.3	预留	6bit	—	—	—	—	—	
2 3	气泵输入电压	16bit	V	0	0~1000 0	0	1	
4	气泵输入电流	8bit	A	0	127	0	0.5	
5.1	控制器硬件故障	1bit	—	0	0~1	0	1	
5.2	控制器软件过载及堵转故障	1bit	—	0	0~1	0	1	
5.3	直流输入软件过电压	1bit	—	0	0~1	0	1	
5.4	直流输入软件欠电压	1bit	—	0	0~1	0	1	
5.5	控制器散热板过温	1bit	—	0	0~1	0	1	
5.6	EEPROM 故障	1bit	—	0	0~1	0	1	
5.7	U 相霍尔传感器检测故障	1bit	—	0	0~1	0	1	
5.8	V 相霍尔传感器检测故障	1bit	—	0	0~1	0	1	见附表31
6.1	W 相霍尔传感器检测故障	1bit	—	0	0~1	0	1	
6.2	输出缺相故障	1bit	—	0	0~1	0	1	
6.3	输出线绝缘故障	1bit	—	0	0~1	0	1	
6.4	硬件直流过电压故障	1bit	—	0	0~1	0	1	
6.5	硬件交流过电流故障	1bit	—	0	0~1	0	1	
6.6	硬件 IGBT 过温故障	1bit	—	0	0~1	0	1	
6.7	硬件 IGBT 损坏故障	1bit	—	0	0~1	0	1	
6.8	硬件直流欠电压故障	1bit	—	0	0~1	0	1	
7.1	总线 CAN 通信故障	1bit	—	0	0~1	0	1	
7.2	电机过载报警	1bit	—	0	0~1	0	1	
7.3	控制器失速失调故障	1bit	—	0	0~1	0	1	
7.4	电机过热	1bit	—	0	0~1	0	1	
7.5	电机温度传感器断线	1bit	—	0	0~1	0	1	
7.6	故障等级	3bit	—	0	0~3	0	1	

表 3.48　PDU 向 VCU 反馈的第 4 帧数据

发送	接收	ID						通信周期
		0x18F4D0D5						
PDU	VCU	PGN = 0x00F4D0						10ms
		P	R	DP	PF	PS	SA	
		0x06	0x00	0x00	0xF4	0xD0	0xD5	

位置	数据名称（中文）	位数	单位	缺省值	范围	偏移量	分辨率	时序
1.1	油泵状态	2bit	—	0	0~3	0	1	
1.3	预留	6bit	—	—	—	—	—	
2〜3	油泵输入电压	16bit	V	0	0~1000	0	1	
4	油泵输入电流	8bit	A	0	127	0	0.5	
5.1	控制器硬件故障	1bit	—	0	0~1	0	1	
5.2	控制器软件过载及堵转故障	1bit	—	0	0~1	0	1	
5.3	直流输入软件过电压	1bit	—	0	0~1	0	1	
5.4	直流输入软件欠电压	1bit	—	0	0~1	0	1	
5.5	控制器散热板过温	1bit	—	0	0~1	0	1	
5.6	EEPROM 障	1bit	—	0	0~1	0	1	
5.7	U 相霍尔传感器检测故障	1bit	—	0	0~1	0	1	
5.8	V 相霍尔传感器检测故障	1bit	—	0	0~1	0	1	
6.1	W 相霍尔传感器检测故障	1bit	—	0	0~1	0	1	见附表32
6.2	输出缺相故障	1bit	—	0	0~1	0	1	
6.3	输出线绝缘故障	1bit	—	0	0~1	0	1	
6.4	硬件直流过电压故障	1bit	—	0	0~1	0	1	
6.5	硬件交流过电流故障	1bit	—	0	0~1	0	1	
6.6	硬件 IGBT 过温故障	1bit	—	0	0~1	0	1	
6.7	硬件 IGBT 损坏故障	1bit	—	0	0~1	0	1	
6.8	硬件直流欠电压故障	1bit	—	0	0~1	0	1	
7.1	CAN 总线通信故障	1bit	—	0	0~1	0	1	
7.2	电机过载报警	1bit	—	0	0~1	0	1	
7.3	控制器失速失调故障	1bit	—	0	0~1	0	1	
7.4	电机过热	1bit	—	0	0~1	0	1	
7.5	电机温度传感器断线	1bit	—	0	0~1	0	1	
7.6	故障等级	3bit	—	0	0~3	0	1	

3.9 本章小结

本章参照 SAE J1939 标准设计了燃料电池汽车的通信协议,实现了汽车各部件之间的通信链接,减少了信号线的使用,降低了控制网络复杂性。本章的通信协议中帧格式采用扩展格式,标识符 ID 采用 29 位标识符（ID28~ID0）,对各节点优先级、数据定义、协议规范等分别进行了规定,并根据整车需求信号,制定出适应于燃料电池汽车的 CAN 网络拓扑架构,其中包括整车控制器（VCU）、燃料电池管理系统（FCU）、电机控制器（MCU）、动力电池管理系统（BMS）、组合仪表（IP）以及智能辅助高压控制器（PDU）等控制单元节点。整车控制器会通过 CAN 总线接收到其他设备发送的信息,同时整车控制器也会发送数据到各个设备,大大增加了控制系统的效率。

参 考 文 献

[1] 刘永木,刘望生,李洪泽. SAE J1939 标准下的汽车 CAN 通信报文/帧格式 [J]. 长春工业大学学报（自然科学版）, 2003 (1): 53-55.

[2] 罗峰,孙泽昌. 汽车 CAN 总线系统原理设计与应用 [M]. 北京:电子工业出版社, 2010: 285-318.

[3] 李芳,张俊智,王丽芳,等. 电动汽车动力总成系统控制器局域网（CAN）总线通信协议 [J]. 机械工程学报, 2008 (5): 102-107.

第 4 章
燃料电池汽车整车控制策略

整车控制策略用于控制车辆按驾驶员意图正常运行，协调整车的各个电控单元稳定高效工作，对整车驾驶性能、安全诊断和能量优化有重要作用。博世、电装、大陆等国外大型汽车零部件供应商都已有多年的整车控制策略的开发经验。我国的燃料电池汽车及整车控制策略研发与整车控制器的生产制造也在逐步实现示范化、产业化、规范化、标准化。本章根据整车控制策略的功能需求，设计整车控制系统框架，将控制策略分成输入、控制和输出三个逻辑层，并基于 Simulink 搭建燃料电池汽车整车控制策略三个逻辑层以及各个控制模块的模型，实现了驾驶意图识别、高压上下电控制、整车工作模式选择、整车需求转矩计算、整车能量管理、故障的诊断和处理、高压附件控制等功能。

4.1 整车控制策略信号输入层

根据信号性质可以将整车输入信号分为从硬件接口中采集到的信号和从 CAN 总线上采集的信号。信号输入层是燃料电池汽车整车控制策略与底层软件交互的接口。其主要功能是对采集到的信号进行参数配置及数据解析处理，并将这些信号转化为控制层所需的物理量，以便在整车控制策略中进行策略开发时使用。

4.1.1 CAN 输入模块

随着汽车功能日益复杂、控制单元数量急剧增多，目前汽车上各控制单元之间主要采用控制器局域网（Controller Area Network，CAN）进行通信，其具有通信能力强、可靠性高、支持诊断测试、通信协议成熟等优点。CAN 模块输入信号名称、中文释义及信号来源见表 4.1。

CAN 网络信号输入模块通过两条总线包括控制动力驱动系统的高速 CAN 网络总线和控制车身系统的低速 CAN 网络总线构建控制器局域网，实现整车控制器与各个控制器如电机控制器（MCU）、燃料电池控制器（FCU）和仪表显示系统等模块之间的有效信号交互共享，如图 4.1 所示。

表 4.1　CAN 模块输入信号名称、中文释义及信号来源

信号名称	中文释义	信号来源
Rx_FCUErrLevl	燃料电池故障等级	燃料电池控制器
Rx_FCUStActv	燃料电池实际状态	燃料电池控制器
Rx_FCUInTemp	燃料电池内部温度	燃料电池控制器
Rx_TMModAct	电机实际工作模式	驱动电机控制器
Rx_TMDCVoltActv	电机两端实际电压	驱动电机控制器
Rx_TMTrqAct	电机实际转矩	驱动电机控制器
Rx_TMTrqMax	电机最大转矩	驱动电机控制器
Rx_TMSpdActv	电机当前转速	驱动电机控制器
Rx_AirPumpRelySt	气泵继电器状态	气泵
Rx_OilPumpRelyErrSt	油泵继电器故障状态	油泵
Rx_OilPumpOverLoadFlg	油泵超载标志	油泵
Rx_VehSpd	车速	仪表
Rx_FrontDoorSt	前门状态	仪表
Rx_FrontPre	前门储气罐气压	仪表
Rx_EngDoorSt	发动机舱门状态	仪表
Rx_DCDCRelySt	DC/DC 继电器状态	DC/DC
Rx_DCDCHighTempFlg	DC/DC 高温标志	DC/DC
Rx_AccPowCon	附件运作所需功率	高压附件
Rx_BattVoltActv	动力电池两端实际电压	动力电池管理系统
Rx_BattCurrActv	动力电池两端实际电流	动力电池管理系统
Rx_AvailnpulseChrgCurr	动力电池最大充电电流	动力电池管理系统
Rx_AvailnpulseDischrgCurr	动力电池最大放电电流	动力电池管理系统
Rx_ST2PackInsideVolt	停车模式下动力电池电压	动力电池管理系统
Rx_FCUPwrActv	动力电池运转所需功率	动力电池管理系统
Rx_B2V_ST2Life	动力电池寿命	动力电池管理系统
Rx_ST4MinTemp	单体电池最低温	动力电池管理系统
Rx_ST5MinUcell	单体电池最小电压	动力电池管理系统
Rx_BatSOC	动力电池 SOC	动力电池管理系统

CAN 信号输入模块根据设定的车辆网络 CAN 通信协议编码，将接收到的

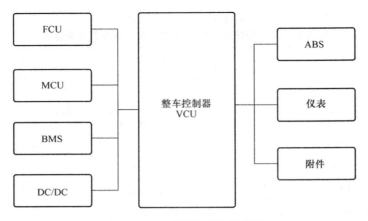

图 4.1　CAN 总线网络框架简图

CAN 报文数据域分解为多个物理信号。以燃料电池控制器 CAN 信号输入部分为例：如图 4.2 所示，整车控制器接收到燃料电池控制器发来的某个 CAN 信息帧的数据域内就可能包含了故障判断（Rx_FCUErrCod）、故障等级（Rx_FCUErrLevl）、自身状态（Rx_FCUStActv）等信号编码，CAN 输入模块对这些报文进文进行分析解码，并将信号传递到控制逻辑层，从而实现整车控制器对燃料电池及燃料电池继电器等系统的控制。

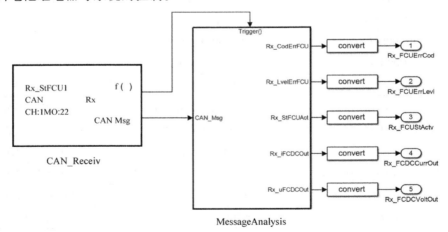

图 4.2　燃料电池控制器 CAN 信号输入模型

4.1.2　I/O 输入模块

硬线信号模块采集的主要是整车控制器外围的传感器信号。输入信号类型分为数字开关信号输入和模拟信号输入，硬线信号输入模块的策略模型如图 4.3

所示。

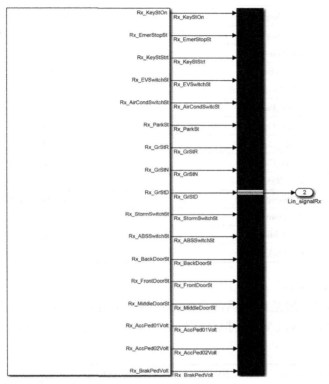

图 4.3 硬线信号输入模块的策略模型

1. 数字信号输入

硬线输入信号策略模型中前 14 个信号为数字信号也就是开关量信号输入,它只有 "1" 和 "0" 两种状态,对应电子器件比如控制继电器的两种状态:接通与断开。开关量信号主要有点火开关信号(Rx_KeyStOn、Rx_KeyStStrt)、急停开关信号(Rx_EmerStopSt)、车门信号(Rx_FrontDoorSt)以及空调开关信号(Rx_AirCondSwitcSt)等。以急停开关信号为例,当驾驶员按下急停开关后该信号从 "0" 变为 "1",控制层会根据信号变化控制电机停止转动,同时控制其他用电设备停止工作。同理,当其他数字信号在 "0" 和 "1" 之间转换时,控制策略会对相应系统进行控制处理。数字信号输入模块信号名称及中文释义见表 4.2。

表 4.2 数字信号输入模块信号名称及中文释义

信号名称	中文释义
Rx_KeyStOn	点火开关处于 ON 位
Rx_KeyStStrt	点火开关处于 START 位
Rx_EmerStopSt	急停开关
Rx_EVSwitchSt	纯电模式开关
Rx_AirCondSwitchSt	空调开关
Rx_ParkSt	停车状态
Rx_GrStR	R 位开关
Rx_GrStN	N 位开关
Rx_GrStD	D 位开关
Rx_ABSSwitchSt	ABS 开关
Rx_StormSwitchSt	驱动系统报警开关
Rx_FrontDoorSt	前门开关
Rx_MiddleDoorSt	中门开关
Rx_BackDoorSt	后门开关

2. 模拟信号输入

模拟量信号一般是由传感器采集得到的连续变化的值（如电压、电流信号等），该款燃料电池汽车的模拟量信号包括加速踏板和制动踏板信号，如图 4.4 所示。

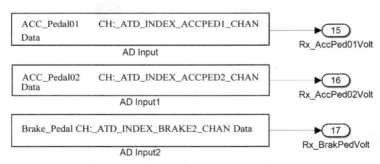

图 4.4 模拟信号输入模型

模型中 Rx_BrakPedVolt 为制动踏板信号；Rx_AccPed01Volt 与 Rx_AccPed02Volt 为加速踏板信号。由于导致模拟信号失常的原因主要来自传感器故障，而加速踏板开度直接反映了驾驶员的加速驾驶意图，对于整车动力起到非常重要的作用，所以对于加速踏板信号的测量值需要进行冗余设计，以保证车辆安全。

对于加速踏板信息采集一般采用不同比例系数传感器电路进行采集，采用双路并联供电电压供给两个踏板传感器。通常加速踏板 1 路传感器和 2 路传感器工作电压比例为 2∶1 的比例关系，本书设计中定义加速踏板 1 路采集的电压值在 0.75~3.84V 之间，加速踏板 2 路采集的电压值在 0.375~1.92V 之间。在经过电压值 1∶4095 的精度转换之后，以加速踏板 1 路传感器采集到的电压信号为例：当采集到的电压值为 3071.25V 时，驾驶员没有踩踏板，加速踏板开度为 0；电压值为 15724.8V 时，驾驶员将加速踏板踩到底，加速踏板开度为 100%。同时，如果加速踏板 1 路采集的电压信号值与加速踏板 2 路采集的电压信号值相差较大时，则认为加速踏板传感器或加速踏板出现故障，并采用相应的容错处理策略。

4.2 整车控制策略控制逻辑层

整车控制逻辑层是车辆运行的核心系统，它整合着车辆行驶过程中所有汽车子系统的信息，根据驾驶员意图结合整车运行状况和故障信息，区分出整车运行模式，使得车辆在任何模式获得最佳的转矩控制，保证整车的高压安全并实现对各个部件的管理与控制。因此控制层策略的优劣直接影响着整车能否高效、安全地运行，并且对提高整车能量利用率与整车综合性能起到关键性作用。本节将介绍整车控制策略的设计，将控制层分为驾驶意图识别模块、高压上下电控制模块、整车驱动控制与能力优化模块、故障分级及处理策略模块、附件控制模块等，并重点研究整车高压上下电策略与驱动控制策略的建立。

4.2.1 驾驶意图识别模块

驾驶员在路面驾驶汽车时，会根据当前驾驶工况、周围环境以及车辆状态做出判断，对档位、踏板以及转向盘等进行操作，实现自己的驾驶意图。驾驶员的档位切换和加速意图对于驾驶过程的稳定性与安全性有重要的影响，同时也会影响到整车的动力性和经济性，所以整车控制策略需要对驾驶员的操作进行解析，识别不同的驾驶意图。

1. 档位辨识控制模块

与传统燃油汽车不同，燃料电池汽车没有使用变速杆操纵档位，而是由整车控制器根据驾驶员下达的换档指令来对档位进行辨识。同时，由于燃料电池汽车驱动电机优异的转矩特性，使其并不需要传统变速器的变速功能，因此本书制定的档位辨识策略只包含空档（N）、前进档（D）、倒车档（R）三个档位。档位辨识逻辑模块需要根据驾驶员的换档指令、车辆行驶状态以及驾驶员的其他操作判断档位切换是否合理、安全，以避免在行车过程中因为驾驶员错误操作而造成的各档位之间不正常的切换。档位辨识控制模型如图 4.5 所示，输入信号有驾驶员的换档指令、车速、电机转速与点火开关状态等信号,中间为档位辨识 Stateflow 模块,输出信号为档位信号。

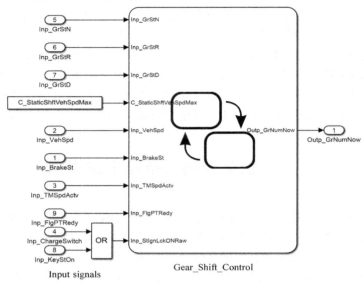

图 4.5　档位辨识控制模型

根据驾驶安全性考虑,在切换档位过程中,必须满足一定条件才能进行换档操作,档位辨识逻辑 Stateflow 模型如图 4.6 所示。

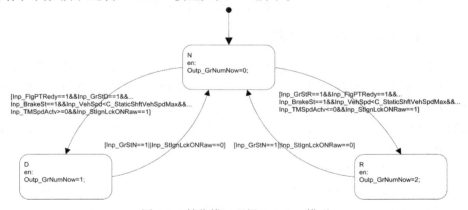

图 4.6　档位辨识逻辑 Stateflow 模型

因为不同档位之间是相斥关系,所以在档位辨识策略中,为了档位判别条件的准确性加入相斥条件。根据模型,当驾驶员在车内什么操作都不进行时,辨识策略默认车辆初始状态处于 N 位,并且不能随意跳入其他档位,同时输出档位信号 Outp_GrNumNow = 0;当满足以下条件时,档位辨识策略将档位从 N 位切换

第 4 章
燃料电池汽车整车控制策略

为 D 位：整车处于 Ready 状态（Inp_FlgPTRedy == 1）、驾驶员按下 D 位按钮（Inp_GrStD == 1）、驾驶员踩下制动踏板（Inp_BrakeSt == 1）、电机转速大于 0（Inp_TMSpdActv >= 0）、车速小于设定的静止车速即车辆处于静止状态（Inp_VehSpd < C_StaticShftVehSpdMax）、点火开关打到 ON 位或者汽车处于充电状态（Inp_StIgnLckONRaw == 1），同时输出档位信号 Outp_GrNumNow = 1；当满足以下条件时，档位辨识策略将档位从 N 位切换为 R 位：整车处于 Ready 状态、驾驶员按下 R 位按钮（Inp_GrStR == 1）、驾驶员踩下制动踏板、车辆静止、电机转速小于 0（Inp_TMSpdActv < = 0）、点火开关打到 ON 位或者汽车处于充电状态，同时输出档位信号 Outp_GrNumNow = 2；只需要满足驾驶员按下 N 位按钮（Inp_GrStN == 1）或者将点火开关打到 OFF 位（Inp_StIgnLckONRaw == 0），档位辨识策略将档位从 R 位或 D 位切换为 N 位。如果驾驶员驾驶时频繁地在 D 位和 R 位之间迅速切换不仅会损坏变速器，严重的话还可能造成更多机械结构毁坏。因此为了保护变速器行星齿轮，档位辨识控制策略将 N 位作为中间档位放在 R 位与 D 位之间，驾驶员在 R 位和与 D 位之间切换时，必须先把档位切换回 N 位。同时，N 位作为中间档位还可以在前进与倒车工况切换时，起到一个油压控制的缓冲作用，避免接合过快，对驾驶员和乘客产生较大的冲击感。档位辨识控制模型中信号名称及类型见表 4.3。

表 4.3 档位辨识控制模型中信号名称及类型

模型中信号名称	中文释义	信号类型
Inp_GrStN	N 位开关标识	输入信号
Inp_GrStR	R 位开关标识	输入信号
Inp_GrStD	D 位开关标识	输入信号
C_StaticShftVehSpdMax	换档时的最大静止车速	标定量信号
Inp_VehSpd	汽车速度	输入信号
Inp_BrakeSt	制动状态标识	输入信号
Inp_TMSpdActv	电机当前转速	输入信号
Inp_ChargeSwitch	充电状态标识	输入信号
Inp_KeyStOn	点火开关处于 ON 位标识	输入信号
Outp_GrNumNow	车辆当前档位	输出信号

2. 踏板信号解析模块

由于加速踏板和制动踏板是驾驶员操作意图的直接表现，整车控制策略的重点是将加速和制动踏板电压信号转换为符合驾驶员需求的车辆行驶状态的期望电机输出的转矩。所以驾驶员意图识别模块的另一个任务是对驾驶员踩加速踏板和制动踏板开度进行解析，在确保整车安全状态下，响应驾驶员意图。踏板信号解析控制模型如图 4.7 所示，输入信号有加速踏板和制动踏板传感器电压信号，中间为踏板信号解析策略，输出信号有加速踏板开度信号、制动踏板开度信号与车辆状态信号。

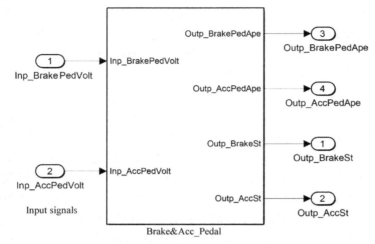

图 4.7　踏板信号解析控制模型

踏板信号解析策略模型如图 4.8 所示，根据前文中模拟量输入信号策略描述可知，加速踏板和制动踏板传感器采集的是电压模拟信号，该模块的作用就是将采集到的电压值转化为百分数，0 表示不踩踏板，100% 表示踏板踩到底。

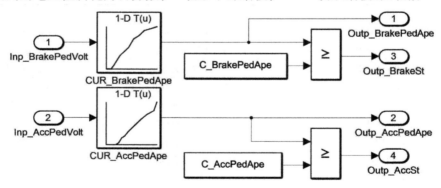

图 4.8　踏板信号解析策略模型

模型中 CUR_BrakePedApe 和 CUR_AccPedApe 为查表模块，输入的传感器电压信号值和驾驶员踩踏板的开度在查表模块里是以坐标的方式相互对应的，根据查表模块中的数据，可以得到如图 4.9 所示的踏板开度和传感器电压信号的关系图。踏板信号解析策略通过横坐标的电压值得到纵坐标的踏板开度，并将加速踏板或制动踏板开度值输出（Outp_AccPedApe、Outp_BrakePedApe）用于后续的整车需求转矩计算及其他策略控制。

第 4 章
燃料电池汽车整车控制策略

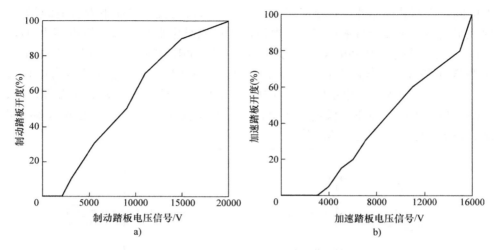

图 4.9 踏板开度和传感器电压信号关系图
a) 制动踏板 b) 加速踏板

为了起缓和保护零件的作用，该模块对加速和制动踏板的空行程进行了解析。以加速踏板为例，当踏板信号解析策略通过查表模块查得的加速踏板开度大于等于某标定值（C_AccPedApe）时，解析策略才会判断此时车辆处于加速状态，同时输出信号 Outp_AccSt。同理，制动踏板信号解析也会进行相同的操作。踏板信号解析策略模型中信号名称及类型见表 4.4。

表 4.4 踏板信号解析策略模型中信号解释

模型中信号名称	中文释义	信号类型
Inp_BrakePedVolt	制动踏板电压	输入信号
Inp_AccPedVolt	加速踏板电压	输入信号
CUR_BrakePedApe	制动踏板开度	标定量信号
CUR_AccPedApe	加速踏板开度	标定量信号
Outp_BrakePedApe	制动踏板开度	输出信号
Outp_BrakeSt	制动状态标识	输出信号
Outp_AccPedApe	加速踏板开度	输出信号
Outp_AccSt	加速状态标识	输出信号

4.2.2 整车高压上下电模块

整车高压上电与下电是驾驶员操作车辆的第一步和最后一步，也是车辆正常进入和离开工作状态、确保整车安全性的重要保证。整车的高压上电和下电策略，主要是根据电机控制器和电池管理系统等模块的相关参数信息，按照一定的时间顺序要求建立上电、下电控制逻辑，控制电机控制器与电池管理系统工作状

121

态的同时协调其他部件,并根据车辆故障状态以及驾驶员操作下发合适的指令,保证车辆的高压安全与乘员安全。电池高压控制继电器有:预充继电器 PreChr-gRely、主正继电器 MainRely、电池主负继电器 BattHVRely、DC/DC 工作继电器 DCDCMainRely。整车高压上下电控制模型如图 4.10 所示,输入信号有电机转速、档位、电机模式、电池电压、电机两端电压、车速与点火开关状态等信号,中间为档位辨识 Stateflow 模块,输出信号为整车高压状态、整车进入 Ready 状态、整车下电与整车进入休眠状态。

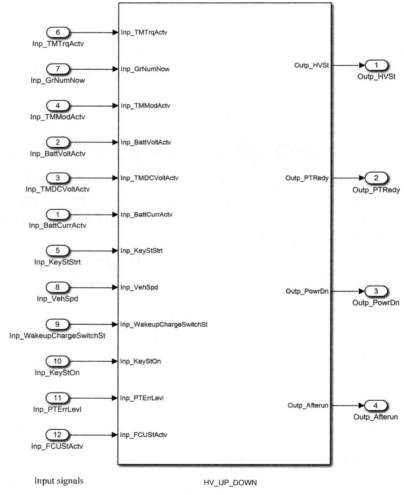

图 4.10 整车高压上下电控制模型

整车上下电控制应该遵循以下原则:
1) 以保证驾驶安全为前提。

2)"先上低压电后上高压电、先下高压电后下低压电"。
3)检测出三级故障时,整车应立即故障下电。
4)能够流畅实现整车上下电。

根据上述原则,整车高压上下电控制流程 Stateflow 模型如图 4.11 所示。

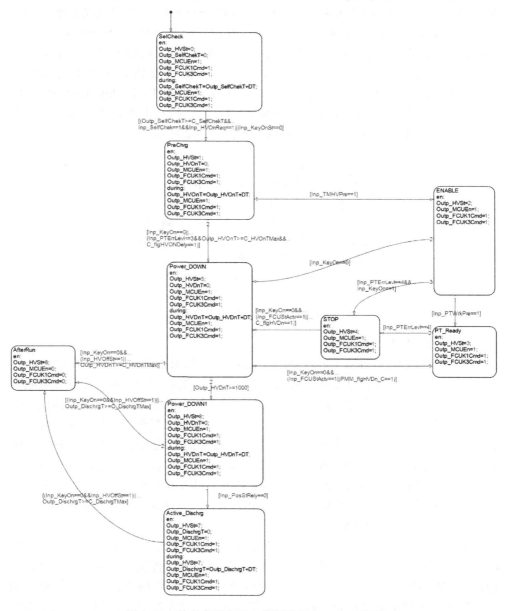

图 4.11 整车高压上下电控制流程 Stateflow 模型

1. 整车高压上电流程

(1) 低压自检状态 (SelCheck)

整车控制器低压上电,整车控制器先进行自检工作,若自检合格,整车控制器通过控制相应继电器使 MCU 电机控制器工作(Outp_MCUEn = 1)、燃料电池低压通电(Outp_FCUK1Cmd = 1、Outp_FCUK3Cmd = 1)。当满足以下条件时会进入下一个状态:整车控制器自检时间达到设定时长(Outp_SelfChekT > = C_SelfChekT)、某标定量信号等于 1(Inp_SelfChek = =1,该信号是恒等于 1 的一个标定量,若不希望整车上电,可人为设置为 0)、收到高压上电需求信号(Inp_HVOnReq = =1);当驾驶员将点火开关打到 START 档(Inp_KeyStStrt = 1)同时整车档位处于 N 位(Inp_GrNumNow = 0)时,执行上电请求,输出高压上电需求信号 Outp_HVOnReq = 1,具体模型如图 4.12 所示。

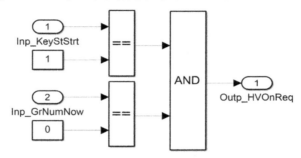

图 4.12 高压上电需求模型

(2) 预充状态 (PreChrg)

预充指的是电机两端中并联着一个大电容,如果不加以限制,充电电流过大,对继电器、电容和电源都会造成冲击,所以需要在回路中加一个预充电阻来限流,进行小电流预充电。进入预充状态,整车控制器会闭合预充继电器进行电压预充,当预充完成时,进入下一个状态。预充电完成判断模型如图 4.13 所示,在电池处于正常状态下即电池管理系统发送过来的电池两端的电压(Inp_BattVoltActv)大于等于标定值 500V(C_BattVoltMin)时,若电池两端的电压与电机控制器发送过来的电机两端的电压(Inp_TMDCVoltActv)的差值较小,整车控制器判断电机预充完成,输出信号 Outp_TMHVPre = 1,进入下一个状态。

(3) 中间状态 (ENABLE)

电机完成预充后,需要对相关附件进行控制并等待电机可以正常工作。此时,整车控制器会断开预充继电器、闭合主正继电器,控制电机使能,向电机发送信号 TMMod = 2,根据通信协议,让电机处于正常运行模式,油泵、气泵等相关附件的继电器也随之闭合。在这些流程完成后,整车控制器会判断电机是否能

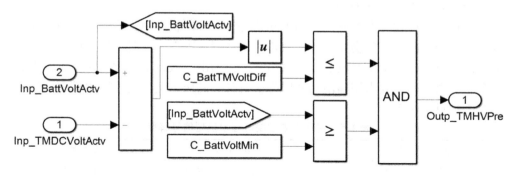

图 4.13 预充电完成判断模型

正常工作，具体判断模型如图 4.14 所示。

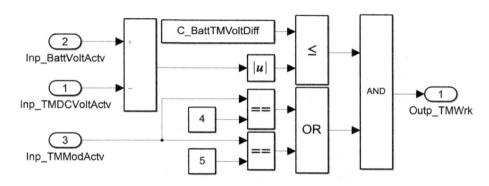

图 4.14 电机正常运行判断模型

首先同样需要满足电池两端的电压与电机两端的电压的差值不大这一条件，同时要满足电机的模式处于转速闭环运行模式（Inp_TMModActv = 4）或者处于转矩闭环运行模式（Inp_TMModActv = 5），当电机的工作模式处于这两种模式下时，根据上文所述电机是处于正常运行模式。在电机同时满足电压与模式两个条件后，整车控制器判断电机可以正常运行，输出信号 Outp_TMWrk = 1。若电机能正常工作，且整车没有故障，上电流程就进入下一个状态；若检测出当车辆任何部件存在三级故障（Inp_PTErrLevl = = 4）时，车辆会紧急停止上电，并进入故障状态（STOP）。

（4）上电完成状态（PT_Ready）

整车进入 Ready 状态。在 Ready 状态下，同样，当检测出车辆任何部件存在三级故障，车辆会立即进入故障状态；若没有故障，整车控制策略采集驾驶员加速踏板信息、制动踏板信息作为正常行车信号输入，整车高压上电过程完成。

(5) 故障状态 (STOP)

根据上文所述,在上电流程的中间状态和 Ready 状态中若检测出车辆任何部件存在三级故障,车辆会立即进入故障状态并紧急下电,此时虽然电机和燃料电池依旧可以工作,但整车没有功率输出;当检测出三级以下的故障时,车辆不需要紧急下电,但需要限制输出功率以降速行驶。高压上电控制流程中模型信号名称及类型见表 4.5。

表 4.5 高压上电控制流程中模型信号解释

模型中信号名称	中文释义	信号类型
Inp_KeyStStrt	点火开关处于 START 档	输入信号
Inp_GrNumNow	当前档位	输入信号
Inp_BattVoltActv	电池两端实际电压	输入信号
Inp_TMDCVoltActv	电机两端实际电压	输入信号
Inp_TMModActv	电机实际工作模式	输入信号
C_BattVoltMin	电池正常电压最小值	标定量信号
C_BattTMVoltDiff	电压差允许值	标定量信号
Outp_HVOnReq	高压上电需求标识	输出信号
Outp_TMHVPre	电机预充完成标识	输出信号
Outp_TMWrk	电机正常工作标识	输出信号

2. 整车高压正常下电流程

行车状态下若检测到点火开关的状态信息为非 ON 档即驾驶员将点火开关打到 OFF 并拔出(Inp_KeyOn == 0),并且燃料电池吹扫工作完成(Inp_FCUStActv == 1),本书描述的控制策略是应用于在东北地区即寒冷环境下运行的燃料电池公交车,因此燃料电池在停机时要进行吹扫工作,将燃料电池在工作过程中产生的水汽清扫,防止低温下燃料电池内部水在流道或气体扩散层结冰,导致在低温起动时阻塞气体到达催化层参与电化学反应,燃料电池无法工作。

当上述两个条件同时满足时进入下电待命状态,等待电机转矩消失。具体判断模型如图 4.15 所示,在此状态下若检测到一段时间内电机实际转矩(Inp_TMTrqActv)小于最小限值转矩(C_TMTrqClr),即驾驶员一直没有踩加速踏板时,输出信号 Outp_TMTrqClr = 1,进入下电延时控制状态。同时对于燃料电池的吹扫工作的完成判断条件设置了一个可以对其屏蔽的标定的常量(C_flgHVDn),由于在图 4.11 的上下电流程逻辑模型中进入下电延时的条件判断中该标定量满足条件与燃料电池吹扫工作完成条件之间是"或"的关系,即当该标定量设置为 0 时,燃料电池吹扫工作完成判断条件起作用;当该标定量设置为 1 时,可以屏蔽燃料电池吹扫工作完成判断条件。如此本书制定的整车高压上下电模块的控制策略既可以应用于燃料电池汽车,又可以应用于纯电动汽车。

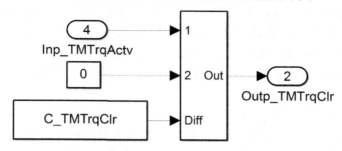

图 4.15 电机转矩消失判断模型

(1) 下电延时状态(Power_DOWN、Power_DOWN1)

电机进入下电状态后,同样需要对相关附件进行控制。此时,整车控制策略会同时断开预充继电器和主正继电器,电机处于转矩控制运行模式,因为电机电容两端的电压并没有放掉,驾乘人员触碰电机控制器时存在高压触电安全隐患,所以还需要电机继续工作,主动放电。其他不涉及主动放电的附件的继电器就直接断开。延时一段时间,等待主负继电器断开后进入下一个状态。

(2) 主动放电状态(Active_Dischrg)

进入主动放电状态,此时电机还可以正常运行,整车控制器向电机发送信号 TMMod = 3,根据通信协议,让电机处于主动放电模式。电机放电的方式有很多种,通过电阻放电或者有源器件放电都可以实现高压直流母线的放电,让电容两端的电量迅速消耗。整车高压电消失判断模型如图 4.16 所示,当电机两端的电压小于等于某标定值(Inp_TMDCVoltActv ≤ C_TMHVDnVolt)即电机两端的电压足够小,电机完成主动放电并且电池两端的电流足够小(Inp_BattCurrActv ≤ C_BattHVDnCurr)时,代表整车的高压电完全消失,输出信号 Outp_HVOffSt = 1。

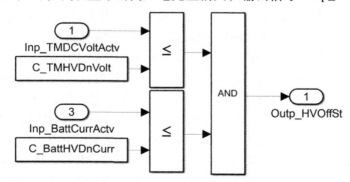

图 4.16 整车高压电消失判断模型

在图 4.11 上下电流程逻辑模型中,电机主动放电期间若驾驶员一直将点火开关打到 OFF 档没有打回 ON 档或将钥匙直接拔出（Inp_KeyOn = =0）并且整车的高压电完全消失（Inp_HVOffSt = =1）则代表电机主动放电的环节结束可以进入下电的最后状态。若迟迟收不到整车高压电消失的信号，当电机主动放电的计时时间足够长的时候（Outp_DischrgT > = C_DischrgTMax），控制策略同样也认为电机主动放电环节结束。但通常情况用不到该条件，整车高压电都能正常消失。

（3）休眠状态（AfterRun）

进入休眠状态，整车高压下电完成。驾驶员离开车辆后，整车控制器将休眠状态发送给底层模块之后也会进入休眠，完全断电，等待下一次驾驶员起动车辆，重新唤醒。整车高压下电控制流程结束。高压正常下电控制流程中模型信号名称及类型见表 4.6。

表 4.6 高压正常下电控制流程中模型信号解释

模型中信号名称	中文释义	信号类型
Inp_TMTrqActv	电机实际转矩	输入信号
Inp_BattCurrActv	电池两端实际电流	输入信号
C_TMTrqClr	电机最小限值转矩	标定量信号
C_TMHVDnVolt	电机高压电压最小值	标定量信号
C_BattHVDnCurr	电池高压电流最小值	标定量信号
Outp_TMTrqClr	电机转矩消失标识	输出信号
Outp_HVOffSt	高压电消失标识	输出信号

3. 整车故障下电流程

故障下电包括从预充状态直接进入下电延时状态以及从前文所述的故障状态进入下电延时状态两种情况。在预充状态下，出现以下条件之一，电机无法完成正常预充，直接进入下电延时状态：驾驶员将点火开关打到 OFF 档或拔出钥匙（Inp_KeyOn = =0）、没有检测出三级故障，但预充的时间远远超过正常预充所需的时间，始终接收不到电机预充完成的信号（Inp_PTErrLevl < = 3&Outp_HVOnT > = C_HVOnTMax）；从故障状态进入下电延时状态与从 Ready 状态正常进入下电延时控制状态的条件相同，需要点火开关的状态信息为非 ON 档并且燃料电池吹扫工作完成，虽然油泵、气泵等其他附件出现三级故障时，整车会停止工作，无法运行，但燃料电池的高压必须保持，完成高压下电，这是整车控制策略在高压上电控制中的硬性要求。整车控制器在进入下电延时状态，断开所有电池高压控制继电器，完成高压下电流程后，整车最终会进入 AfterRun 休眠状态。

4. 主负继电器需求模块

整车高压状态变化的实质就是整车控制策略控制动力电池管理系统高压继电

器工作状态,包括上文所述的进入预充状态需要闭合的预充继电器、预充状态结束进入上电中间状态时需要闭合的主正继电器等。上下电的过程同时还伴随着电池主负继电器的闭合与断开,但主负继电器一般在电池包内部,由电池管理系统直接控制,不受整车控制策略直接控制。因此本模块的主要功能是根据整车高压状态判断电池主负继电器是否要闭合,将闭合或断开的信号发送给电池管理系统,具体模型如图 4.17 所示。

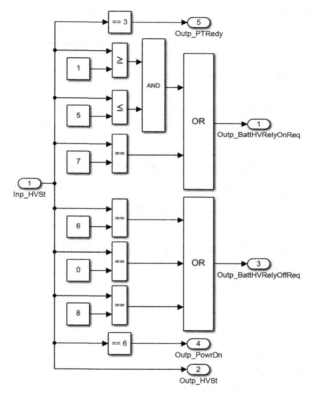

图 4.17　电池主负继电器工作状态控制模型

根据模型,当整车高压状态信号(Inp_HVSt)为 1、2、3、4、5、7 时,电池主负继电器需要闭合,输出信号 Outp_BattHVRelyOnReq = 1;当整车高压状态信号为 0、6、8 时,电池主负继电器需要断开,输出信号 Outp_BattHVRelyOffReq = 1。由图 4.11 上下电流程逻辑模型可知,在高压上电流程中,进入预充状态后,电池主负继电器需要闭合,开始工作;在下电流程中,除了主动放电状态中需要电池主负继电器闭合让电池放电,其他状态下电池主负继电器都断开。当整车高压状态信号为 3 时,高压上电完成,整车进入 Ready 状态,输出信号 Outp_PTRedy = 1;当整车高压状态信号为 6 时,高压下电完成,输出信号 Outp_PowrDn = 1。

电池主负继电器工作状态控制模型中信号名称及类型见表4.7。

表4.7 电池主负继电器工作状态控制模型中信号解释

模型中信号名称	中文释义	信号类型
Inp_HVSt	整车高压状态	输入信号
Outp_BattHVRelyOnReq	主负继电器闭合需求	输出信号
Outp_BattHVRelyOfeReq	主负继电器断开需求	输出信号
Outp_PTRedy	整车进入Ready状态	输出信号
Outp_PowrDn	高压下电完成标识	输出信号

4.2.3 整车驱动控制模块

整车驱动控制是整车控制策略制定的关键部分，对整车的动力性和经济性有着重要的影响。驱动控制的原则是根据驾驶员意图控制驱动电机的转矩输出，4.2.1小节已经对驾驶员意图进行了识别。根据燃料电池汽车运行的工况将整车工作模式进行划分，以匹配驾驶员对车辆的不同驾驶需求，计算出当前模式所需要的转矩值，并将需求值发送给电机控制器。通过整车控制策略来计算转矩可以在驾驶员有动力需求的时候，提升电机的输出功率，增强动力性。

1. 需求转矩初步计算模块

整车工作模式定义以及工作模式选择是驱动控制策略制定的基础。整车控制策略根据车速、加速踏板和制动踏板开度、档位、点火开关等多种信号组合，实际驾驶中面临的情况以及故障状态等信号参数，大致将燃料电池汽车的工作模式分为驻车模式和行车模式。其中驻车模式分为停车模式、待机模式和故障模式；行车模式又分为制动模式、蠕行模式、驱动模式和滑行模式。整车工作模式控制模型如图4.18所示，输入信号有点火开关状态、故障等级、加速踏板和制动踏板开度、车速与溜车状态等信号，中间为工作模式选择模块，输出信号为整车工作模式信号。同时该模块分析了各

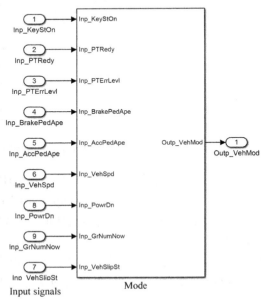

图4.18 整车工作模式控制模型

第 4 章
燃料电池汽车整车控制策略

个工作模式下整车需求转矩的不同要求，又根据车辆状态、电池当前状态、电机当前状态综合分析和处理判断，进行需求转矩限制，并对需求转矩进行平滑处理，建立合理的整车驱动控制策略，使车辆可以在保证安全的前提下平稳行驶。

整车需求转矩初步计算模型如图 4.19 所示，输入信号有整车工作模式、档位、加速踏板和制动踏板开度、ABS 工作、驱动管路报警等信号，中间为整车各个工作模式下整车需求转矩初步计算模块，输出信号为整车需求转矩初值信号。

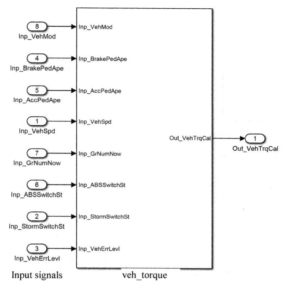

图 4.19 整车需求转矩初步计算模型

整车工作模式切换逻辑 Stateflow 模型如图 4.20 所示。

模型中上方停车模式（Park）、故障模式（ERROR）与待机模式（Standby）属于驻车模式；下方为行车模式（Drive），进入该模式后首先进入公共状态，整车控制器根据驾驶员的操作如踏板开度和档位选择、电池状态以及电机状态，进入合适的模式。下文将会详细介绍各模式定义、进入条件与各模式下整车需求转矩的初步计算策略。驻车模式下各模式与行车模式的切换路径和切换条件见表 4.8。

（1）停车模式

指整车处于运行停止状态，整车高压系统下电，此时整车的状态为禁止行驶状态，输出整车状态信号 VehMod = 1。

（2）待机模式

指点火开关处于 ON 位，档位为 P 位，驻车制动有效，发动机不运转。整车检测正常允许并等待允许驾驶员对电机控制器输出信号使能，准备切换工作模式，起动车辆，输出整车状态信号 VehMod = 2。

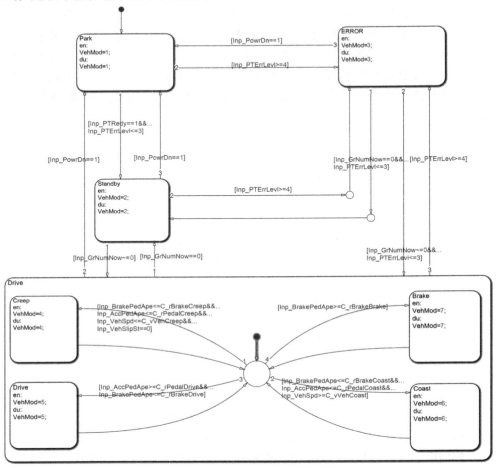

图 4.20 整车工作模式切换逻辑 Stateflow 模型

表 4.8 驻车模式状态切换规则和动作

切换路径	切换条件
停车模式→待机模式	整车进入 Ready 状态、故障等级小于三级
其他模式→停车模式	整车高压下电
待机模式→行车模式	档位不处于 N 位即档位为 D 位或 R 位
待机模式→行车模式	档位处于 N 位
故障模式→待机模式	档位处于 N 位、故障等级小于三级
故障模式→行车模式	档位不处于 N 位、故障等级小于三级
其他模式→故障模式	故障等级大于等于三级

第 4 章
燃料电池汽车整车控制策略

（3）故障模式

故障等级一般分为一级、二级和三级故障，当整车控制器检测到自身、BMS 或 MCU 等其他模块出现三级严重故障时，整车必须进入故障模式（ERROR）紧急停车状态，并输出整车状态信号 VehMod = 3。

（4）驻车模式

驻车模式转矩初步计算模型如图 4.21 所示，在驻车模式下，驾驶员对踏板、档位等均无操作，整车需求转矩为 0，输出整车驻车转矩为 0；当退出驻车模式，驻车转矩消失，输出转矩同样为 0。

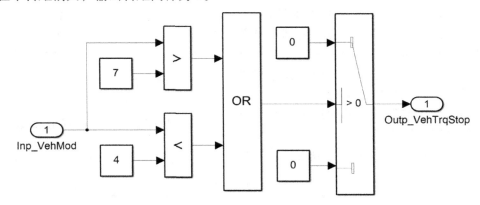

图 4.21 驻车模式转矩初步计算模型

（5）蠕行模式（Creep）

本书制定的燃料电池汽车的蠕行模式是模仿传统燃油汽车的怠速模式，车辆在城市拥堵路况下，经常采用离合器半联动的方式以较低的车速缓慢前行，通过离合器摩擦副滑摩实现可控的动力输出，这种工况称为蠕行。蠕行模式的全称是低速巡航驾驶辅助系统。蠕行模式下，汽车可以自行控制发动机对于转矩输出、变速系统、制动，让汽车用非常缓慢的速度通过恶劣和易打滑的路面。蠕行模式的进入条件为：制动踏板开度接近于 0（Inp_BrakPedApe < = C_TQD_rBrkCreep）、加速踏板开度接近于 0（Inp_AccPedApe < = C_TQD_rPedalCreep）、整车车速很低（Inp_VehSpd < = C_TQD_vVehCreep）并且防倒溜请求不开启（Inp_VehSlipSt = = 0）。其中，车速的条件是区别蠕行模式与滑行模式的根本条件；设置防倒溜请求不开启条件是因为当驾驶员没有踩制动踏板和加速踏板时，整车如果处于溜车状态，控制策略会向电机发送防溜车请求，驱动电机会施加转矩阻止溜车，此时若工作模式选择模块再向电机发送蠕行模式的切换信号，就会产生冲突，因此需要在蠕行模式的切换条件中设置防倒溜请求不开启的条件，防溜车控制策略会在下文进行详细描述。进入蠕行模式，输出整车状态信号 Veh-

Mod = 4。在蠕行模式下，加速踏板和制动踏板的开度都为 0，需要通过整车车速（Inp_VehSpd）进行查表得到相应转矩值，蠕行模式需求转矩与车速关系图如图 4.22 所示。

蠕行模式起步时如果驱动电机的初始输出转矩不足，汽车可能会出现严重溜车现象。当整车起步完成稳定之后，需求转矩会相应减小，直至输出某一恒定的转矩来维持车辆以某一低速向前行驶。查找到蠕行模式下的需求转矩后，再判断此时档位开关信息，若档位开关处于 R 位（Inp_GrNumNow = 2），整车处于倒车状态，转矩值需要取反让电机处于反转状态。当处于蠕行模式的任一条件不满足比如驾驶员踩加速踏板驱动汽车前进时，退出蠕行模式，蠕行转矩消失，输出为 0，蠕行转矩计算逻辑模型如图 4.23 所示。

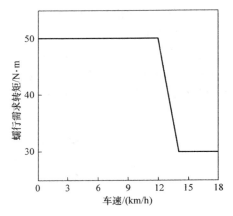

图 4.22　蠕行模式需求转矩与车速关系图

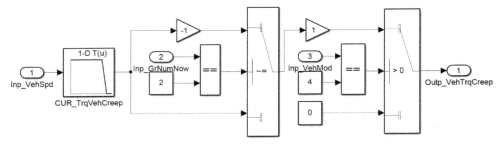

图 4.23　蠕行转矩计算逻辑模型

（6）正常驱动（Drive）

正常驱动模式是车辆正常行驶的模式，也是驾驶过程中运行频率最高的工况。通过加速踏板开度来体现驾驶员的操作与电机输出的对应关系。正常驱动模式的进入条件为：加速踏板开度大于等于某标定值（Inp_AccPedApe >= C_TQD_rPedalDrive）时，制动踏板开度接近于零（Inp_BrakPedApe <= C_TQD_rBrkDrive）时，进入正常驱动模式，输出整车状态信号 VehMod = 5。驾驶员在行驶过程中，需要频繁地踩加速踏板来获得较大的加速度实现超车或者提速前进。目前常见的驱动模式下转矩计算策略一般采取 MAP 查表法，根据加速踏板开度查询转矩 MAP 图获得需求转矩，通常称为线性控制策略。这种线性策略实现起来较为容易，能满足驾驶员的基本加速需求以及车辆在低速加速时较大的转矩需

求、高速加速时较小的转矩需求和中速时适中的转矩需求。驱动转矩计算逻辑模型和驱动模式下需求转矩 MAP 图如图 4.24 与图 4.25 所示。

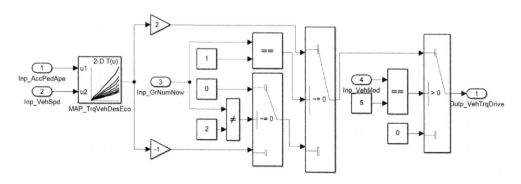

图 4.24　驱动转矩计算逻辑模型

查询 MAP 图获得驱动需求转矩后，再判断此时档位开关信息，若档位开关处于 D 位（Inp_GrNumNow = 1），正常输出需求转矩；若档位开关处于 R 位时（Inp_GrNumNow = 2）整车处于倒车状态，转矩值需要取反让电机处于反转状态；若档位开关既不处于 D 位也不处于 R 位，即驾驶员将档位开关按到 N 位，需求转矩输出为 0。同理，当处于蠕行模式的任一条件不满足比如检测出三级故障退出驱动模式进入故障模式，驱动需求转矩消失，输出为 0。

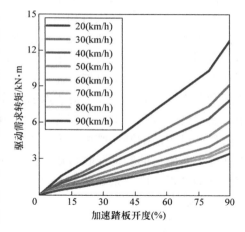

图 4.25　驱动模式下需求转矩 MAP 图

根据 MAP 图，车速较低大多发生在汽车刚开始起步或处于爬坡时，起步车速低时为满足驾驶员的加速需求，需要较大的转矩响应，为保证加速动力，提高车辆动力性，发挥电机低转速恒转矩输出的优势，要在低速时尽可能地提高动力输出；中等车速发生在汽车行驶时大多数工况，中等车速时一般不需要较大的加速需求，可以适当减小转矩输出从而有效降低输出功率，降低耗电量；高速行驶情况下发生的工况不是很频繁，此时整车阻力较大，驱动转矩主要用于维持车速，需要较大的电机功率，但对驱动转矩的需求不大，对提升整车经济性的贡献也有限，此时应适当减小转矩输出。驻车、蠕行与正常驱动模式下需求转矩初步计算模块中模型信号名称及类型见表 4.9。

燃料电池汽车整车控制系统开发实践

表 4.9 驻车、蠕行与正常驱动模式下需求转矩模型中信号解释

模型中信号名	中文释义	信号类型
Inp_VehMod	整车工作模式	输入信号
Inp_VehSpd	车速	输入信号
Inp_GrNumNow	当前档位	输入信号
Inp_AccPedApe	加速踏板开度	输入信号
Outp_VehTrqStop	驻车模式需求转矩	输出信号
Outp_VehTrqCreep	蠕行模式需求转矩	输出信号
Outp_VehTrqDrive	正常驱动需求转矩	输出信号

(7) 制动模式 (Brake)

进入制动模式的条件优先级很高,当驾驶员踩下制动踏板并且踏板开度大于等于某标定值 (Inp_BrakPedApe > = C_rBrkBrake) 时,无论此时车辆处于行车模式下的任何模式,都会立即进入制动模式,输出整车状态信号 VehMod = 7。燃料电池公交车行驶于城市工况中,制动的频率较高,期间将有大量的制动能量产生,如果不对其加以回收再利用,最终它们将以热能的形式消耗在空气中。与传统公交车相比,燃料电池公交车可以进行制动能量回收,其原理主要是依靠逆变器等电器元件,在制动时驱动电机将以发电机的形式工作,提供一部分或所有的制动力,并将其转化成电能,储存在动力电池中。能量回收是改善燃料电池汽车能源利用效率的有效途径,对于改善汽车的行驶性能和经济性具有十分重要的作用。制动时,该驱动电机会作为一台发电机,在制动能量回收过程中,整车控制器由驾驶员当前的制动踏板开度和整车速度通过查表得到车辆当前车速、制动踏板开度下驾驶员的制动回收转矩。制动回收转矩最大值与车速关系、制动回收系数与制动踏板开度关系如图 4.26 与图 4.27 所示。

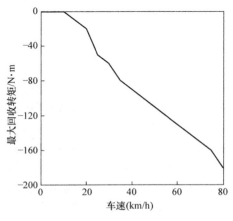

图 4.26 制动回收转矩最大值与车速关系

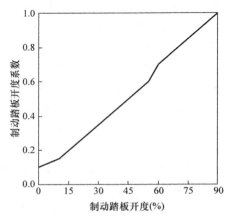

图 4.27 制动回收系数与制动踏板开度关系

第 4 章
燃料电池汽车整车控制策略

制动模式下需求回收转矩 T_{Break} 为查表所得的当前车速下电机基础回馈功率的最大回收转矩与制动踏板开度系数的乘积,如式(4.1)所示。

$$T_{Break} = S_{Break} T_{B-max} \qquad (4.1)$$

式中　T_{Break} ——制动模式下需求回收转矩;
　　　S_{Break} ——制动踏板开度系数;
　　　T_{B-max} ——当前车速下的最大制动回收转矩。

整车控制策略需要对制动回收进行限制,以保证制动的平稳性、及时性以及安全性,制动回收转矩初步计算模型如图 4.28 所示。当 ABS 工作进行制动力调节(Inp_ABSSwitchSt)或电机驱动系统报警(Inp_StormSwitchSt)时,制动能量回收系统不工作,制动回收需求转矩输出(Outp_VehTrqBrak)为 0。同时需要判断此时的档位开关信息和整车模式,若档位开关不处于 D 位(Inp_GrNumNow = 1)或者汽车退出制动模式,输出为 0。

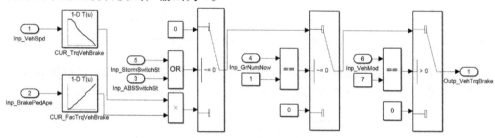

图 4.28　制动回收转矩初步计算模型

(8) 滑行模式(Coast)

滑行模式是指驾驶员在操纵车辆高速运行时松开加速踏板,让车辆自由滑行从而节省电量。滑行模式的进入条件:加速踏板、制动踏板开度都为 0 (Inp_BrakPedApe < = C_rBrkCoast&&Inp_AccPedApe < = C_rPedalCoast)、车速大于等于某标定值(Inp_VehSpd > = C_vVehCoast)时,进入滑行模式,输出整车状态信号 VehMod = 6。与制动模式一样,燃料电池公交车在滑行的过程中也可以进行能量回收,整车控制器通过整车速度查表得到滑行回收需求转矩,滑行回收转矩与车速关系如图 4.29 所示。

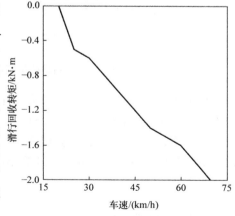

图 4.29　滑行回收转矩与车速关系

根据关系图,在整车速度大于 20km/h 并且加速踏板开度和制动踏板开度均为 0 时,电机会施加一个负方向的回馈转矩，实现车辆的滑行能量回收，在车速低于 20km/h 时会停止此功能。通过查表模块得到滑行需求回收转矩后，同样需要判断汽车此时的工作模式，若汽车不满足处于滑行模式的条件，退出滑行模式，滑行回收停止，滑行需求回收转矩（Out_VehTrqCoast）输出为 0。滑行回收转矩初步计算模型如图 4.30 所示。

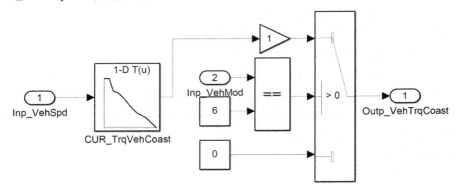

图 4.30 滑行回收转矩初步计算模型

为防止动力电池过充电，损坏电池，制动能量回收和滑行能量回收的转矩受到动力电池最大充电电流的限制，具体模型如图 4.31 和图 4.32 所示。

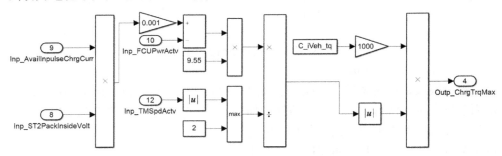

图 4.31 制动能量回收最大充电电流限制模型

根据模型，将动力电池的最大充电电流（Inp_AvailFollowChrgCurr）乘以停车模式下动力电池的电压（Inp_ST2PackInsideVolt）得到动力电池最大充电电流对应的功率，减去维持电池管理系统运作所需的功率（Inp_FCUPwrActv）再根据电机实际转速通过式（4.2）计算出电池的最大回收转矩。

$$T = 9550 \frac{P}{n} \tag{4.2}$$

式中　T——电机转矩；
　　　P——输出功率；
　　　n——电机转速。

最终将输出的最大回收转矩乘以传动比得到最大充电电流允许的整车能量回收转矩最大值（Outp_ChrgTrqMax）。

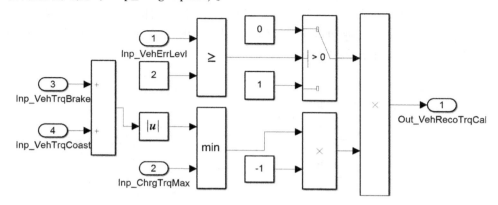

图 4.32　滑行能量回收故障限制模型

根据模型，将制动能量回收和滑行能量回收初步计算的转矩和与最大充电电流允许的整车能量回收转矩进行比较，取二者中较小值输出。同时还要考虑故障等级的因素，当能量回收的过程中整车控制器检测到整车出现三级故障时，停止能量回收，进入故障模式，整车能量回收输出转矩为0。整车能量回收控制模块中模型信号名称及类型见表 4.10。

表 4.10　整车能量回收控制模块中模型中信号解释

模型中信号名称	中文释义	信号类型
Inp_VehMod	整车工作模式	输入信号
Inp_VehSpd	车速	输入信号
Inp_GrNumNow	当前档位	输入信号
Inp_ABSSwitchSt	ABS工作标识	输入信号
Inp_StormSwitchSt	驱动系统报警标识	输入信号
Inp_AvailInpulseChrgCurr	动力电池最大充电电流	输入信号
Inp_ST2PackInsideVolt	停车模式动力电池电压	输入信号
Inp_FCUPwrActv	动力电池运转所需功率	输入信号
Inp_TMSpdActv	电机实际转速	输入信号
Inp_VehErrLevl	整车故障等级	输入信号
Outp_VehTrqBrake	制动回收需求转矩	输出信号
Outp_VehTrqCoast	滑行回收需求转矩	输出信号
Outp_ChrgTrqMax	整车最大回收转矩	输出信号
Out_VehRecoTrqCal	整车能量回收需求转矩	输出信号

为了防止汽车在坡上起步和运行时出现向后溜车的现象，在整车工作模式选

择及需求转矩初步计算策略中增加了防溜车模块。防溜车的功能是通过电机进行实现，驱动电机会施加阻止车辆继续溜车的驱动力矩。本模块的主要功能是判断汽车是否处于溜车状态，并将状态信息发送给电机。具体判断流程如图4.33所示，输入信号为电机转速和当前档位信号，中间为防溜车判断与溜车延时判断模型，输出信号为溜车状态信号。

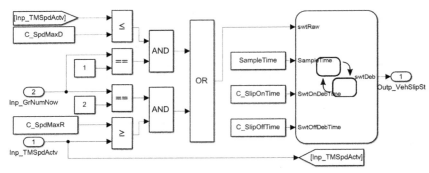

图4.33　防溜车控制模型

根据模型，当档位开关信号等于1（Inp_GrNumNow=1）时，根据驾驶意图识别模块策略描述可知，此时档位处于D位——前进档，若满足电机的转速小于等于某标定值（Inp_TMSpdActv≤C_TRQ_nSlidMaxD），该标定值设定为负值，大小为50，即汽车档位在前进档的情况下电机反转，该模块会判断汽车处于溜车状态；当档位开关信号等于2时，档位处于R位——倒车档，若满足电机的转速大于等于某标定值（Inp_TMSpdActv≥C_TRQ_nSlidMaxR），该标定值设定为正值，即汽车档位在倒车档的情况下电机正转，该模块同样会判断汽车处于溜车状态。当满足上述两种条件之一后，swtRaw赋值为1，但控制模块并不会立即将溜车状态信号发送给电机，而是进入Stateflow模块中对溜车持续时间进行判断，当溜车持续一段时间后才会请求电机阻止溜车，溜车延时判断逻辑Stateflow模型如图4.34所示。

根据模型，当swtRaw=1时，控制策略进入swtON状态，其中的子状态立即开始延时计时工作，localTimer为累加时间变量，SampleTimer为采样时间，当满足累加时间变量加上采样时间大于等于标定的延时时间后（SampleTimer≥SwtOnDebTime-localTimer），即延时计时足够长时，就会进入下一个子状态，swtDeb赋值为1输出，向电机发送防溜车请求，让电机阻止溜车。若在swtON状态下延时过程中汽车停止溜车或防溜车控制模块向电机发送防溜车请求，电机阻止汽车溜车后，溜车的判断条件不再满足，swtRaw=0，进入swtOFF状态，同样其中的子状态会开始延时，当满足延时计时时长后，进入下一个子系统，swtDeb赋值为0输出，取消向电机发送防溜车请求。模型信号名称及类型见表4.11。

第 4 章
燃料电池汽车整车控制策略

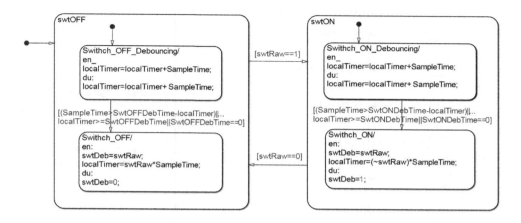

图 4.34　溜车延时判断逻辑 Stateflow 模型

表 4.11　防溜车控制模型中信号解释

模型中信号名称	中文释义	信号类型
Inp_GrNumNow	当前档位	输入信号
Inp_TMSpdActv	电机实际转速	输入信号
C_SpdMaxD	D 位下不溜车的电机最大转速	标定量信号
C_SpdMaxR	R 位下不溜车的电机最大转速	标定量信号
SampleTime	采样时间	标定量信号
C_SlipOnTime	溜车状态下延时计时时间	标定量信号
C_SlipOffTime	不溜车状态下延时计时时间	标定量信号
Outp_VehSlipSt	溜车状态标识	输出信号

2. 需求转矩限值计算模块

整车输出转矩不仅受到加速踏板开度、制动踏板开度、电机转速等参数的限制，而且还受电机最大输出转矩、动力电池剩余电量 SOC 值、动力电池最大允许输出功率、整车最高车速等的限制。整车需求转矩限值控制模型如图 4.35 所示，输入信号有电机最大转矩、动力电池停车模式下的电压、电机实际转速、修正的动力电池最大放电电流、车速等信号，中间为整车需求转矩限值计算模块，输出信号为整车需求转矩的最大值与最小值。

首先要对整车转矩能否正常输出进行判断。本书制定的整车控制策略是应用于燃料电池公交车，在转矩输出时需要对车门及相关附件的门进行限制，在公交车门打开乘客上下车的过程中，为了保护乘客，整车转矩无法输出，车辆是无法运行的，具体模型如图 4.36 所示。

燃料电池汽车整车控制系统开发实践

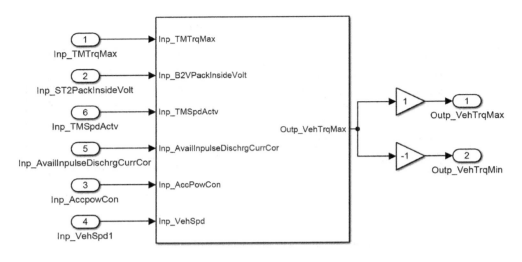

图 4.35 整车需求转矩限值控制模型

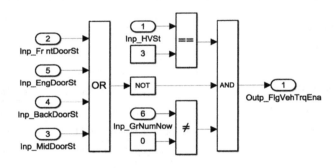

图 4.36 需求转矩输出控制模型

图 4.36 中左侧为仪表发送过来的车门 CAN 通信信号，包括公交车前门信号（Inp_FrntDoorSt）、发动机舱门信号（Inp_EngDoorSt）、公交车中门（Inp_Mid-DoorSt）以及后门信号（Inp_BackDoorSt）。当信号等于 1 时，代表门是开着的，信号等于 0 时，代表门是关闭的。根据模型，当任一门处于开启状态时，信号经过"NOT"取反之后，整车转矩都无法输出。因此整车转矩输出的条件为：公交车任一车门及发动机门均处于关闭状态、整车高压上电完成处于 Ready 状态（Inp_HVst = 3）并且档位不处于 N 位（Inp_GrNumNow ≠ 1），同时输出信号 Outp_FlgVehTrqEna = 1。当满足车门限制的条件后，整车需求转矩初步计算模块中计算的各模式下的需求转矩并不能直接输出，需要对其进行限值，如图 4.37 所示，要将整车转矩实际输出值限制在允许的最小值（Inp_VehTrqMin）与最大值（Inp_VehTrqMax）之间。

第 4 章
燃料电池汽车整车控制策略

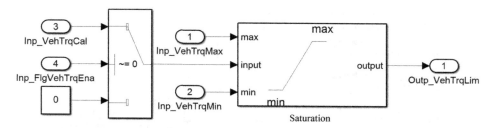

图 4.37　电机转矩限值模型

需求转矩限值计算模块是根据电池的最大允许放电电流与公交车最高车速（大约为 70km/h）计算出当前电机的最大输出转矩。

（1）动力电池最大放电电流的限制

动力电池最大放电电流限制模型如图 4.38 所示。

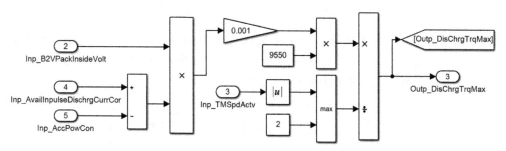

图 4.38　动力电池最大放电电流限制模型

根据模型，通过动力电池的最大允许放电电流（Inp_AvailInpulseDischrgCurr-Cor）减去高压附件运作所需的电流（Inp_AccPowCon）得到驱动车辆可用的最大放电电流，乘以电池的当前电压（Inp_ST2PackInsideVolt）得到电池的最大允许放电功率，再根据电机实际转速通过式（4.2）计算出电池允许当前电机的最大输出转矩（Outp_DisChrgTrqMax）。

动力电池管理系统发送过来的最大允许放电电流并不能直接使用，因为电池包是由多个单体电池所构成的，每个单体电池的参数例如温度、电压等都不是一样均衡的，如果直接以电池包整体的最大允许放电电流作为动力电池的最大允许放电电流，会造成单体电池的不稳定，出现问题，因此需要对单体电池的不同系数进行诊断并对最大允许放电电流进行修正，具体模型如图 4.39 与图 4.40所示。

以单体电池某一参数——最小电压值为例，当电池的最小温度（Inp_ST4MinTemp）大于等于 0℃ 时，若单体电池的最小电压（Inp_ST5MinUcell）小于某标定值（C_MinUcellMax），根据通信协议，该单体电池存在问题，需要对

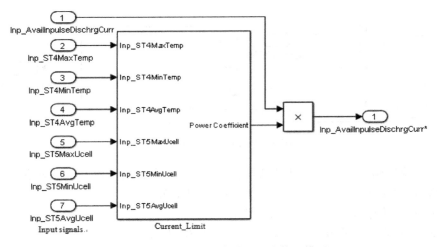

图 4.39　动力电池最大放电电流修正模型

动力电池的最大放电电流乘以修正系数 0.9（Power_Coefficient）。同理，单体电池的其他参数在通信协议中也存在相应的规定，如果在诊断中出现问题，动力电池的最大放电电流也要乘以相应的修正系数。

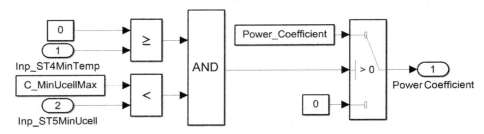

图 4.40　单体电池最小电压诊断模型

（2）最高车速的限制

最高车速限制模型如图 4.41 所示。

先根据最高车速（C_VehSpdMax）通过式（4.3）计算出最高车速下所需电机转速。

$$n = \frac{u_{\max} i_0}{0.377 r} \tag{4.3}$$

式中　n——最高车速对应的电机转速；

　　　$u_{\max}$——最高车速；

　　　r——轮胎半径；

　　　i_0——总传动比。

第 4 章
燃料电池汽车整车控制策略

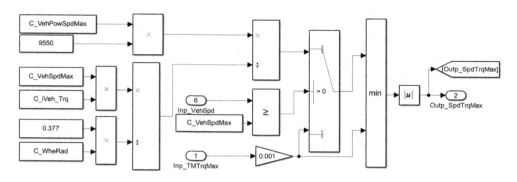

图 4.41 最高车速限制模型

再根据最高车速所对应的电机功率（C_VehPowSpdMax）（即能维持汽车保持最高车速运行时电机提供的功率）与式（4.3）算出的电机转速值，即可通过式（4.2）计算出最高车速所允许的电机最大输出转矩。根据模型，将当前实际车速（Inp_VehSpd）与最高车速进行比较，若实际车速大于等于最高车速，就输出计算所得最高车速所允许的电机最大输出转矩；若实际车速小于最高车速，就输出电机发送过来的自身所能输出的最大转矩。再将输出的转矩与电机自身所能输出的最大转矩比较，取较小者输出，保证需求转矩不会超过电机所允许输出的最大转矩。然后，将电池最大放电电流限制模块输出的转矩与最高车速限制模块输出的转矩进行比较，具体模型如图 4.42 所示。

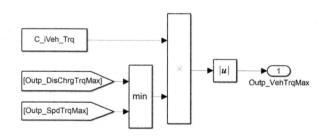

图 4.42 需求转矩限制比较模型

根据模型，再次取二者中较小者作为最终值输出，即输出的转矩要同时满足电机自身所能输出的最大转矩的限制、动力电池最大放电电流的限制与最高车速的限制。最终将输出的最大转矩乘上传动比（C_iVeh_Trq）得到车轮端的最大转矩也就是整车需求转矩允许的最大值（Outp_VehTrqMax），通过将转矩允许最大值取反即可得到整车需求转矩允许的最小值（Outp_VehTrqMin），即可得到图 4.37 模型中的整车转矩上下限值。需求转矩限值计算模块中模型信号名称及类型见表 4.12。

表 4.12　需求转矩限值计算模块中信号解释

模型中信号名称	中文释义	信号类型
Inp_FrntDoorSt	前门状态	输入信号
Inp_MidDoorSt	中门状态	输入信号
Inp_BackDoorSt	后门状态	输入信号
Inp_EngDoorSt	发动机舱门状态	输入信号
Inp_GrNumNow	当前档位	输入信号
Inp_HVSt	整车高压状态	输入信号
Inp_VehTrqCal	整车需求转矩初值	输入信号
Inp_VehTrqMax	整车需求转矩最大值	输入信号
Inp_VehTrqMin	整车需求转矩最小值	输入信号
Inp_VehSpd	车速	输入信号
Inp_TMTrqMax	电机最大转矩	输入信号
Inp_B2VPackInsideVolt	停车模式动力电池电压	输入信号
Inp_AvailInpulseDischrgCurrCor	修正的动力电池最大放电电流	输入信号
Inp_AccPowCon	附件运作所需功率	输入信号
Inp_ST4MinTemp	单体电池最低温度	输入信号
Inp_ST5MinUcell	单体电池最低电压	输入信号
C_VehPowSpdMax	维持最高车速的功率	标定量信号
C_iVeh_Trq	传动比	标定量信号
C_VehSpdMax	最大车速	标定量信号
C_WheRad	车轮半径	标定量信号
C_MinUcellMax	单体电池最低电压的最大值	标定量信号
Power_Coefficient	修正系数	标定量信号
Outp_FlgVehTrqEna	整车需求转矩允许输出标识	输出信号
Outp_VehTrqLim	整车限值转矩	输出信号
Outp_SpdTrqMax	最高车速允许的转矩	输出信号
Outp_DisChrgTrqMax	最大放电电流允许的转矩	输出信号
Outp_VehTrqMin	整车需求转矩最小值	输出信号
Outp_VehTrqMax	整车需求转矩最大值	输出信号

3. 转矩平滑输出控制模块

考虑到整车的平顺性，需要对限制后的需求转矩进行平滑处理。对于燃料电池汽车而言，在驾驶员驱动车辆行驶的过程中存在着多种模式的切换，如从蠕行模式切换到驱动模式，驾驶员需要快速地踩加速踏板，就会造成转矩突增从而造

第 4 章
燃料电池汽车整车控制策略

成整车的冲击度过大等问题,因此在需求转矩计算模块中需要对驱动转矩输出进行平滑处理。具体模型如图 4.43 与图 4.44 所示。

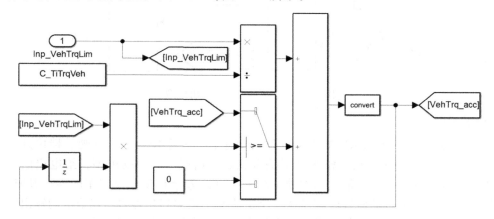

图 4.43 需求转矩平滑处理模型

根据模型,经过限值计算的需求转矩(Inp_VehTrqLim)定步长地缓慢加给电机。假设给定实际输入的需求转矩为 T_k($T_k>0$),将转矩除以常数 250(C_TiTrqVeh)即将 T_k 分 250 次加给电机,每次的间隔时间为一个采样周期 10ms,每次加给电机的转矩值为 $T_k/250$,通过式(4.4)计算出 convert 模块中转矩值。

$$T_{acc} = T_{acc} + \frac{T_k}{250} \tag{4.4}$$

式中 T_{acc} ——convert 模块中累加转矩值;
　　　T_k——输入的需求转矩。

当开始转矩输出的第一个采样周期,模型中 1/z 模块的初值为 0,$T_k \times 0 = 0$,输出 0,convert 模块中转矩值 T_{acc} 通过式(4.4)计算得 $T_k/250$。第二个采样周期,1/z 模块赋值为 convert 模块中第一个采样周期的值 $T_k/250$,$T_k \times T_k/250 > 0$,convert 模块中转矩值为 $2T_k/250$;第三个采样周期,1/z 模块赋值为 $2T_k/250$,$T_k \times 2T_k/250 > 0$,convert 模块中转矩值为 $3T_k/250$;第四个采样周期,1/z 模块赋值为 $3T_k/250$,$T_k \times 3T_k/250 > 0$,convert 模块中转矩值为 $4T_k/250$,以此类推……

一直重复累加的过程中,根据模型,当给定要输出的转矩大于等于 convert 模块中累加的转矩时(Inp_VehTrqLim − VehTrq_acc≥0),输出 convert 模块中累加的转矩值,即在 250 个采样周期之内最终输出给电机的转矩都为 $T_{acc} = nT_k/250$($n \leq 250$);当给定要输出的转矩小于 convert 模块中累加的转矩时(Inp_VehTrqLim − VehTrq_acc≤0),输出实际要输出的转矩值,即从第 251 个采样周期之后 convert 模块中累加的转矩 $T_{acc} = 251T_k/250$($T_{acc} > T_k$),最终输出给电机的

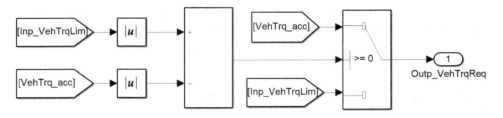

图 4.44　需求转矩平滑输出模型

转矩为 T_k。

同时，图 4.43 需求转矩平滑处理模块还有另一个作用：当驾驶员档位开关选择 R 位，踩加速踏板，整车处于倒车状态的情况下，根据模型，给电机的转矩应该为逐渐递增的负值。当驾驶员倒车结束，选择 D 位想要汽车向前行驶时，按照策略，给电机的转矩应该是从一个负值慢慢累加到 0 再累加到给定的输出转矩。但在实际情况下，驾驶员倒车操作完成停下车辆，并向前驱动汽车应该是一个瞬间的过程，不允许汽车在缓慢向后倒退直到停止。因此，当倒车完成，$1/z$ 模块赋值为负数，此时驾驶员驱动汽车向前进，给定实际要输出的转矩值为正值，两者相乘小于 0，输出 0，convert 模块中转矩瞬间从一个较大的负值变成 0，输出给电机的转矩为 0。模块中模型信号名称及类型见表 4.13。

表 4.13　转矩平滑控制模块中模型信号解释

模型中信号名称	中文释义	信号类型
Inp_VehTrqLim	整车限值转矩	输入信号
C_TiTrqVeh	转矩输出次数	标定量信号
VehTrq_acc	累加转矩	中间信号
Outp_VehTrqReq	整车需求转矩	输出信号

4.2.4　整车能量管理模块

整车能量管理是指基于对电机控制器、燃料电池控制器的协调与管理，根据车辆状态及不断变化的路况控制电机转矩输出、规划燃料电池最佳功率输出，从而提升能量的利用率，优化整车的经济性、动力性，保证整车最佳效率。在有效地增加续驶里程的同时避免燃料电池频繁地开闭，进而延长电机与电池管理系统的使用寿命。

1. 驱动电机控制模块

驱动电机综合控制是整车控制策略中重要的动力输出环节，其策略的优劣对整车的动力性及经济性起着举足轻重的作用。整车控制器通过 CAN 总线向电机控制器（MCU）发送电机控制信号，MCU 从而执行驱动电机控制，电机控制信

第 4 章 燃料电池汽车整车控制策略

号主要包括电机目标转矩、电机运行方向和电机工作基本状态等信息。驱动电机综合控制模型如图 4.45 所示,输入信号为当前档位、急停开关、车速与整车需求转矩信号,中间为驱动电机综合控制模块,输出信号为电机输出转矩和电机运行方向。

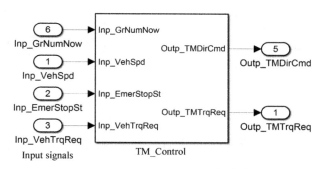

图 4.45 驱动电机综合控制模型

正常情况下,整车需求转矩计算模块经过初步计算、转矩限值与平滑处理,最终计算出整车需求转矩(Inp_VehTrqReq),发送到电机目标转矩模块,除以传动比(C_iTM)之后得到电机目标转矩(Outp_TMTrqReq)输出,如图 4.46 所示。

该模块对电机转矩的输出进行了一个限制,燃料电池汽车上有一个急停开关,也叫维修开关,用于在紧急情况下,或者在车辆维修时断开高压电。当车速(Inp_VehSpd)大于等于 5km/h 的情况下,若有急停开关的信号发送过来(Inp_EmerStopSt),电机输出的转矩要变成 0,即当汽车处于驱动状态时,驾驶员突然按下了急停开关,电机要立即停止输出转矩。模型中 C_DirRingTM 信号为方向信号,通常

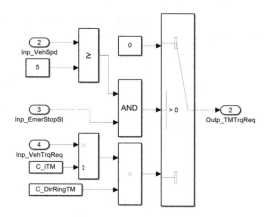

图 4.46 电机目标转矩控制模型

情况下该标定量设为 1,当标定工程师在台架试验中对电机进行转矩反转测试时,可以将该标定量设为 -1,正常运行中对控制策略没有影响。

电机运行方向控制策略是根据驾驶员档位开关选择建立控制逻辑判别电机驱动方向,模型如图 4.47 所示。根据模型,电机方向判别基本逻辑为:档位开关处于 D 位情况下,电机转向信号输出 C_DirTMGrD = 1,根据通信协议,电机处

149

于正转状态；档位开关处于 R 位情况下，电机转向信号输出 C_DirTMGrR = 2，电机处于反转状态；档位开关处于 N 位情况下，电机转向信号输出 C_DirTMGrN = 0，根据通信协议，电机处于停止状态。

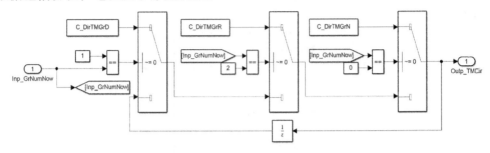

图 4.47　电机目标方向控制模型

驱动电机基本状态根据电机转矩和电机运行方向可分为以下 3 种：正向驱动状态，电机输出转矩为正值，电机处于正转状态；正向制动状态，电机输出转矩为负值，电机处于正转状态；反向驱动状态（倒车状态），电机输出转矩为正值，电机处于反转状态。当电机输出转矩为负值，电机处于反转状态时，根据转矩平滑控制模块章节所述，不考虑车辆反向制动状态。驱动电机综合控制模块中模型信号名称及类型见表 4.14。

表 4.14　驱动电机综合控制模块中模型信号解释

模型中信号名称	中文释义	信号类型
Inp_VehSpd	车速	输入信号
Inp_EmerStopSt	急停开关状态	输入信号
Inp_VehTrqReq	整车需求转矩	输入信号
Inp_GrNumNow	当前档位	输入信号
C_iTM	传动比	标定量信号
C_DirRingTM	电机方向	标定量信号
C_DirTMGrD	D 位下电机转向	标定量信号
C_DirTMGrR	R 位下电机转向	标定量信号
C_DirTMGrN	N 位下电机转向	标定量信号
Outp_TMTrqReq	电机需求转矩	输出信号
Outp_TMDirCmd	电机运行方向	输出信号

2. 燃料电池控制模块

燃料电池汽车的燃料电池模块除了供给自身附件正常工作的能量外主要有两个作用，一个作用是驱动电机，另一个作用是给动力电池充电，因此作为燃料电池汽车中重要的能量管理模块，必须对其进行管理，使有限的能量得到高效率的利用，并能保证能量有所富余。所以设计工作良好的燃料电池控制模块是研究燃料电池汽车的一个必要环节。燃料电池系统最主要的参数为其输出功率，燃料电池综合控制模块应满足燃料电池汽车正常工况下的功率需求以及对燃料电池状态的控制。燃料电池综合控制模型如图 4.48 所示，输入信号为动力电池 SOC、点火开关、整车高压状态、动力电池最大充电电流等信号，中间为燃料电池综合控制模型，输出信号为燃料电池需求功率、燃料电池急停标识和燃料电池需求状态信号。

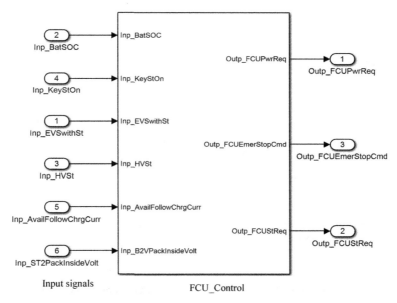

图 4.48　燃料电池综合控制模型

燃料电池的功率是不能随便变化的，只能缓慢地加载或卸载，当动力电池 SOC 较高时，燃料电池不允许有较大功率输出，如果在车辆不处于驱动状态的情况下，燃料电池一直以较大的功率给动力电池充电，就会导致动力电池过充电而报错，因此必须根据动力电池的剩余电量 SOC 进行燃料电池输出功率工作点的选择，控制燃料电池工作在最佳输出功率工作点，本书制定的燃料电池公交车所用的燃料电池电堆的额定功率为 40kW，表 4.15 为燃料电池厂商推荐的燃料电池输出功率工作点。

表 4.15　燃料电池厂商推荐的燃料电池输出功率工作点

工作点序号	1	2	3	4	5	6
功率大小/kW	9.5	12.6	24.4	29.4	36.6	40

本模块的控制策略同样对动力电池的剩余电量进行了水平划分，见表 4.16，以便对动力电池当前的剩余电量进行分级，从而对应燃料电池 6 个输出功率工作点的选择。

表 4.16　动力电池的剩余电量分级

水平	soclv1	soclv2	soclv3	soclv4	soclv5	soclv6
剩余电量（%）	20	30	40	50	60	70

动力电池当前剩余电量 SOC 分级逻辑 Stateflow 模型如图 4.49 所示。

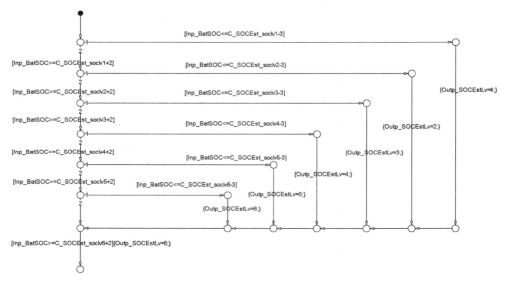

图 4.49　动力电池当前剩余电量 SOC 分级逻辑 Stateflow 模型

具体策略如下：

1）当动力电池发送过来的剩余电量 SOC（Inp_BatSOC）小于等于 soclv1 - 3（17%）时，动力电池当前的剩余电量等级为 1，输出信号 Outp_SOCEstLv = 1。

2）当 SOC 大于等于 soclv1 + 2（22%）、小于等于 soclv2 - 3（27%）时，动力电池当前的剩余电量等级为 2，输出信号 Outp_SOCEstLv = 2。

3）当 SOC 大于等于 soclv2 + 2（32%）、小于等于 soclv3 - 3（37%）时，动力电池当前的剩余电量等级为 3，输出信号 Outp_SOCEstLv = 3。

4）当 SOC 大于等于 soclv3 + 2（42%）、小于等于 soclv4 - 3（47%）时，动力电池当前的剩余电量等级为 4，输出信号 Outp_SOCEstLv = 4。

5）当 SOC 大于等于 soclv4 + 2（52%）、小于等于 soclv5 - 3（57%）时，动力电池当前的剩余电量等级为 5，输出信号 Outp_SOCEstLv = 5。

6）当 SOC 大于等于 soclv5 + 2（62%）、小于等于 soclv6 - 3（67%）时，动

力电池当前的剩余电量等级为 6，输出信号 Outp_SOCEstLv = 6。

7）当 SOC 大于等于 soclv6 + 2（72%）时，动力电池当前的剩余电量等级也为 6，输出信号 Outp_SOCEstLv = 6。

由于在 SOC 分级 Stateflow 模型中，任意动力电池的 SOC 范围之间并不是交叉的，该模型对动力电池的 SOC 没有全部覆盖。假设当前动力电池的 SOC 为 18%，并不在 SOC 分级模型中任意一个等级规定的 SOC 范围内，模型就无法对其分级处理，因此在这种情况下需要对动力电池发送过来的 SOC 进行处理，使其能够满足动力电池 SOC 分级策略，具体模型如图 4.50 所示。

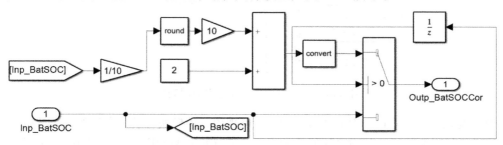

图 4.50 动力电池 SOC 处理模型

根据模型，1/z 模块的初值为 0，动力电池发送过来的剩余电量 SOC（C%）会直接输入 Stateflow 模块中进行分级判断，如果能够成功分级，输出动力电池当前的剩余电量等级信号到下一个模块进行处理；如果出现上文所述无法分级的情况，动力电池的 SOC 就会赋值给 1/z 模块，向动力电池 SOC 分级逻辑 Stateflow 模块输入经过式（4.5）修正处理过的 SOC。

$$C' = \left[\frac{C}{10}\right] \times 10 + 2 \tag{4.5}$$

式中　C'——修正过后的动力电池剩余电量 SOC；

　　　C——动力电池发送过来的剩余电量 SOC。

假设动力电池发送过来的 SOC 为 18%，通过式（4.5）计算之后，输入 Stateflow 模块中的 SOC 变成 22%，可以进行动力电池 SOC 的分级判断，动力电池当前的剩余电量等级就为二级，输出等级信号到下一个模块进行处理。得到动力电池当前的剩余电量等级信号，控制策略就会根据不同等级，输入对应的燃料电池推荐工作点功率，具体模型如图 4.51 所示。

模型中标定值信号 C_FCUPwrSOC1 ~ C_FCUPwrSOC6 的值分别对应着燃料电池推荐输出功率点 6 ~ 1 的值。举例而言，当 Outp_SOCEstLv = 1 时，输入标定值信号 C_PwrFCUSOC1 的值为 40；当 Outp_SOCEstLv = 2 时，输入标定值信号 C_FCUPwrSOC2 的值为 36.6。因为燃料电池在整车没有动力输出的情况下会持续给动

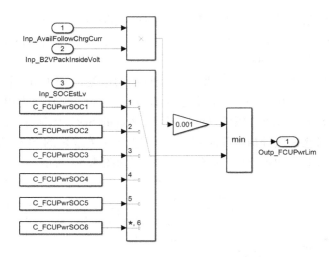

图 4.51 动力电池最大充电电流限制模型

力电池充电,为防止出现上文所述的过充电现象,该模块对动力电池的最大放电电流进行了限制。通过动力电池的最大充电电流(Inp_AvailFollowChrgCurr1)乘以停车模式下动力电池的电压(Inp_ST2PackInsideVolt1)得到动力电池最大充电电流对应的功率,与输入的燃料电池推荐输出功率进行比较,最终输出二者的较小值。

由于燃料电池厂商推荐的燃料电池输出功率工作点仅有 6 个,而通过动力电池最大充电电流计算所得的功率并不会完全与之对应,因此需要对上一个模型判断之后输出的功率(Inp_FCUPwrLim)进行再一次分级选择,具体模型如图 4.52 所示。

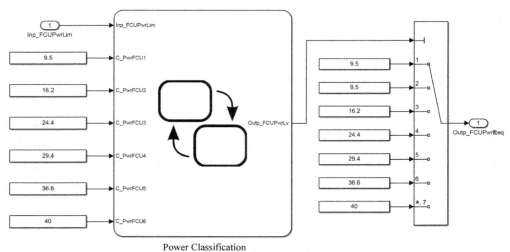

图 4.52 燃料电池输出功率二次选择输出模型

第 4 章
燃料电池汽车整车控制策略

燃料电池需求功率即通过动力电池最大充电电流计算所得的功率的分级逻辑与上文所示动力电池当前剩余电量 SOC 分级逻辑相同，具体 Stateflow 模型如图 4.53 所示。

1）当上一个模型发送过来的燃料电池需求功率（Inp_PwrFCUreqInit）小于等于 C_PwrFCU1（9.5）时，燃料电池输出功率等级为 1，输出信号 Outp_FCUPwrLv = 1。

2）当燃料电池需求功率大于等于 C_FCUPwr1（9.5）、小于等于 C_FCUPwr2（16.2）时，燃料电池输出功率等级为 2，输出信号 Outp_FCUPwrLv = 2。

3）当燃料电池需求功率大于等于 C_FCUPwr2（16.2）、小于等于 C_FCUPwr3（24.4）时，燃料电池输出功率等级为 3，输出信号 Outp_FCUPwrLv = 3。

4）当燃料电池需求功率大于等于 C_FCUPwr3（24.4）、小于等于 C_FCUPwr4（29.4）时，燃料电池输出功率等级为 4，输出信号 Outp_FCUPwrLv = 4。

5）当燃料电池需求功率大于等于 C_FCUPwr4（29.4）、小于等于 C_FCUPwr5（36.6）时，燃料电池输出功率等级为 5，输出信号 Outp_FCUPwrLv = 5。

6）当燃料电池需求功率大于等于 C_FCUPwr5（36.6）、小于等于 C_FCUPwr6（40）时，燃料电池输出功率等级为 6，输出信号 Outp_FCUPwrLv = 6。

7）当燃料电池需求功率大于等于 C_FCUPwr6（40）时，燃料电池输出功率等级为 7，输出信号 Outp_FCUPwrLv = 7。

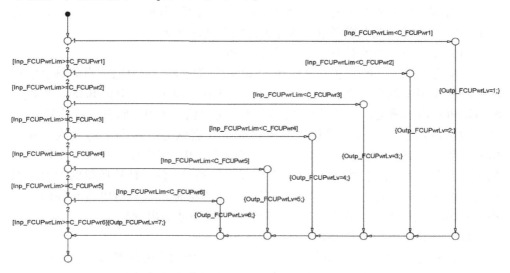

图 4.53 燃料电池输出功率分级 Stateflow 模型

根据图 4.52 燃料电池输出功率二次选择输出模型，当 Outp_PwrFCULv = 1 和 2 时，燃料电池最终输出功率（Outp_FCUPwrReq）为 9.5kW；当 Outp_PwrF-

CULv =3 时，燃料电池最终输出功率为 16.2kW；以此类推，得到燃料电池汽车正常工况下动力电池不同剩余电量时燃料电池最佳输出功率工作点，并将信号输出给燃料电池控制器。燃料电池输出功率控制模块中模型信号名称及类型见表 4.17。

表 4.17 燃料电池输出功率控制模块中模型信号解释

模型中信号名称	中文释义	信号类型
Inp_BatSOC	动力电池 SOC	输入信号
Inp_AvailFollowChrgCurr	动力电池最大充电电流	输入信号
Inp_ST2PackInsideVolt	停车模式下动力电池的电压	输入信号
Inp_FCUPwrLim	燃料电池限制功率	输入信号
Inp_SOCEstLv	SOC 评价等级	输入信号
C_FCUPwrSOC	燃料电池推荐功率	标定量信号
Outp_BatSOCCor	修正的动力电池 SOC	输出信号
Outp_FCUPwrLv	燃料电池功率等级	输出信号
Outp_FCUPwrReq	燃料电池输出功率	输出信号

燃料电池状态控制模块主要是根据动力电池当前的剩余电量 SOC 进行燃料电池开机与关机的控制，具体模型如图 4.54 与图 4.55 所示。

图 4.54 模型中标定量信号 C_SOCEstIgnHigh 的值为 90、C_SOCEstIgnLow 的值为 80，分 5 种情况对燃料电池的开关机状态进行判断。

(1) 动力电池当前剩余电量 SOC 小于 80%

在动力电池当前剩余电量 SOC 小于 80% 的情况下，动力电池当前剩余电量 SOC 判断模型中的两个条件（Inp_BatSOC ≥ Inp_Switch on、Inp_BatSOC ≥ Inp_Switch off）均不满足，1/z 模块的初值为 0，输出信号为 0。取反之后信号为 1，当同时满足以下条件时，燃料电池模块处于开启状态：整车上电完成，处于 Ready 状态，若纯电模式未开启（Inp_EVSwithSt = 0，纯电模式情况下车辆完全依靠动力电池和电机来进行驱动），点火开关打到 ON 位，计算所得的动力电池最大充电电流对应的功率大于等于 9.5kW（动力电池最大充电电流允许的功率小于 9.5kW 的情况很少发生，只有在极寒冷环境下才会出现）。

(2) 动力电池当前剩余电量 SOC 等于 80%

燃料电池在开启状态下不断给动力电池充电直到动力电池剩余电量 SOC 正好等于 80% 的情况下，动力电池当前剩余电量 SOC 判断模型中 Inp_BatSOC ≥ Inp_Switch on 条件不满足、Inp_BatSOC ≥ Inp_Switch off 条件满足，上一个状态 1/z 模块赋值为 0，输出信号为 0。与动力电池当前剩余电量 SOC 小于 80% 状态时燃料电池模块处于开启状态的判断条件一致。

第 4 章
燃料电池汽车整车控制策略

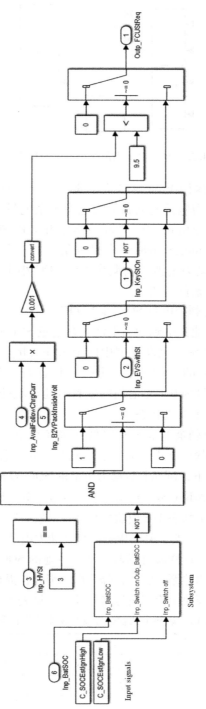

图 4.54 燃料电池开关机控制模型

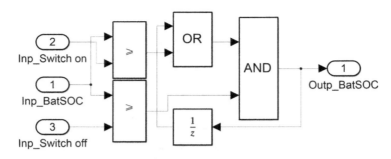

图 4.55　动力电池当前剩余电量 SOC 判断模型

（3）动力电池当前剩余电量 SOC 大于 80%、小于 90%

假设燃料电池给动力电池充电到动力电池剩余电量 SOC 正好等于 81% 的情况下，动力电池当前剩余电量 SOC 判断模型中 Inp_BatSOC≥Inp_Switch on 条件不满足、Inp_BatSOC≥Inp_Switch off 条件满足，上一个状态 1/z 模块赋值为 0，输出信号仍然为 0。与动力电池当前剩余电量 SOC 小于 80% 状态时燃料电池模块处于开启状态的判断条件一致。

（4）动力电池当前剩余电量 SOC 等于 90%

燃料电池给动力电池充电到动力电池剩余电量 SOC 正好等于 90% 的情况下，动力电池当前剩余电量 SOC 判断模型中两个条件（Inp_BatSOC≥Inp_Switch on、Inp_BatSOC≥Inp_Switch off）均满足，上一个状态 1/z 模块赋值为 0，输出信号为 1，取反之后输出信号为 0，无论判断燃料电池模块处于开启状态的条件是否满足，燃料电池直接处于关机状态。

（5）动力电池当前剩余电量 SOC 降低到 90% 以下

燃料电池处于关机状态停止给动力电池充电，动力电池的剩余电量 SOC 慢慢降低到 90% 以下的情况下，例如此时动力电池的 SOC 为 89%，当前剩余电量 SOC 判断模型中 Inp_BatSOC≥Inp_Switch on 条件不满足、Inp_BatSOC≥Inp_Switch off 条件满足，但是此时上一个状态 1/z 模块赋值为 1，最终输出信号为 1，取反之后输出信号为 0，燃料电池仍然处于关机状态。直到动力电池的 SOC 降低到 80% 以下，燃料电池才会重新开启。这样就可以避免动力电池的 SOC 在 90% 左右时，燃料电池处于频繁的开启与关闭的循环状态，降低燃料消耗，提高燃料电池系统的使用寿命。燃料电池状态控制模块中模型信号名称及类型见表 4.18。

表 4.18　燃料电池状态控制模块中模型信号解释

模型中信号名称	中文释义	信号类型
Inp_BatSOC	动力电池 SOC	输入信号
Inp_HVSt	整车高压状态	输入信号

第 4 章
燃料电池汽车整车控制策略

（续）

模型中信号名称	中文释义	信号类型
Inp_ST2PackInsideVolt	停车模式下动力电池的电压	输入信号
Inp_EVSwithSt	纯电开关	输入信号
Inp_KeyStOn	点火开关处于 ON 位	输入信号
C_SOCEstIgnHigh	动力电池高 SOC 值	标定量信号
C_SOCEstIgnLow	动力电池低 SOC 值	标定量信号
Outp_FCUStReq	燃料电池状态	输出信号

4.2.5 整车故障诊断模块

整车故障诊断模块是整车控制策略中重要的策略之一，在保障车辆性能的好坏与整车的安全性方面扮演着举足轻重的作用。整车故障诊断模型如图 4.56 所示，输入信号为动力电池故障等级、气泵故障等级、油泵故障等级、DC/DC 故障等级、电机故障等级和 FCU 故障等级信号，中间为整车故障诊断控制模型，输出信号为整车故障等级信号。

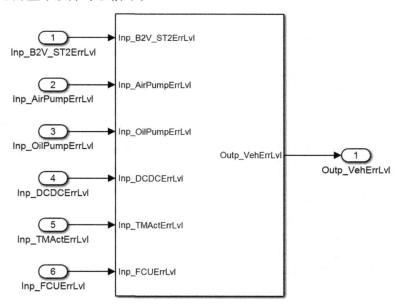

图 4.56　整车故障诊断模型

整车控制策略所处理的故障信息主要是各个控制系统上报的故障信息，整车控制策略按照故障的严重程度，把所有的故障信息进行统一的分类，将故障等级和故障码最高的故障作为整车故障,此故障的故障等级作为整车故障等级,然后根据整车故障等级进行相应的处理,整车故障等级可以划分为以下3级:

一级故障:轻微故障,在这种情况下,不会对汽车的正常运行产生任何影响,整车控制策略只会在仪表上显示故障信息,并对驾驶员进行预警,提醒驾驶员进行维修。

二级故障:可恢复故障,车辆存在比如过电流、过温等可恢复故障时,车辆为了保护车辆及人员的安全,整车控制策略所做的处理是限制电机最大的输出功率,需要降载运行,保证驾驶员以较低车速行驶到周围的维修点检修车辆。

三级故障:严重故障,整车控制策略会立即对整车进行下电处理,同时断开相关高压继电器,禁止电机工作,也不允许车辆继续行驶。

以电机和FCU上报的故障信息为例,说明整车故障等级判断的逻辑策略,如图4.57所示。

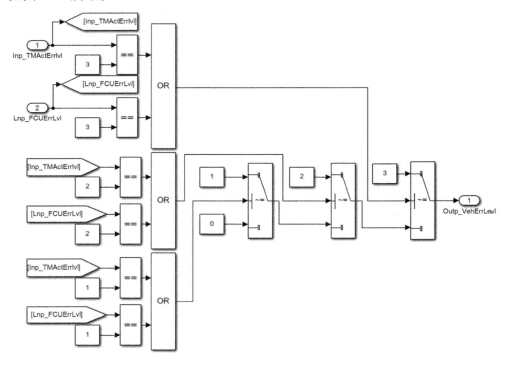

图4.57 整车故障等级判断

当电机和FCU没有故障信号发送给整车故障诊断模块时,整车故障等级判断模型最终输出信号为0(Outp_VehErrLevl = 0),整车没有故障,控制策略不做任何处理;当电机或者FCU发送的故障信号等级为一级时(Inp_TMActErrlvl == 1 or Inp_FCUErrlvl == 1),最终输出信号为1(Outp_VehErrLevel = 1),控制策略判断整车存在轻微故障,对驾驶员进行提醒;当电机发送的故障信号等级为一级,FCU 发送的故障信号等级为二级(Inp_FCUErrlvl==2)时,最终输出信号为 2(Outp_VehErrLevl=2),控制策略判断整车存在可恢复故障,限制电机功率;当电机发送的故障信号等级为一级或二级,FCU 发送的故障信号等级为三级(Inp_FCUErrlvl==3)时,最终输出信号为 3,控制策略判断整车存在严重故障,对整车进行下电,禁止车辆继续行驶。表 4.19 是归纳的一些故障情况和处理措施。

表 4.19 部分故障及处理措施

序号	故障名称	故障判断条件	故障等级	处理措施
1	电机过载	电流、温度、功率值或上升速度>设定值	三级故障	整车下电
2	电机过温故障	电机绕组温度超过标定值	三级故障	整车下电
3	预充故障	预充时间过后接触器前后端电压差过大	三级故障	整车下电
4	车载氢系统泄漏故障	氢泄漏浓度超过标定值	三级故障	整车下电
5	CAN 通信故障	丢失报文时间>3s	二级故障	发出警告并限制功率
6	驻坡故障	驻坡状态失效	二级故障	发出警告并限制功率
7	开关钥匙故障	读到无效的钥匙信号值	一级故障	发出警告
8	逆变器过温报警	逆变器温度超过报警设定值	一级故障	发出警告
9	氢气瓶过温故障	氢气瓶温度超过标定值	一级故障	发出警告

4.2.6 整车附件控制模块

整车控制策略除了完成整车驱动以及高压上下电控制之外,还要管理控制各类附件,包括冷却风扇控制、气泵控制、水泵控制、空调控制等。对这些附件的控制主要是通过控制相关继电器来实现的。

1. 气泵控制模块

本书描述的燃料电池公交车的前、中、后车门是通过电动打气泵向储气罐内打气来提供关门与开门的动力。本模块主要是根据车门储气罐气压值的高低从而控制气泵继电器的开闭来实现车门气压值的稳定。气泵控制流程如图 4.58 所示,该模块策略与燃料电池开关机控制模块策略相同,在车辆行驶过程中,当三处车门气压值的最小值小于 0.8MPa 时,该模块控制气泵继电器闭合,开启气泵给车门储气罐充气;当最小值大于 0.9MPa 时,气泵继续工作 5min 后,完成储气罐充气,该模块控制气泵继电器断开,关闭气泵。

2. 冷却风扇控制模块

主要是根据驱动电机的温度通过查表模块决定风扇的转速，风扇的转速与驱动电机的温度关系如图4.59所示，当电机控制器温度低于30℃时，不需要开启风扇；当电机控制器温度高于30℃时，冷却风扇开启低速运行；当电机控制器温度高于60℃时，冷却风扇开启高速运行。

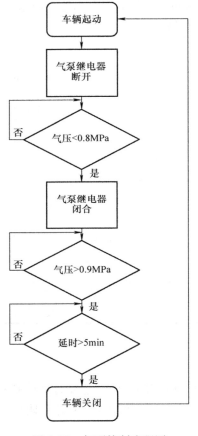

图 4.58 气泵控制流程图

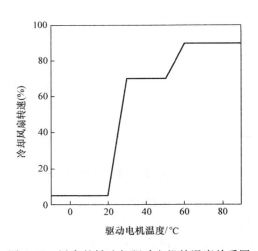

图 4.59 风扇的转速与驱动电机的温度关系图

4.3 信号输出层

输出信号与输入信号一样可以分为从硬件接口输出的信号和从CAN总线输出的信号。

4.3.1 CAN 输出模块

图 4.60 为 CAN 信号输出模块策略模型（远程终端信号输出部分）。

与 CAN 输入信号不同的是，CAN 输出信号有一个发送周期，一般可以设置为 10ms、20ms、50ms、100ms、200ms、1s。主要是根据输出信号的重要程度来决定其发送周期。比如涉及动力系统和电机模块的信号本书就设置为每 10ms 发送一次；远程终端输出的信号就设置为每 1s 发送一次，具体周期划分控制 Stateflow 逻辑模型如图 4.61 所示。

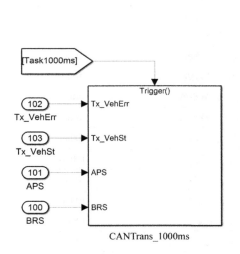
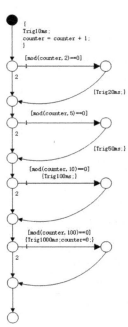

图 4.60　CAN 信号输出模块策略模型　　图 4.61　CAN 信号发送周期划分 Stateflow 逻辑模型

根据模型，信号进入 Stateflow 模块，每运行一次，每个采样周期之后，都会触发事件 {Trig10ms；counter = counter + 1;}，发送周期为 10ms 的信号输出给底层驱动程序，然后进行累加；当计数器内值为 2 的整倍数时 mod（counter，2），触发事件 {Trig20ms;}，发送周期为 20ms 的信号输出给底层驱动程序；当计数器内值为 5 的整倍数时 mod（counter，5），触发事件 {Trig50ms;}，发送周期为 50ms 的信号输出给底层驱动程序。以此类推，当运行 10 次，经过 100ms 之后，发送周期为 10ms 的信号输出了 10 次，发送周期为 20ms 的信号输出了 5 次，发送周期为 100ms 的信号输出了 1 次。CAN 模块输出信号名称、中文释义及发送周期见表 4.20。

表 4.20　CAN 模块输出的信号说明（部分）

信号名称	中文释义	发送周期
Tx_TMdir	电机运行方向	10ms
Tx_TMmod	电机工作模式	10ms
Tx_TMTrqReq	电机需求转矩	10ms
Tx_flgPedal	踏板开度	10ms
Tx_HeatPosRelaySt	加热正继电器状态	10ms
Tx_flgAntiSlipReq	防溜车需求	10ms
Tx_VehSpd	车速	10ms
Tx_HVSt	整车高压状态	10ms
Tx_GrNumNow	车辆当前档位	10ms
Tx_VehTrqStop	驻车模式需求转矩	10ms
Tx_VehTrqCreep	蠕行模式需求转矩	10ms
Tx_VehTrqDrive	正常驱动需求转矩	10ms
Tx_VehTrqBrake	制动回收需求转矩	10ms
Tx_VehTrqCoast	滑行回收需求转矩	10ms
Tx_VehTrqMin	整车需求转矩最小值	10ms
Tx_VehTrqMax	整车需求转矩最大值	10ms
Tx_FCUPwrReq	燃料电池功率需求	100ms
Tx_cmdTMMainRely	电机主正继电器状态	100ms
Tx_cmdAirPumpRely	气泵继电器状态	100ms
Tx_FCUStReq	燃料电池状态需求	100ms
Tx_BattChrgCurr	电池充电电流	100ms
Tx_vehmode	整车模式	100ms
Tx_VehErr	整车故障	1000ms
Tx_VehSt	整车状态	1000ms

4.3.2　I/O 输出模块

与硬线输入信号不同，整车硬线输出信号一般没有模拟量的输出信号，只有 PWM 信号输出和数字开关信号输出，如图 4.62 所示。

1. 数字开关信号输出

燃料电池公交车的开关信号分为高边开关驱动和低边开关驱动，同时变化频率较为缓慢。当开关输出信号为 1 时，表示上层控制策略请求底层驱动程序驱动该模块；当开关输出信号为 0 时，表示上层控制策略不需要底层驱动程序驱动该

第 4 章
燃料电池汽车整车控制策略

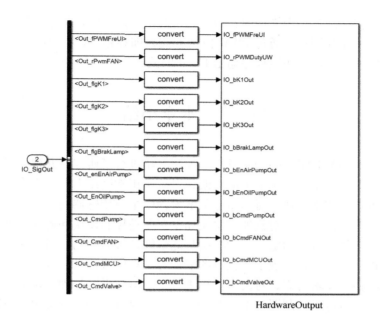

图 4.62 硬线输出信号策略模型

模块。数字开关输出信号名称、中文释义见表 4.21。

表 4.21 数字信号输出模块中信号说明

信号名称	中文释义
IO_bK1Out	燃料电池 K1 继电器
IO_bK2Out	燃料电池 K2 继电器
IO_bK3Out	燃料电池 K3 继电器
IO_bBrakeLampOut	制动灯
IO_bEnAirPumpOut	气泵开关
IO_bEnOilPumpOut	油泵开关
IO_bCmdPumpOut	冷却水泵开关
IO_bCmdMCUOut	电机控制器开关
IO_bCmdFANOut	风扇开关
IO_bCmdValveOut	阀门开关

2. PWM 信号输出

PWM（Pulse Width Modulation）的全称是脉冲宽度调制，它是通过对一系列脉冲的宽度进行调制，等效出所需要的波形（包含形状以及幅值），对模拟信号电平进行数字编码，也就是说通过调节占空比的变化来调节信号、能量等的变

165

化,占空比就是指在一个周期内,信号处于高电平的时间占据整个信号周期的百分比。风扇工作控制就是通过 PWM 控制方式,即控制 PWM 的占空比来控制风扇工作的转速,并通过底层程序输出 PWM 的波形。

4.4 本章小结

本章基于 MATLAB/Similink 对整车控制策略进行了研究,并建立了整车控制策略主要模型。制定了高压上下电框架,对整车正常高压上电、正常下电与故障下电流程进行了详细描述,对高压上下电流程中主要传感器的工作状态进行了研究,分析了整车高压状态对其他模块比如整车驱动控制模块和燃料电池综合控制模块策略制定的影响。制定了驱动控制与能量管理策略架构,对加速踏板和制动踏板信号进行了处理,实现了驾驶意图解析与工作模式识别,计算出了整车在对应模式下的初步需求转矩,对需求转矩进行了限值与平滑处理,避免了电机输出转矩的突变;对电机控制器与电池管理系统进行能量管理,控制电机转矩输出,提升能量的利用率。

参 考 文 献

[1] 陈龙,程伟,徐兴,等. 基于模糊控制的纯电动汽车加速输出转矩优化控制策略 [J]. 汽车技术,2015 (4): 56-61.
[2] 代长远. 纯电动汽车整车控制策略开发与优化 [D]. 长沙:湖南大学,2020.
[3] 马彪,昌和,李和言,等. 车辆蠕行控制策略研究 [J]. 汽车工程,2018,40 (12): 1447-1453.
[4] 万海桐. 纯电动汽车整车驱动控制策略研究 [D]. 北京:北京理工大学,2016.
[5] 平国辉. 纯电动客车驱动控制策略的研究 [D]. 广州:广东工业大学,2020.
[6] 肖敬义. 电动汽车整车电子控制系统 [D]. 北京:北京交通大学,2007.
[7] 刘海慧. 纯电动汽车整车控制策略研究及基于 Simulink 的建模仿真 [D]. 长春:长春大学,2018.

第 5 章 整车控制策略自动代码生成

自动代码生成作为一个普遍应用的成熟技术，对于汽车在内的很多行业可以说是革命性的进步，也是目前汽车行业最热门的技术研发领域。自动代码生成，即根据用户任务需求建模而自动生成源代码的程序或软件，减少重复的编码工作，能够很大幅度地提高产品开发的效率，缩短产品开发周期，深刻影响着软件开发的内容和形式。本章以 Simulink 中的 ECCoder 工具生成代码为主题介绍了 ECCoder 工具的应用技巧。

5.1 ECCoder 工具概览

5.1.1 环境要求

ECCoder 基于 MATLAB R2016b 版本开发，在低于该版本 MATLAB 上运行该软件可能会产生兼容性问题。该软件视图部分基于开源 GUI 工具箱 GUI Layout Toolbox2.3.1 开发，该工具箱已集成至 ECCoder 中。

5.1.2 功能概述

随着自动代码生成技术的发展，利用可视化模型实现控制器的快速原型开发已经成为可能，MATLAB 的实时工作间 RTW 作为应用最为广泛的自动代码生成工具已经为汽车行业所熟知。但 MATLAB RTW 主要针对上层算法模型进行代码生成，如果用户想要在目标硬件中运行它们还需要手动编写与硬件相关的底层驱动代码。在原型开发阶段算法模型往往需要快速迭代，重复编写驱动接口过程烦琐、效率低下。且许多算法工程师对于底层往往并不熟悉，大量的集成工作使其精力难以专注于算法模型开发。鉴于此，ECCoder 应运而生。ECCoder 现阶段主要功能是为模型提供底层硬件接口，接口以 Simulink 模块库的形式开放给用户，用户使用简单的拖拽即可添加至模型中。模块均配有相应的视图界面，用户可以轻松进行配置。这些模块在代码生成中会直接生成可直接执行的接口代码，只需进行简单配置修改，即可在嵌入式设备中运行。软件安装说明见附录。

5.2 模型配置参数

在模型搭建前，首先需要对模型进行配置。在模型空白处单击右键，选择 Model Configuration Parameters，如图 5.1 所示。

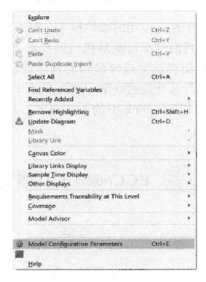

图 5.1　模型配置参数

5.2.1　选择 tlc 文件

在 Configuration 窗口左侧菜单中选择 Code Generation 选项，选择 System target file 为 ectrgt.tlc，如图 5.2 所示。

5.2.2　选择硬件平台

在 Code Generation 菜单下找到 Platform 选项卡，在 Hardware Platform 一项选择模型对应的硬件平台，如图 5.3 所示。

5.2.3　自动配置参数

选择 ectrgt.tlc 后，ECCoder 会对模型某些参数进行自动配置。默认自动修改的参数见表 5.1。

第 5 章
整车控制策略自动代码生成

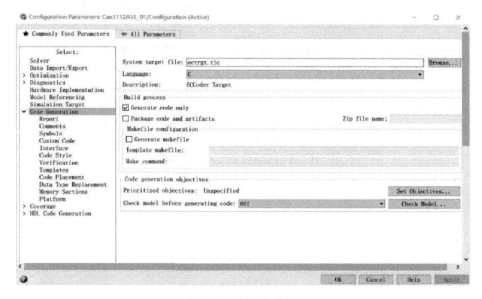

图 5.2 选择 tlc 文件

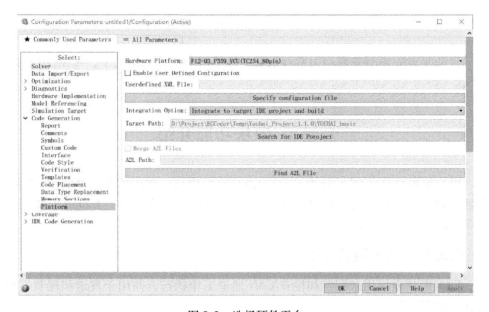

图 5.3 选择硬件平台

表 5.1　自动配置参数列表

页面	参数	值
Solver	Type	Fixed – step
	Solver	discrete
	Fixed – step size	0.01
Data Import/Export	Time	off
	Output	off
Optimization	BlockReduction	off
	Default for underspecified data type	single
	InitFltsAndDblsToZero	off
	SimCompilerOptimization	on
	DefaultParameterBehavior	Inlined
Diagnostics	InheritedTsInSrcMsg	none
Code Generation	GenerateMakefile	off
	RTWVerbose	off
	SupportComplex	off
	SupportNonFinite	off
	IncludeMdlTerminateFcn	off
	GenerateASAP2	on

自动配置的模型参数均为推荐设置，在了解其功能的前提下，可由用户自行修改。

5.3　模块功能介绍

模块根据功能不同可分为 6 类：CAN 通信模块、诊断模块、IO 接口模块、变量模块、系统管理模块和复杂驱动模块。模块库（ECCoder_Library）中已经将 6 种模块分类打包，如图 5.4 所示。

5.3.1　CAN 通信模块

CAN 通信模块用来配置和检查 CAN 通道工作状态，并用于发送和接收 CAN 消息，如图 5.5 所示。

CAN 通信模块共包含 7 个模块：CAN 配置模块、CAN 接收模块、CAN 发送模块、CAN 诊断模块（用于检查特定 CAN 通道的运行状况）、CAN Pack/Unpack

第 5 章
整车控制策略自动代码生成

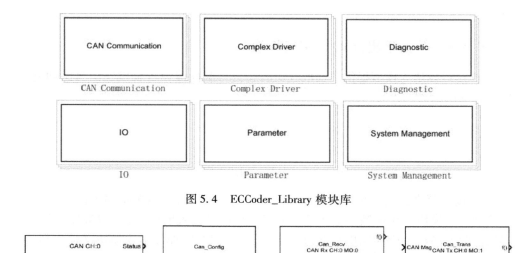

图 5.4 ECCoder_Library 模块库

图 5.5 CAN 通信模块

模块和 CAN 管理工具。

CAN 配置模块用于配置各 CAN 通道波特率，以及在代码生成中负责 CAN 相关文件配置。所以当模型中需要使用 CAN 相关功能时，必须首先添加 CAN 配置模块（CAN 发送/接收模块无法在没有 CAN 配置模块的情况下工作）。CAN 配置模块在模型中最多只能存在一个，添加多个 CAN 模块时会提示错误。CAN 配置模块还可以直接打开 CAN 管理工具。

CAN 接收模块和 CAN 发送模块，用于从底层接收和发送 CAN 消息。CAN 收发模块中均留有回调函数触发信号输出端口，回调函数在 Simulink 中通过 Function - Call Subsystem 实现，可在模块库中直接找到该模块。也可通过在普通的 subsystem 中添加一个 Trigger 模块实现（Trigger 类型设置为 Function - call 即可）。该类子系统原理为内部模型不随模型整体采样时间执行，只有当接收到一次有效的 function - call trigger 函数时，才会触发执行一次。当 CAN 收发模块成功接收或发送一次 CAN 消息时均会在 f( ) 端口输出一次触发信号。将回调函数的内容存放在子系统中由 f( ) 触发，即可实现回调功能。

在实际与 CAN 相关的应用中，与 ECCoder 中的收发模块配合使用的还有 Vehicle Network 工具箱中的 CAN Pack/Unpack 模块。这两个模块不仅可对 CAN 消息进行打包/拆包，将 ID、帧格式、数据域等信息从 CAN Message 中分离出来，还可以解析 DBC 文件，将 CAN 信号直接转化为物理值供模型使用。

CAN 管理工具提供了一个简洁的方式，用于管理模型中的 CAN 收发模块，CAN 管理工具扫描关联模型中所有的 CAN 接收和发送模块，并将信息罗列在表

171

格中。

5.3.2 输入输出（IO）接口模块

IO 接口模块为模型提供了读取线束管脚信号和向线束管脚发送信号的功能，如图 5.6 所示。

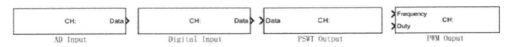

图 5.6　IO 接口模块类型

IO 接口模块共包括 5 个模块：模拟信号输入模块（读取模拟输入信号）、数字信号输入模块（读取数字输入信号）、PWM 信号输入模块（读取 PWM 信号）、高低边驱动输出模块（输出高低边驱动信号）和 PWM 驱动输出模块（输出高低边驱动信号）。

5.3.3 变量模块

变量模块替代了 Simulink 中内建的 constant 和 lookup table 模块，通过在 workspace 中新建 Simulink.Parameter 变量，让用户在代码生成时能直接生成可通过 CAN 标定的标定变量或保存在 EEPROM 中的变量，如图 5.7 所示。

图 5.7　变量模块

变量模块共包含 6 个模块：单值变量模块（用于生成单值变量）、一维数组变量模块（用于生成一维数组变量，不推荐使用）、一维曲线标定模块（用于生成曲线标定变量）、二维数组变量模块（用于生成二维数组变量）、二维 Map 标定模块（用于生成曲面标定变量，并对曲面进行查表操作）和数据管理模块（用于管理模型和 workspace 中的数据）。

在新建变量之前需要首先新建数据类型，在每个变量模块中均有"新建数据类型"按钮。添加数据类型首先需要为数据类型指定名称，名称命名规则与 MATLAB 变量命名规则一致，还可为数据类型添加描述（可选）。数据类型提供两种类别：定点与浮点。如果选择为定点类型，则需要在定点变量参数一栏为类型指定长度和转换关系。

定点类型支持字长为 8bit、16bit、32bit 三种，可选择有符号与无符号。斜率和偏移为必填项，以确定物理值和真实值之间的关系。在界面中用户以物理值为变量赋值，在生成的代码中变量则以真实值生成。如选择浮点类型，则无须指定其他参数，如图 5.8 所示。浮点类型默认为且只支持单精度类型（single/float）。

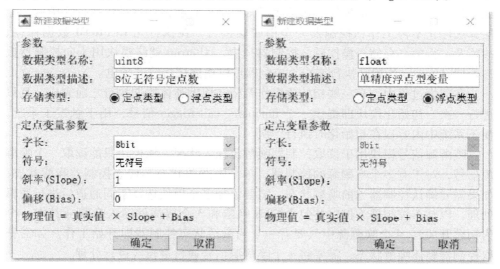

图 5.8　新建数据类型选择

点击确定后数据类型即新建至 workspace 中，workspace 中的数据类型可被所有标定变量模块使用，并不限于当前模块。

除了采用特定模块在模型中建立和使用标定/EEPROM 变量的方式外，ECCoder 提供了采用脚本/命令行方式新建变量的方式。通过脚本建立的 Parameter 型变量与通过上述章节模块建立的变量具有相同的属性，且同样保存在 MATLAB workspace 中。与之不同的是，命令行建立变量无须使用 ECCoder_Library 中 Parameter 模块，可直接在 Constant、Lookup Table 等 Simulink 内建模块中使用，更加贴合 Simulink 原生方式。用户可根据实际需求和使用习惯来决定用何种方式新建和管理变量。

5.3.4　系统管理模块

系统管理模块如图 5.9 所示，该模块将控制器运行相关功能封装起来，使上层能获取到控制器当前运行状态并进行初始化、掉电等操作。系统管理功能中共包含 3 个模块：Afterrun 就绪模块、初始化模块、唤醒源信号模块。

图 5.9　系统管理模块

当系统唤醒源全部无输入时，控制器会进入 Afterrun 状态，即掉电前的预备过程。Afterrun 过程分为上层和底层两部分，上层首先执行掉电前流程，如关闭或复位执行器、向其他模块发送关闭通知等动作；在该部分动作执行完毕后，上层算法停止不再工作，控制器完全由底层接管。在执行完 EEPROM 数据保存、故障及运行信息存储等操作后，控制器掉电。Afterrun 就绪模块用于向控制器报告上层 Afterrun 流程已执行完毕，控制器可以由底层接管并掉电。

在建模过程中，有一些初始化操作希望在模型整体周期执行之前完成，且只进行一次。初始化模块即提供一个 function-call trigger 信号，用于触发子系统，使子系统中内容仅在初始化时执行一次。

唤醒源信号模块用于读取控制器唤醒源输入状况，该模块只能读取一个唤醒源信号，对于有多个唤醒源的控制器，单个唤醒源状态不代表控制器唤醒状态，如果需要确认控制器当前唤醒状态，需要添加多个模块选择不同通道后进行逻辑处理。以整车控制器为例，共包含 CAN 唤醒和 3 个接插件输入唤醒（其中一个为钥匙开关），4 个唤醒源中只要有一个为激活状态控制器即开始工作。如需获取控制器整体唤醒状态，需要将 4 个唤醒源信号通过逻辑或进行处理。

5.3.5 复杂驱动模块

复杂驱动模块负责控制某些控制器上的特殊部件的驱动。与前几类模块不同的是，复杂驱动模块仅支持部分平台，使用之前需确定当前平台是否支持复杂驱动模块。

复杂驱动模块中共包含 7 个模块：直流电机驱动模块、氢喷控制模块、加速传感器模块、瓶口阀配置模块、TCU 位置传感器模块、TCU 速度传感器模块、CAN 发送复用模块。

直流电机驱动模块用于控制电机驱动芯片，可通过输入信号来控制电机驱动信号频率、占空比、方向，以及强制停止电机。直流电机驱动模块支持的平台有：F31_FCU（121pin）、EC3664CEJ001_FCVSH、EC3616CEF001_GAC。

氢喷控制模块用于控制氢喷嘴喷射，可通过模块输入控制氢喷嘴工作周期、喷射脉宽、喷嘴个数以及是否开启 Purge 模式。氢喷控制模块支持平台有：F31_FCU（121pin）、EC3616CEF001_GAC。

加速传感器模块用于从加速传感器获取当前选定方向的加速度。该模块支持平台为 EC3600CBV008_HT（TC234_154pin）。

瓶口阀配置模块用于驱动氢瓶口阀及配置电流和时间参数。如需使用氢瓶阀驱动功能，首先需要向模型中添加氢瓶阀配置模块。该模块支持平台为 EC3664CEJ001_FCVSH。其余模块功能这里不再赘述。

第 5 章
整车控制策略自动代码生成

5.4 自定义配置说明

ECCoder 支持自定义配置,配置内容包括故障诊断中 DFC/FID 的名称和其在代码生成中的宏定义、IO 硬件通道的自定义名称等内容。

5.4.1 打开配置文件

在模型 Configuration – Code Generation – Platform 界面中,用户可以通过勾选 Enable User Defined Configuration 选框来加载自定义配置文件,如图 5.10 所示;如果未勾选,则采用工具箱目录下对应平台的 UserDefine.xml 作为配置文件。

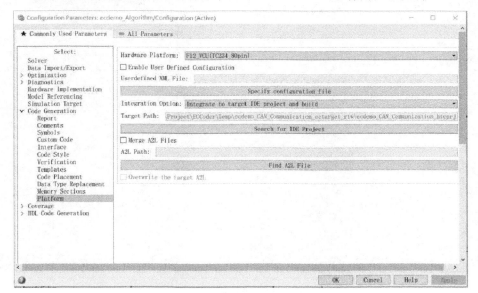

图 5.10 打开配置文件

如果一个控制器中需要添加多个模型,要保证多个模型采用同一个自定义配置文件。自定义配置中的内容与底层库声明文件 HardwareLib.h 相关,如果配置文件不一致会造成编译错误。

在命令行中输入 eccoder.packagemanager 打开包管理器,点击 Package Path 按钮打开平台支持包所在路径,复制其中的 UserDefine.xml 文件即可。

5.4.2 编辑配置文件

配置文件使用 xml 格式进行编写,格式要求参照 w3c 对于 xml 文件的标准

（https：//www.w3.org/XML/）。编辑前请选择适合 xml 的文本编辑器（截图口所用编辑器为 Sublime Text3）。

1. 硬件通道配置

硬件通道配置中包含 3 个标签，分别为 adin（模拟量输入）、din（数字量输入）、pswtout（高低边驱动输出）。

标签中，每一行表示一个条目，条目之间用英文逗号","分割，最后一行末尾没有逗号。每个条目中分两部分，前一部分为硬件通道自定义名称，显示在模块用户定义名称一栏，这部分内容可由用户修改；后一部分为对应底层硬件通道号，起标识作用，不建议修改。两部分之间用英文分号";"分隔，如图 5.11 所示。

```
<!--硬件通道配置；硬件通道不可增加/删除条目，只能修改左侧文字描述，右侧通道索引为标识作用，不可修改-->
<!--显示菜单（可自定义）                        通道号索引（不可修改）-->
<!--模拟量输入配置-->
<adin>
BAK1信号，对应接插件X64；          BAK1/X64,
BAK2信号，对应接插件X26；          BAK2/X26,
BAK3信号，对应接插件X27；          BAK3/X27,
BAK4信号，对应接插件X35；          BAK4/X35,
BAK5信号，对应接插件X30；          BAK5/X30,
BAK6信号，对应接插件X31；          BAK6/X31,
DI9信号，对应接插件X15；           DI9/X15,
DI8信号，对应接插件X11；           DI8/X11,
DI10信号，对应接插件X4；           DI10/X4,
制动1，对应接插件X58；             BRAKE1/X58,
加速踏板2，对应接插件X63；         ACCPED2/X63,
DI7信号，对应接插件X5；            DI7/X5,
D11信号，对应接插件X10；           D11/X10,
DI6信号，对应接插件X9；            DI6/X9,
制动2，对应接插件X61；             BRAKE2/X61,
加速踏板1，对应接插件X62；         ACCPED1/X62,
DI5信号，对应接插件X14；           DI5/X14,
DI4信号，对应接插件X13；           DI4/X13,
DI3信号，对应接插件X18；           DI3/X18,
DI2信号，对应接插件X17；           DI2/X17,
蓄电池电压，内部连接；             UBATTERY/INTERNAL
</adin>
```

图 5.11 硬件通道配置

配置文件中空格会正常显示在模块中，制表符和换行符则不会被显示。如需对齐文本，请使用制表符"Tab"。

2. DSM 配置

DSM 配置共包含两个标签：dfc（故障检查项）配置，用于 Get DFC Error/Get DFC Status/Report Fault Status 模块；fid（功能禁用项）配置，用于 Get FID Status 模块。

标签中，每一行表示一个条目，条目之间用英文逗号","分割，最后一行末尾没有逗号。每个条目中分两部分，前一部分为 dfc/fid 名称，显示在诊断模块通道一栏，这部分内容可由用户修改；后一部分为在代码中 dfc/fid 对应的宏定义，同样由用户自定义，命名需符合 C 语言宏定义规范，两端需要有英文单引号"'"。两部分之间用英文分号";"分隔，如图 5.12 所示。

```
<!--DSM配置：DSM配置项可自定义条目数，左侧为显示内容，右侧为代码生成宏定义，宏定义需符合C语言规范-->
<!-- 显示菜单（可自定义）                     宏定义（可自定义） -->
<!-- 故障检查项配置 -->
<dfc>
    Accelerator Pedal APP1SRC too High;      '_DFC_INDEX_ACCPED_APP1SRC_HIGH',
    Accelerator Pedal APP2SRC too High;      '_DFC_INDEX_ACCPED_APP2SRC_HIGH',
    Accelerator Pedal APP1SRC too Low;       '_DFC_INDEX_ACCPED_APP1SRC_LOW',
    Accelerator Pedal APP2SRC too Low;       '_DFC_INDEX_ACCPED_APP2SRC_LOW',
    Accelerator Pedal APPNPL;                '_DFC_INDEX_ACCPED_APPNPL',
    Brake Pedal SRC Too High;                '_DFC_INDEX_BRKPED_SRC_HIGH',
    Brake Pedal SRC Too Low;                 '_DFC_INDEX_BRKPED_SRC_LOW',
    Gear Logic Fault;                        '_DFC_INDEX_GEAR_LOGIC_ERR',
    Brake Switch NPL Fault;                  '_DFC_INDEX_BRKSWT_NPL_ERR',
    Air Pump Overload;                       '_DFC_INDEX_AIRPUMP_OVERLOAD',
    Air Pump NPL;                            '_DFC_INDEX_AIRPUMP_NPL',
    Battary Voltage too Low Fault 1;         '_DFC_INDEX_BATT_LOW1_ERR',
    Battary Voltage too Low Fault 2;         '_DFC_INDEX_BATT_LOW2_ERR',
    Accelerator NPL Fault;                   '_DFC_INDEX_ACCBRK_NPL_ERR',
    Battary Voltage Fault;                   '_DFC_INDEX_BATTVOL_ERR',
    DMCM1toHCU CAN Timeout Fault;            '_DFC_INDEX_DMCM1TOHCU_TIMEOUT',
    DMCM2toHCU CAN Timeout Fault;            '_DFC_INDEX_DMCM2TOHCU_TIMEOUT',
    AVL2toHCU CAN Timeout Fault;             '_DFC_INDEX_AVL2TOHCU_TIMEOUT',
    BMStoHCU1 CAN Timeout Fault;             '_DFC_INDEX_BMSTOHCU1_TIMEOUT',
    BMStoHCU2 CAN Timeout Fault;             '_DFC_INDEX_BMSTOHCU2_TIMEOUT',
    BMStoHCU3 CAN Timeout Fault;             '_DFC_INDEX_BMSTOHCU3_TIMEOUT',
    ISGCM1toHCU CAN Timeout Fault;           '_DFC_INDEX_ISGCM1TOHCU_TIMEOUT',
    IP2toHCU CAN Timeout Fault;              '_DFC_INDEX_IP2TOHCU_TIMEOUT',
    EAC2HCU CAN Timeout Fault;               '_DFC_INDEX_EAC2HCU_TIMEOUT',
    EEC2toHCU CAN Timeout Fault;             '_DFC_INDEX_EEC2HCU_TIMEOUT',
    AVL1toHCU CAN Timeout Fault;             '_DFC_INDEX_AVL1TOHCU_TIMEOUT',
    ETC1 CAN Timeout Fault;                  '_DFC_INDEX_ETC1_TIMEOUT',
    ICto24V CAN Timeout Fault;               '_DFC_INDEX_ICTO24V_TIMEOUT',
    CCVSGauge CAN Timeout Fault;             '_DFC_INDEX_CCVSGAUGE_TIMEOUT',
    Motor Sensor Fault;                      '_DFC_INDEX_MOTOR_SENSOR_ERR'
</dfc>
```

图 5.12　DSM（诊断系统）配置

配置文件中空格会正常显示在模块中，制表符和换行符则不会被显示。如需对齐文本，请使用制表符"Tab"。

5.5　代码生成与集成

5.5.1　代码生成步骤

模型算法搭建完成后，可以进行代码生成。在代码生成前，需要对模型进行仿真，只有当模型仿真无错误时才能进行代码生成。当模型中的错误排除后，首先需要选择代码生成路径。选择好路径之后，点击 Build Model 即会对模型编译并生成代码（或直接按 Ctrl + B）。如生成成功，在选定路径下会生成代码及相关文件，目录下所有 .c 和 .h 文件均为有效文件。下一步需要将生成的代码与 IDE（Hightec Eclipse）中底层代码进行集成，集成分为自动集成和手动集成两种方式。

5.5.2 自动代码集成

ECCoder 包含了一键集成及编译功能，该功能在生成代码的同时完成集成和编译工作。ECCoder 在 Configuration – Code Generation – Platform 页面中 Integration Option 提供了 6 种不同的集成方式，见表 5.2。

表 5.2 自动代码集成方式列表

Generate Code Only	仅生成代码，不执行其他集成或编译操作
Integrate to target IDE project	集成到目标工程，目标工程通过 Search for IDE Project 按钮选定，支持同一工程中包含多个 Simulink 模型。适用于多模型存在于一个工程中，或需要对代码进行手工定制的场景
Integrate to target IDE project and build	同上，增加一键编译功能（仅支持 Hightec V2.1.2 以上版本编译器）
Integrate to default IDE project	集成到默认工程（默认调度周期 10ms），默认工程包含了必需的驱动和服务（如故障诊断等），集成后的工程中仅包含当前模型。IDE 工程保存在代码生成路径下。适用于单模型工程，或由模型新建 IDE 工程的场景
Integrate to default IDE project and build	同上，增加一键编译功能（仅支持 Hightec V2.1.2 以上版本编译器）
Generate code and hex file	集成到默认工程后自动编译，并将生成的 hex 和 elf 文件保存在代码生成路径下。适用于通过硬件快速验证模型效果的场景

选择 Integrate to target IDE project 选项时，点击 Search for IDE Project 按钮弹出菜单，如图 5.13 所示。

点击浏览按钮选择 Hightec 工程所在目录（必须为工程根目录，即 .project 文件所在目录），如图 5.14 所示。选定路径后，ECCoder 会自动扫描路径下包含的自动生成的代码模块及其调用信息。

- ■ Model Name：模块名称，即 Simulink 模型名称（不可修改）。
- ■ Enable：模块使能，模块是否在程序运行中被调用。
- ■ Period：调用周期，共有 1ms/10ms/50ms 三种可选。
- ■ CAN：模型中是否含有 CAN 模块，IDE 包含的所有模型中必须有且只有

第 5 章
整车控制策略自动代码生成

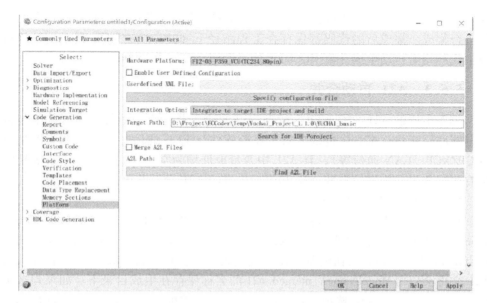

图 5.13　自动代码集成——弹出菜单

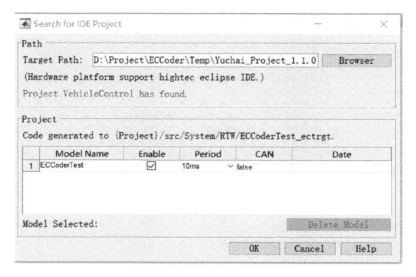

图 5.14　自动代码集成——选定路径

一个模型中包含 CAN 通信模块。如果有超过一个或不存在包含 CAN 模块的模型，编译会发生错误（自动检测，不可修改）。

■ Date：模型代码最后修改日期（自动检测，不可修改）。

如需删除模型，在表格中选择模型后点击删除按钮，确认后即可删除，删除操作不可恢复。配置好集成信息后,编译模型,在生成代码后会自动将代码与工程进行集成。集成后的代码都保存在工程路径下 src/system/RTW 目录下,该目录中代码均为自动生成并由 ECCoder 统一管理,请勿手动修改。

5.5.3　A2L 自动合并

模型生成的 A2L 文件只包含模型内部的变量及转换关系等信息,并不包含控制器底层变量;A2L 中也缺少对于监控软件与 ECU 通信时的协议和配置信息(CCP/XCP、CAN 通信等);且 A2L 中变量地址均为空。在实际应用中,需要将带有底层变量和配置信息的 A2L 和模型生成的 A2L 合并并更新地址。

1. 集成阶段 A2L 自动合并

在配置界面中可以选择自动合并 A2L 选项,如图 5.15 所示。在 Code Generation – Platform 界面,勾选 Merge A2L Files 选项后,输入待合并的 A2L 文件路径或点击 Find A2L File 按钮浏览,在生成代码后即会自动将 A2L 合并。合并后的 A2L 文件会以 {ModelName}_merged.a2l 的名称保存在生成目录下。如果勾选了 Overwrite the target A2L 选项,合并后的文件会覆盖掉目标 A2L 文件(该操作不可逆,请注意备份)。如果在 Integration Option 中选择了 build 选项,且自动编译通过(生成了 hex 和 elf 文件),生成的 a2l 会根据 elf 文件自动更新地址。

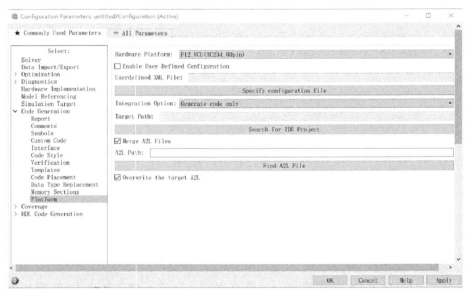

图 5.15　集成阶段 A2L 自动合并

2. A2L 自动合并工具

在命令行中输入 eccoder.a2lmerge 即可打开自动合并工具。

在该工具中分别输入两个 A2L 文件路径，点击 Merge A2L 按钮即可完成合并，如图 5.16 所示。如果同时指定了 ELF 文件地址，合并后会根据 ELF 对地址进行更新。在 First A2L Path 栏中输入 A2L 路径，同时指定 ELF 文件路径，点击 Update Address 按钮后会根据 ELF 对该 A2L 进行地址更新。

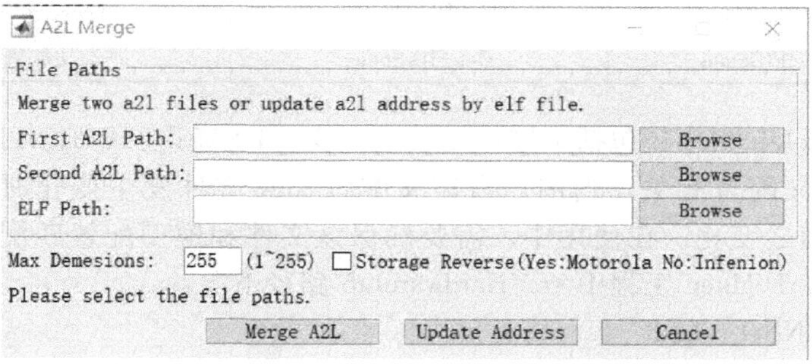

图 5.16　A2L 自动合并工具

Max Demesions 指 A2L 中数组变量最大显示维度，超出该维度的数组元素在 A2L 中无法显示。Storage Reverse 选项指示了在数据转换时会不会将内存反转保存，例如采用摩托罗拉格式则需勾选该项，英飞凌则不需要勾选。

5.5.4　手动代码集成

不推荐使用手动方式进行集成，可能会产生某些运行或兼容性错误，ECCoder 不会对这些问题进行检测和处理。如果模型需要进行特殊调用，可考虑使用手动集成。

5.5.5　生成代码结构

1. 英飞凌 TC234 平台

（1）HardwareLib.h

HardwareLib.h 是底层库接口的声明文件，其中包含了 IO、诊断、CAN 通信等接口函数的声明和相关数据类型及宏定义。文件中包含的函数见表 5.3。

表 5.3　HardwareLib.h 中函数列表

函数名	ECCoder 模块	功能
ATDDrv_GetChanResult	AD In	获取模拟量输入信号
DINDrv_GetChanState	DIn	获取数字量输入信号
PSwtDrv_Interface	PSWT Out	输出高低边驱动信号
MCANDrv_SendMsg	CAN Transmit	发送 CAN 消息

（续）

函数名	ECCoder 模块	功能
DFC_ReportFaultLevel	Report Fault Status	报告故障状态
DFC_GetErrState	Get DFC Error	查询 DFC 是否处于故障中
DFC_GetDebState	Get DFC Status	查询 DFC 状态
DINH_GetFIDState	Get FID Status	查询功能禁用状态

HardwareLib.h 中还包括了接口相关宏定义。IO 通道、DFC、FID 相关定义和用户自定义配置有关。当用户自定义配置 xml 文件发生变化时，HardwareLib.h 也会随之变化。在使用中，需要确保该文件和模型配置匹配。HardwareLib.h 存放在 Hightec 工程中 src/HardwareLib 路径下。

（2）CANNet_Cfg.h

当模型中使用 CAN 相关功能时，即包含 CAN Config 模块时，会在代码中生成 CANNet_Cfg.h、CANNet_Cbk.c、CANNet_PBcfg.c 三个文件，用于保存 CAN 相关配置信息和回调函数。

上述三个文件在工程中只能唯一存在，所以针对同一控制器，涉及 CAN 功能的模块必须保存在同一模型中。

2. 英飞凌 TC275 平台

（1）Rte.h

Rte.h 是底层库接口的声明文件，其中包含了 IO、诊断、CAN 通信等接口函数的声明和相关数据类型及宏定义。文件中包含的函数见表 5.4。

表 5.4 Rte.h 中函数列表

函数名	ECCoder 模块	功能
Rte_Call_IoHwAb_Analog_GetChan	AD In	获取模拟量输入信号
Rte_Call_IoHwAb_Discrete_GetChan	DIn	获取数字量输入信号
Rte_Call_IoHwAb_Pwm_GetDutyCycle	PWN In	获取 PWM 输入周期和占空比
Rte_Call_IoHwAb_Discrete_SetLevel	PSWT Out	输出高低边驱动信号
Rte_Call_IoHwAb_Pwm_SetPeriod Rte_Call_IoHwAb_Pwm_SetDuty	PWM Out	输出 PWM 信号
Rte_Call_CANIf_Send	CAN Transmit	发送 CAN 消息
Rte_Call_DFC_ReportFaultLevel	Report Fault Status	报告故障状态
Rte_Call_DFC_GetErrStatus	Get DFC Error	查询 DFC 是否处于故障中
Rte_Call_DFC_GetDebState	Get DFC Status	查询 DFC 状态
Rte_Call_DINH_GetFIDState	Get FID Status	查询功能禁用状态

Rte. h 中还包括了接口相关宏定义。IO 通道、DFC、FID 相关定义和用户自定义配置有关。当用户自定义配置 xml 文件发生变化时，Rte. h 也会随之变化。在使用中，需要确保该文件和模型配置匹配。Rte. h 存放在 Hightec 工程中 src/Run_Time_Environment 路径下。

（2）Com. c/Com. h

当模型中使用 CAN 相关功能时，即包含 CAN Config 模块时，会在代码中生成 CAN*_Cfg. h、CAN*_PBCfg. c、Com. c、Com. h 文件（其中 * 表示 CAN 通道号），用于保存 CAN 相关配置信息和回调函数。

上述文件在工程中只能唯一存在，所以针对同一控制器，涉及 CAN 功能的模块必须保存在同一模型中。CAN 通信相关文件均存放在 Hightec 工程中 src/Com 路径下。

5.6 本章小结

本章介绍了 ECCoder 工具箱自动生成代码的步骤，包括 ECCoder 工具的安装，模型参数配置，CAN 通信模块、输入输出接口模块、变量模块、系统管理模块和复杂驱动模块的功能介绍以及代码生成与集成的应用。

第 6 章

整车控制策略硬件在环仿真

通过 MIL/SIL/HIL 测试对整车控制策略硬件进行仿真有以下的优点：在统一的开发测试平台上，可以从一开始的需求分析阶段就开始测试并做到持续的验证与测试；大大缩短了开发周期并降低了开发成本；在初期阶段便能发现整车控制策略所暴露的缺陷并可以加以修正，且开发者的主要精力可以放在算法与测试用例的开发与研究，嵌入式代码的生成和验证可由计算机自动完成。

6.1 整车控制策略 MIL 仿真

6.1.1 MIL 主要内容

MIL（Model in the Loop）测试一般是在产品开发的最初阶段及建模阶段过行，需要建立控制模型与被控制模型，并将其连接起来成为闭环，是一种较为节省成本的嵌入式系统测试方式。MIL 测试主要验证的是模型功能的正确性，验证该模型是否满足设计的功能需求。其过程主要是在指定输入和期望结果后，将模型的仿真结果和期望结果进行比对，最后根据判定标准验证模型是否正确。

整车控制器软件 MIL 测试用到的试验设备主要是 MATLAB 的 Simulink 工具，它是一种以 MATLAB 为基础的系统，一种用于动态系统建模、仿真和分析的软件，在线性系统、非线性系统、数字控制和数字信号处理等方面有广泛的应用。只需要通过简单的操作就可构成一个动态系统建模、仿真和综合分析的集成环境。MIL 测试通常有两种情形：一种是系统工程人员利用控制模型对受控模型进行控制，以检验算法的有效性；另一种是由软件工程师对模型进行整合测试。

针对不同的开发项目，MIL 测试大致可分为以下四个阶段：
（1）开发基于项目要求的测试策略及测试方案
制定测试策略与计划时要考虑到测试资源和人力资源的协调，以及测试验收节点等关键信息的确定。

(2) 建立测试环境

建立测试环境是 MIL 测试的先决条件，确定测试项目的输入，然后构建一个系统级别的测试环境，从而对基础的功能进行集合调试。

(3) 设计测试用例

采用已有的测试用例设计方法，可以确保用例能够全面覆盖整个系统的要求，但测试的完整性仍有待于测试用例的不断补充和改进。同时，在设计测试用例时，还要兼顾不同的测试平台的移植性。

(4) 测试结果评价以及测试问题回归

根据系统要求评估所有的测试结果，以保证所有的问题都能得到完整的记录，并完成回归测试。当测试结果确认后，生成测试报告作为项目输出。

6.1.2　MIL 测试设计

1. MIL 测试分类

MIL 测试的适用范围是单元测试与集成测试。MIL 测试除了建立控制器模型外，还需建立被控对象模型，并将控制器和被控对象连接起来进行闭环测试。但是在不少子模块中，例如在输入确定时输出是固定值，则无须和受控对象一起组成闭环系统进行测试；而集成的系统则需要和受控对象一起组成闭环系统进行测试。因此，需要将 MIL 测试分成两部分：带受控对象的 MIL 测试和不带受控对象的 MIL 测试。

(1) 不带受控对象的 MIL 测试

不带受控对象的 MIL 测试，需要在测试时将模型的输入设置成规定的参数，在运行后观察模型的输出值是否和预期值一致，以此判断模型是否有效。测试过程如下：

1) 根据开发需求制定测试计划。

2) 编写测试文本。设计功能模型的测试文本，根据控制策略或软件需求说明书编写测试文本，在设计测试文本时应遵循以下原则：

① 按照控制器的功能模块进行细分，且根据功能需求编写测试文本。

② 将测试文本细化为模块功能的测试文本。

③ 测试文本要以自上而下的方式进行编写。

3) 设计测试用例。在设计模型的测试用例时应该先确定输入和输出及其取值范围。先按照边界值、左右值和中间值确定输入值；根据确定的输入值，给出期望输出；接着确定测试环境描述和测试步骤，执行结果；最后判定指标和结果。

4）建立测试环境。搭建模型的输入、输出环境，并设定相关参数。

5）执行测试。将输入值输入至模型中并记录模型运行后的输出值。

6）测试结果判定。结合判定标准，将运行后的输出值与期望输出值比对，满足判定标准则视为通过，不满足则视为不通过。最后根据测试的结果，形成测试报告。

7）输入输出保存。将 MIL 测试中的全部输入值和输出值保存，用于后续 SIL、HIL 测试的验证。

（2）带受控对象的 MIL 测试

带受控对象的 MIL 测试，一般都是子功能模型集成后的模型，能实现具体的需求功能。测试系统模型在整车环境下的输出特性时，需要建立整车的模型，因整车模型的特殊性，所以一般从 OEM 或者整车模型软件（CarSim、CarMaker 等）中获取。带受控对象的 MIL 测试流程和不带受控对象的 MIL 测试流程基本一致。

2. 单元模块设计

单元模块测试是在软件开发过程中要进行的最基础的测试，是在单元模块与程序中的其他部分隔离后再进行的测试。单元模块测试的主要目标是：

1）检验软件单元的具体要求是否满足。

2）对软件和硬件的接口进行检验。

3）检验是否正确实现功能。

4）检验是否有异常功能。

5）检验软件实现的鲁棒性，比如错误处理效率等。

6）对所要求的功能的完整性进行检验。

3. 集成模块设计

软件的集成与测试主要是对实现的各软件模块进行集成，并验证其嵌入式软件是否符合软件架构设计。其要求如下：

1）对于基于模型的开发，可以将各个模块整合起来，并通过自动产生代码来实现整个系统的集成。

2）软件集成测试以软件部件为试验目标。在基于模型的开发中，可以使用与软件部件有关的模型来进行测试。

3）软件集成测试中，应实现以下几个主要目的：

① 检验集成的软件是否与所述软件结构设计相符合。

② 检验集成的软件是否满足软硬件接口规格。

③ 对功能的有效性进行确认。

④ 检查其鲁棒性，比如错误检测、错误处理机制的有效性。

⑤ 检验是否有足够的资源来支持。

4）测试用例需要按照软件集成测试的设计方法进行分析设计。

5）对于软件架构级别的需求测试覆盖度，可以用来衡量测试的完整性，以及用于证明没有设计之外的功能实现。如果有需要，可以增加新的测试案例。

6）在保证不存在额外的功能的情况下，对测试用例的完整性进行评价，必须基于软件整合结构的范围来做出判定。如果覆盖率不够，就必须增加更多的测试用例，或给出一个很好的解释。此外，通过对结构覆盖率的分析，可以发现测试用例中的缺陷、无用、无效代码及冗余的功能。在此基础上，结构覆盖率可以用工具进行计算，如果是基于模型的开发，可以通过模型级别的结构覆盖率来统一计算。

4. 测试步骤

当模型搭建好并成功运行后，为了保证模型的可靠性需要先进行单元模块测试，需要在 Simulink 中将所有可能的输入变量进行排列组合后输入模型并验证其输出值是否与预期相一致。整车控制模型主要包括：电池模型、电机模型、动力总成模型等。

6.1.3 单元模块测试

1. 驾驶员意图识别模块

本书的车辆档位管理策略包含 N 位（空档）、D 位（前进档）、R 位（倒车档）三个档位，驾驶员档位识别模块根据车辆当前的行驶状态、制动踏板状态以及驾驶员的换档操作对档位的切换进行判断，判断该操作是否合理与安全后再下达换档命令，以避免驾驶员行驶过程中的错误操作而导致危险的发生。驾驶员档位识别模块左边输入端分别为 N 位信号、R 位信号、D 位信号、车速、制动踏板信号、电机转速信号、电池充电开关信号、点火开关信号；模块右边的输出端为档位信号。

将档位辨识控制模块输入端信号分别设置成制动踏板信号为 1，车速为 0，电机转速等于 0，点火开关处于打开状态，电池充电开关处于关闭状态，车辆在 0 - 10s 时处于 N 位，10s 时切换至 D 位，20s 时切换回 N 位，30s 时切换至 R 位，40s 时切换至 N 位，该模块的输出为档位信号，如图 6.1 所示。

在该工况下，驾驶员始终踩着制动踏板，车辆处于静止状态，电机转矩为 0，点火开关处于 ON 位，即车辆始终满足换档时所需的条件。在 10s 时，当驾驶员按下 D 位开关时，车辆档位信号从 0（N 位）换成 1（D 位）。出于安全性的考虑，本书设计的档位识别策略并不能将 D 位直接切换至 R 位，反之亦然，而是将 N 位作为 D 位和 R 位之间的中间档，因此在 D 位切换至 R 位时，必须先

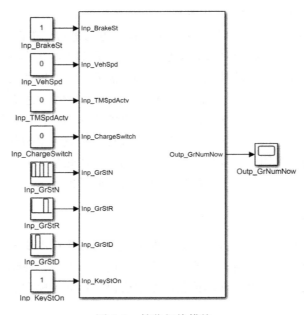

图 6.1　档位切换模块

切换至 N 位。在 20s 时，当驾驶员按下 N 位开关时，车辆档位信号从 1（D 位）换成 0（N 位）；在 30s 时，当驾驶员按下 R 位开关时，车辆档位信号从 0（N 位）换成 2（R 位）；在 40s 时，当驾驶员按下 N 位开关时，车辆档位信号从 2（R 位）换成 0（N 位），如图 6.2 所示。

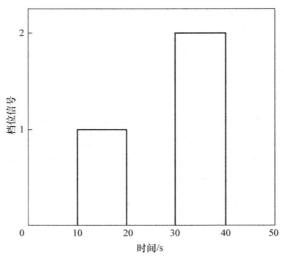

图 6.2　档位切换测试

踏板解析模块是整车控制器对驾驶员驾驶时对制动踏板和加速踏板的操作进行解析和处理后输出控制指令的控制模块。该模块主要是将加速踏板和制动踏板传感器电压信号转化为相应的踏板开度值,并将其和标定值进行比较以判断车辆是否处于加速状态或是制动状态,准确反映了驾驶员意图。踏板解析模块左边输入分别为制动踏板传感器电压信号与加速踏板传感器电压信号;右边输出分别为制动踏板开度、加速踏板开度、制动踏板状态信号和加速踏板状态信号。将踏板解析模块输入端信号分别设置成制动踏板传感器电压信号与加速踏板传感器电压信号随着时间而增加,如图 6.3 所示。

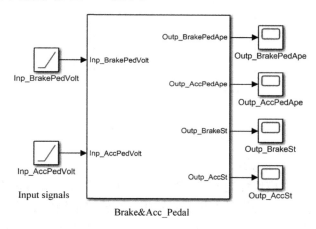

图 6.3　踏板解析模块

当制动踏板传感器电压信号与加速踏板传感器电压信号随时间持续增加时,制动踏板开度和加速踏板开度也随着踏板两端的电压增加而增加,如图 6.4 所示。

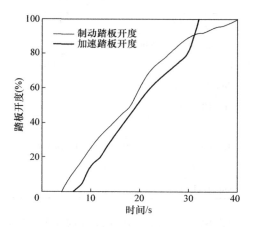

图 6.4　踏板开度信号测试

当加速踏板开度和制动踏板开度达到规定值之后，加速踏板状态信号和制动踏板状态信号会随即由 0 变为 1，如图 6.5 所示。由图可知，制动踏板状态信号比加速踏板状态信号更早改变，更加有利于行驶的安全性。

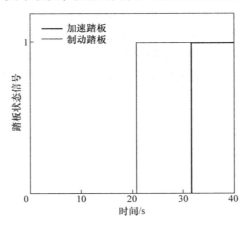

图 6.5　踏板状态信号测试

2. 整车高压上下电模块

整车高压上下电模块控制着车辆进入、离开工作模式和保障车辆的安全性。该模块左边的输入信号分别是电机实际转矩、车辆当前档位信号、电机实际工作模式、电池两端实际电压、电机两端实际电压、电池两端实际电流、点火开关信号、车速、充电状态信号、故障等级信号和燃料电池控制器状态信号；右边输出信号分别为整车高压状态、整车进入 Ready 状态、整车下电信号和整车进入休眠状态信号。整车高压状态切换见表 6.1。

表 6.1　整车高压状态切换

切换条件	整车高压状态
Outp_SelfChekT＞＝C_SelfChekT&&Inp_KeyStOn＝＝0	1
Inp_KeyOn&&Inp_PTErrLevl＜＝3&&Outp_HVOnT＞＝C_HVOnTMax	2
Inp_TMHVPre＝＝1	3
Inp_PTWrkPre＝＝1	4
Inp_PTErrLevl＝＝4	5
Inp_KeyOn＝＝0&&（Inp_HVOffSt＝＝1Outp_HVDnT＞＝C_HVDnTMax）	6
Inp_KeyOn＝＝0&&Inp_HVOffSt＝＝1	7
Outp_HVDnT＞＝1000	8

将整车高压上下电模块输入端信号分别设置成电机实际转矩为 0，车辆当前

第 6 章
整车控制策略硬件在环仿真

档位信号为 0、电机实际工作模式为 1、电池两端实际电压为 510V、电机两端实际电压为 510V、电池两端实际电流为 15A，点火开关在 10s 时由关闭状态变为打开状态，车速为 0，不处于充电状态，故障等级信号为 0、燃料电池控制器状态处于 1，如图 6.6 所示。

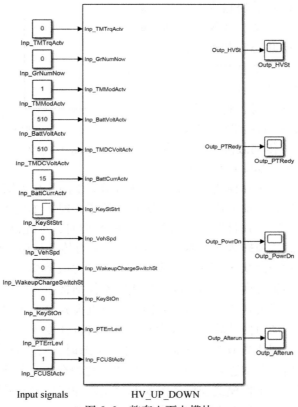

图 6.6 整车上下电模块

在该工况下，当点火开关处于打开状态时，整车控制器先进行低压自检，在整车控制器判断电机预充完成后且电机能正常工作时，整车进入 Ready 状态，如图 6.7 所示。

3. 整车驱动控制模块

整车控制器通过采集点火开关、档位信号、车辆当前故障等级、车速信号等信息，根据其控制逻辑得到不同的模式指令，按照驾驶员驾驶意图运行。在燃料电池汽车整车控制策略设计过程中，需要根据不同的驾驶需求制定不同的驾驶工作模式，从而满足不同的工况需求。本书针对燃料电池汽车设计了四种工作模式：停车模式、待机模式、故障模式和行车模式，其中行车模式又分为制动模式、蠕行模式、驱动模式和滑行模式。车辆工作模式模块左边输入分别为点火开

191

关 ON 位信号、动力系统 Ready 信号、动力系统故障等级、制动踏板开度、车速、下电标志位信号、档位、车辆滑行状态；右边输出为车辆工作模式。

将整车工作模式模块输入端信号分别设置成点火开关处于 ON 位，动力系统处于 Ready 状态，制动踏板开度为 0，加速踏板开度为 50%，车速为 0，下电标志位关闭，档位为 D 位，车辆不处于滑行状态时，将动力传动故障等级分别设置为在 10s 后由 0 跳动到 4 状态和动力传动故障等级始终为 0 进行比较分析，如图 6.8 所示。

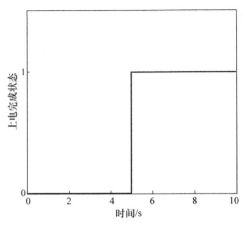

图 6.7　整车上电测试

在该工况下车辆工作模式变化如图 6.9 所示。由图 6.9 可知，当车辆动力系统处于 Ready 状态，且动力传动故障等级小于等于 3 时，车辆工作模式快速从 1（停机模式）转入 2（待机模式），若档位为非 N 位时，加速踏板开度大于 10% 时，车辆工作模式快速转入 5（驱动模式），当动力传动故障等级由 0 跳动到 4 时，车辆工作模式随之从 5（驱动模式）切换至 3（故障模式）；若车辆的制动踏板开度和加速踏板开度一直满足驱动模式的条件则将一直保持驱动模式。

将整车工作模式模块输入端信号分别设置成点火开关处于 ON 位，动力系统处于 Ready 状态，动力传动故障等级为 0，制动踏板开度为 0，车速为 60km/h，下电标志位关闭，档位为 D 位，车辆处于滑行状态时，将加速踏板开度分别设置成随时间逐渐增大和加速踏板开度为 10% 进行比较分析，如图 6.10 所示。

在该工况下车辆工作模式变化如图 6.11 所示。由图 6.11 可知，当车辆动力系统处于 Ready 状态，且动力传动故障等级小于等于 3 时，车辆工作模式快速从 1（停机模式）转入 2（待机模式）后因车辆处于滑行状态所以再快速转入 6（滑行模式）。在 10s 时，加速踏板开度大于等于 10% 后，车辆工作模式快速从 6（滑行模式）转入 5（驱动模式）。当动力传动故障等级小于等于 3 时，加速踏板开度大于等于 10%，车辆工作模式快速从 1（停机模式）转入 2（待机模式）后快速转入 5（驱动模式）。

整车控制器通过采集驾驶员发出的加速踏板信号和制动踏板信号、档位信号、车辆工作模式、车速等信号，经过相应的信号处理，并根据整车状态以及在满足整车安全的条件下合理计算出当前所需的转矩值，并将转矩指令通过 CAN 总线传送给电机控制器（MCU）。整车需求转矩初步计算模块左边输入分别为车

第 6 章
整车控制策略硬件在环仿真

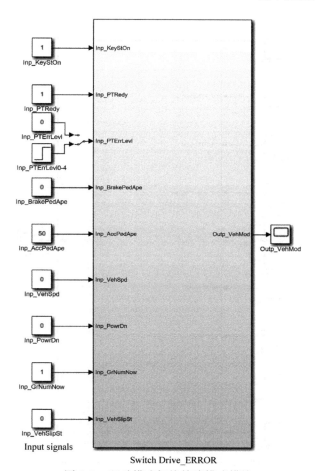

图 6.8 驱动模式切换故障模式模块

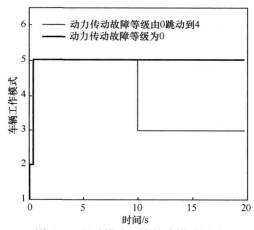

图 6.9 驱动模式切换故障模式测试

燃料电池汽车整车控制系统开发实践

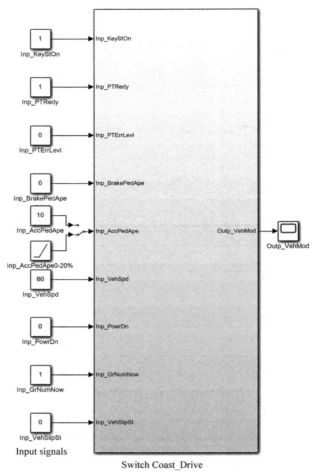

图 6.10 滑行模式切换驱动模式模块

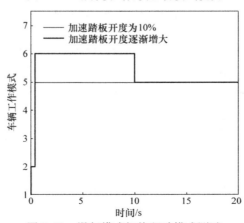

图 6.11 滑行模式切换驱动模式测试

辆工作模式、制动踏板开度、加速踏板开度、车速、档位、ABS 工作标志位信号、冰雪模式工作标志位信号；右边输出为电机需求转矩。其中停机、待机、蠕行模式下电机需求转矩见表 6.2。

表 6.2 停机、待机、蠕行模式下电机需求转矩

整车工作模式	电机需求转矩/N·m
停机模式	0
待机模式	0
蠕行模式	50

将整车需求转矩初步计算模块输入端信号分别设置成制动踏板开度为 0，档位为 D 位，ABS 为关闭状态，冰雪模式为关闭状态，动力传动故障等级为 0，车辆工作模式为 5（驱动模式），加速踏板开度由 0 逐渐增加，车速分别为 50km/h 和 60km/h，如图 6.12 所示。

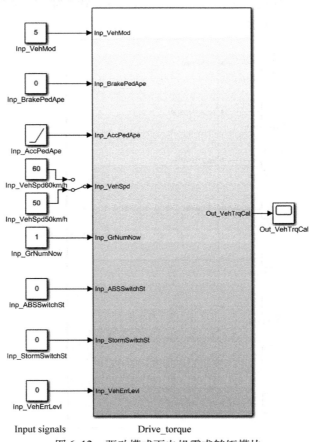

图 6.12 驱动模式下电机需求转矩模块

燃料电池汽车整车控制系统开发实践

在该工况下电机需求转矩变化如图 6.13 所示。由图 6.13 可知,当车辆处于驱动模式且车速一定时,电机需求转矩随着踏板开度的增加而增加,直至达到限制的最大值;当其他条件一定时,车辆行驶速度越低,其电机所需转矩越大。

将整车需求转矩初步计算模块输入端信号分别设置成车辆工作模式由 1 到 7 变化且每种模式停留 25s(1 = 停机模式;2 = 待机模式;3 = 故障模式;4 = 蠕行模式;5 = 驱动模式;

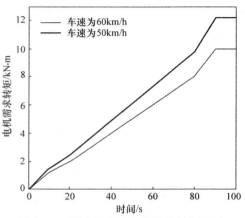

图 6.13 驱动模式下电机需求转矩测试

6 = 滑行模式;7 = 制动模式),制动踏板开度为 20%,加速踏板开度为 20%,车速为 30km/h,档位为 D 位,动力传动故障等级为 0,ABS 为关闭状态,冰雪模式为关闭状态,如图 6.14 所示。

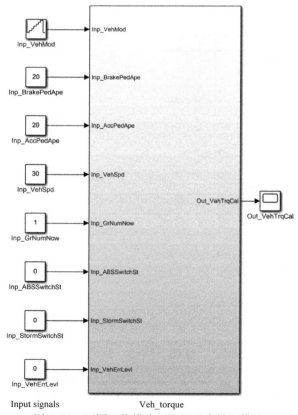

图 6.14 不同工作模式下电机需求转矩模块

在该工况下车辆需求转矩变化如图 6.15 所示。由图 6.15 可知，当车辆工作模式为停机模式和待机模式时，电机需求转矩均为 0；当车辆处于故障模式时，整车控制器将会限制电机转矩输出，使得电机转矩处于一个较低的值；当车辆处于蠕行模式时，需要保证车辆动力传动系统故障等级小于等于 1，整车控制器将会根据车速计算出电机需求转矩，以保证车辆以低速循环驾驶，因此当前电机需求转矩较低，以此实现驾驶员不需要踩下加速或制动踏板，就能以低速在特别颠簸的越野路面上行驶，且在打滑路面上驾驶时，系统会将牵引力损失或车辆打滑降至最低，从而实现平稳驾驶；当车辆处于驱动模式时，整车控制器将会根据加速踏板开度及其变化率、车速以及当前车辆档位计算出当前电机需求转矩，此时电机需求转矩最大；当车辆处于制动模式时，首先判断车辆有没有开启冰雪模式或 ABS，在都没开启的情况下，根据当前车速和制动踏板开度计算出电机需求转矩。

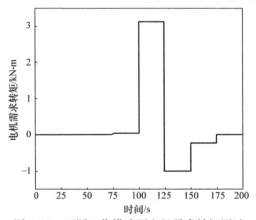

图 6.15　不同工作模式下电机需求转矩测试

将整车需求转矩初步计算模块输入端信号分别设置成车辆工作模式为 7（制动模式），制动踏板开度由 0 到 100% 变化，动力传动故障等级为 0，加速踏板开度为 0，ABS 为关闭状态，冰雪模式为关闭状态。档位为 D 位时，将车速分别设置为 60km/h 和 40km/h 进行比较分析，如图 6.16 所示。

在该工况下电机需求转矩如图 6.17 所示。由图 6.17 可知，当车辆处于制动模式时，随着制动踏板开度越来越大，电机需求转矩也随之增大；当车速越高时，电机需求转矩也越大，且增长速率越快。

将整车需求转矩初步计算模块输入端信号分别设置成车辆工作模式为 7（制动模式），制动踏板开度由 0 到 100% 变化，加速踏板开度为 0，ABS 为关闭状态，冰雪模式为关闭状态，档位为 D 位，车速为 40km/h 时，将动力传动故障等级分别设置 0 和在 50s 从 0 跳为 3，如图 6.18 所示。

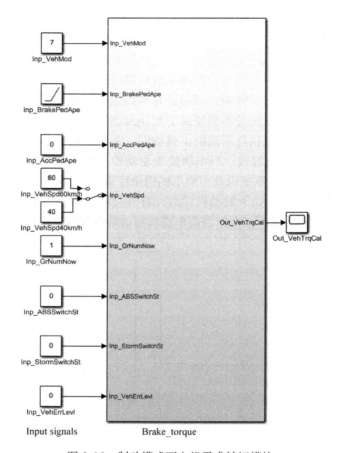

图 6.16 制动模式下电机需求转矩模块

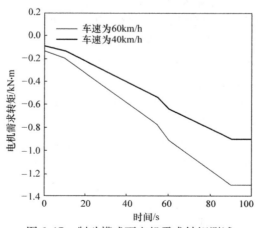

图 6.17 制动模式下电机需求转矩测试

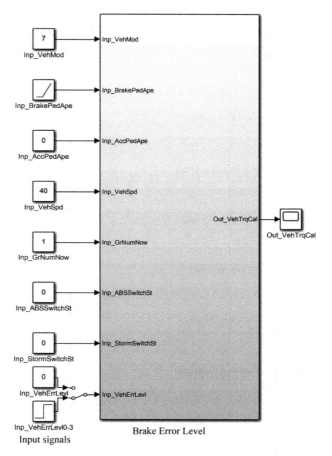

图6.18 制动模式下电机需求转矩故障模块

在该工况下电机需求转矩如图6.19所示。由图6.19可知,在动力传动故障等级为0时,随着制动踏板开度越来越大,电机需求转矩也随之增大,但当动力传动故障等级跳为3时,由于三级故障为严重故障,整车控制器会立即对整车系统进行下电处理,禁止电机工作,所以电机需求转矩迅速变为0。

将整车需求转矩初步计算模块输入端信号分别设置成制动踏板开度为

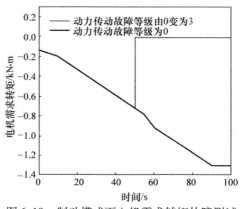

图6.19 制动模式下电机需求转矩故障测试

0，车速为60km/h，档位为D位，ABS为关闭状态，冰雪模式为关闭状态，车辆工作模式为5（驱动模式），加速踏板开度由0到100%变化时，将动力传动故障等级分别设置为0和在50s时动力传动故障等级由0变为3时，如图6.20所示。

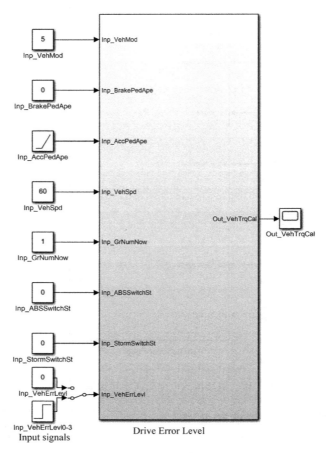

图6.20 驱动模式下电机需求转矩故障模块

在该工况下电机需求转矩变化如图6.21所示。由图6.21可知，当车辆处于驱动模式时，随着加速踏板开度越来越大，电机需求转矩也随之增大，但当动力传动故障等级由0变成3，电机会迅速停止工作，电机需求转矩也随之变为0。

将整车需求转矩初步计算模块输入端信号分别设置成制动踏板开度为0，档位为D位，ABS为关闭状态，冰雪模式为关闭状态，车辆工作模式为6（滑行模式），加速踏板开度为0，动力传动故障等级为0，当车速随时间而增加时，如图6.22所示。

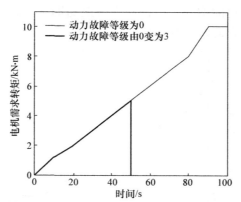

图 6.21 驱动模式下电机需求转矩故障测试

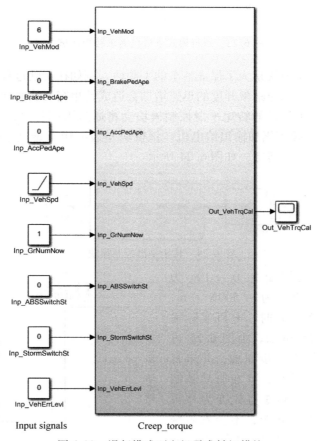

图 6.22 滑行模式下电机需求转矩模块

在该工况下电机需求转矩变化如图 6.23 所示。由图 6.23 可知,当车辆处于滑行模式时，随着车速的增加，电机需求转矩随即增大，且当车速达到一定值时，电机需求转矩达到最大并不再增加。

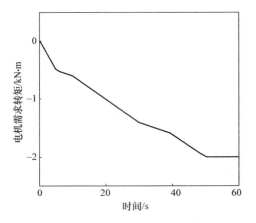

图 6.23　滑行模式下电机需求转矩测试

转矩平滑控制模块是为了保证整车的平顺性，例如在行驶过程中，当驾驶员猛踩加速踏板时，加速踏板开度的迅速增加会造成转矩突变从而导致整车的冲击力过大。因此本书设计的转矩平滑控制模块会将通过限制计算的需求转矩除以 250 后以 10ms 的频率累加输出给电机。该模块左边的输入是整车转矩限值，右边的输出是整车需求转矩，如图 6.24 所示。

图 6.24　转矩平滑控制模块

当电机需求转矩在 0~10s 为 500N·m，10~20s 为 -500N·m，20~30s 为 250N·m 时，电机实际输出转矩如图 6.25 所示。由图 6.25 可知，电机输出转矩逐步增加，并未直接输出电机需求转矩，且在驱动和制动切换之时，输出转矩是先变为 0 再逐步增至电机需求转矩，不会发生踩下加速踏板时，电机输出负转矩的情况。

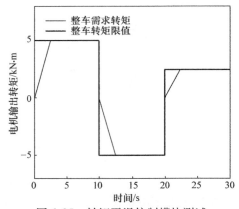

图 6.25　转矩平滑控制模块测试

4. 整车能量管理模块

驱动电机综合控制模块是整车控制策略中重要的动力输出环节,控制着电机输出转矩和电机运行方向。该模块左边的输入分别是档位信号、车速、急停开关信号和整车需求转矩信号;右边的输出分别是电机运行方向和电机输出转矩。将驱动电机综合控制模块输入端信号分别设置成档位由 N 位变到 D 位再到 R 位,车速为 5km/h,急停开关为关闭状态,整车需求转矩为 500N·m,如图 6.26 所示。

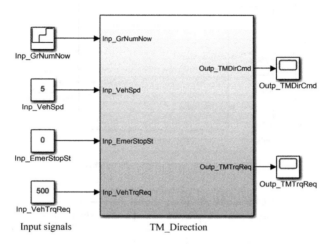

图 6.26 电机运行方向测试模块

当车辆需求转矩为 500N·m,档位由 N 位变到 D 位再到 R 位时,电机运转方向指令由 0(停转)变到 1(正转)再到 2(反转)指令变化,如图 6.27 所示。由图 6.27 可知,电机运转方向与档位相对应,当车辆处于 N 位时,电机停转;当车辆处于 D 位时,电机正转;当车辆处于 R 位时,电机反转。

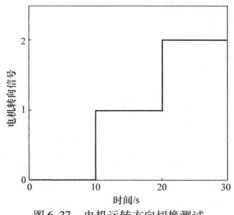

图 6.27 电机运转方向切换测试

将驱动电机综合控制模块输入端信号分别设置成档位为 D 位，车速为 5km/h，整车需求转矩随着时间增大，将急停开关信号分别设置成 0 和在 50s 时打开进行比较分析，如图 6.28 所示。

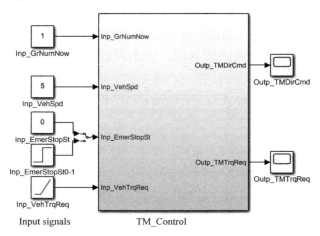

图 6.28 驱动电机综合控制模块

在该工况下，电机输出转矩如图 6.29 所示。由图 6.29 可知，在车辆处于 D 位时，电机输出转矩和整车需求转矩成正比。急停开关适用于紧急情况，当急停开关打开时，电机输出转矩随即变为 0。

5. 整车故障诊断模块

整车故障诊断模块保证了整车的安全性，VCU 根据自身和其他控制器的故障信息以及各传感器的输入信号，将其中故障等级最高的故障作为整车故障。在本书设计的整车控制策略中，将整车故障等级分为了 3 级，分别是

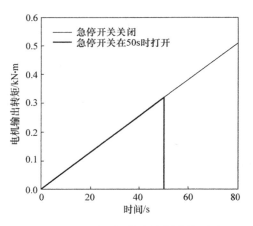

图 6.29 驱动电机综合控制模块测试

一级故障（轻微故障），二级故障（可恢复故障），三级故障（严重故障）。整车故障诊断模块左边输入分别为气泵故障等级、油泵故障等级、6kW 直流变换器故障等级、直流变换器故障等级、电机故障等级、燃料电池控制器故障等级；右边输出为整车故障等级。将左边输入端分别设置成气泵故障等级为 0，油泵故障等级为 0，6kW 直流变换器故障等级为 0，直流变换器故障等级在 5s 时由 0 变为 3，电机故障等级为 0，燃料电池控制器故障等级为 0，如图 6.30 所示。

第 6 章
整车控制策略硬件在环仿真

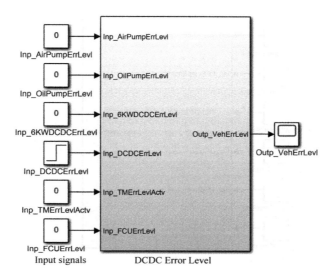

图 6.30　直流变换器故障模块

在该工况下，在 0~5s 时，整车故障等级为 0；在 5s 时，当直流变换器故障等级由 0 变为 3 时，整车故障等级也随即由 0 变为 3，如图 6.31 所示。在整车故障等级变为 3 时，整车控制器会立即对整车系统进行下电处理，停止电机运行。

将左边输入端分别设置成气泵故障等级为 0，油泵故障等级为 0，6kW 直流变换器故障等级为 0，直流变换器故障等级为 0，电机故障等级在 5s 时由 0 变为二级，燃料电池控制器故障等级为 0，如图 6.32 所示。

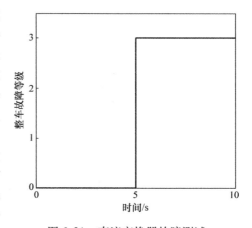

图 6.31　直流变换器故障测试

在该工况下，在 0~5s 时，整车故障等级为 0；在 5s 时，当电机故障等级由 0 变为 2 时，整车故障等级也随即由 0 变为 2，如图 6.33 所示。在整车故障等级变为 2 时，此时车辆出现的是可恢复故障，整车控制器会限制电机的最大输出功率，使得驾驶员能低速行驶至维修点检修车辆。

将左边输入端分别设置成油泵故障等级为 1，6kW 直流变换器故障等级为 1，直流变换器故障等级为 1，电机故障等级为 1，燃料电池控制器故障等级为 1，气泵故障等级在 5s 时由 0 变为 2，如图 6.34 所示。

205

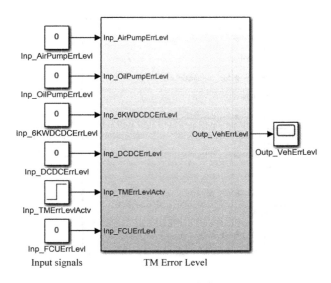

图 6.32 电机故障模块

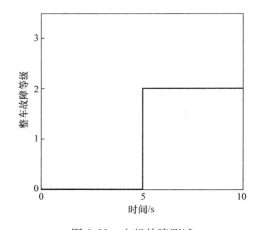

图 6.33 电机故障测试

在该工况下，在 0~5s 时，由于各部件故障等级最大为 1，所以整车故障等级为 1；在 5s 时，当气泵故障等级由 0 变为 2 时，整车故障等级也随即由 1 变为 2，如图 6.35 所示。此时，整车控制器会限制电机的最大输出功率，使得驾驶员能低速行驶至维修点检修车辆。

6. 整车附件控制模块

冷却风扇控制模块是根据驱动电机的温度来控制冷却风扇的转速，冷却风扇的运行模式分为三种，第一种是关闭状态，第二种是低速状态，第三种是高速状态。该模块左边输入为电机温度，右边输出为冷却风扇开度。将冷却风扇控制模块左边输入设置为温度随时间而增加，如图 6.36 所示。

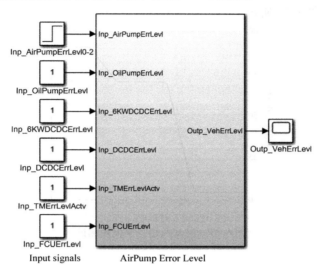

图 6.34　气泵故障模块

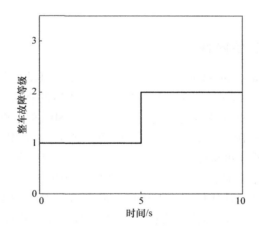

图 6.35　气泵故障测试

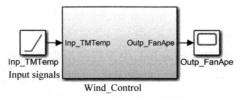

图 6.36　冷却风扇控制模块

在该工况下，当温度较低时，冷却风扇先处于关闭状态；在电机温度达到30℃以上时，冷却风扇开始低速运行；在电机温度高于60℃时，冷却温度开始高速运行，如图6.37所示。

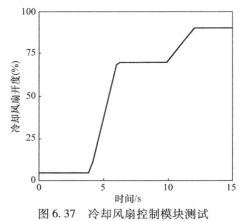

图6.37 冷却风扇控制模块测试

6.2 整车控制策略 SIL 仿真

6.2.1 SIL 主要内容

SIL（Software in-the-Loop）测试，即软件在环测试，其中的 Software 指的是控制模型通过自动代码生成技术生成 C 代码编译后的软件。SIL 测试的目的是检验控制模型和 C 代码的所有功能是否完全一致。SIL 测试的基本原则是使用与 MIL 完全相同的测试用例输入，然后将 MIL 测试的输出与 SIL 测试的输出进行比较，若是两者的偏差在可接受的范围内则测试通过。SIL 测试是在计算机上进行的，通过运行系统环境中的车辆模型和虚拟 ECU 中的 I/O 模型来模拟控制器所需的各种传感器信号，且能接收台架传感器的信号和虚拟 ECU 发出的控制信号，从而与被测虚拟 ECU 的代码信号信息（包括基础软件和硬件参数等）和系统环境模型相连接，最终实现闭环仿真对控制系统进行测试验证。

在 SIL 测试中，用相应自动生成的可执行目标代码替换了 MIL 测试中的模型。自动代码生成器，通常建立在标准化的建模准则下，并且可以帮助系统工程师使用建模语言的功能。

SIL 测试的被测试对象是 Simulink 中控制模型自动生成的 C 代码。但在这个过程中，由于自动生成代码工具自身的因素，例如设置错误等，将会导致自动生成代码出现一些错误，因此我们需要试验自动生成的 C 代码是否满足要求，即该 C 代码要与 MIL 测试中的控制模型功能一致，这即是 SIL 测试。

在 MATLAB/Simulink 中 SIL 测试模型分为两个，其中一个是测试环境模型，提供输入信号源，设置为 Normal 模式；另一个是被测模型，存储为独立的 slx。在测试环境模型中使用两个 Model Refference 引用被测模型，并设置其中一个为 Normal 模式，另一个为 SIL 模式，然后进行仿真。

6.2.2 SIL 测试设计

因 SIL 测试发生在代码生成之后，且代码生成的前提是模型经过充分验证，所以在 SIL 测试阶段，模型的单元测试早已完成，可以复用模型在单元测试时使用的测试用例。SIL 测试时的测试数据越多越好，因为验证的是在相同的测试输入条件下，代码和模型运行出的结果相同，所以在这个环节中没有必要关心功能，而是需要有覆盖各种状况的大量数据。

系统的软件系统通常采用商业现货，以此提高系统的可靠性，并根据需要实现的功能的要求，进行一些定制化部件设计。

整车控制器控制模型主要功能模块进行独立代码生成（*.c），通过 s-function 模块，封装进入 Simulink，与原来模型相同输出量做差值，根据测试用例测试规范，设定相关测试用例，进行模块的测试试验。

软件安全需求验证的结果需要考虑下面这些因素来评估：

1）与模型结果一致。

2）确保了软件安全需求代码的完整性。

3）是否成功生成代码。

本阶段的目标是验证嵌入式软件符合软件安全需求，其所规定的要求和建议如下：

1）验证软件的安全需求，需要制定计划，定义再执行。

2）列出所需要的测试环境，以检验嵌入式软件是否能够满足软件的安全性要求。

3）可以复用现有的测试用例，如用于软件集成测试阶段。

4）必须在目标硬件平台上进行用于软件安全性要求的实施的测试。

本测试用到的试验设备主要是 MATLAB 的 Simulink。SIL 测试步骤如下：

1）把模型封装成子系统。

2）菜单栏 Simulation——Model Configuration Preference，打开模型配置参数窗口。

3）配置 Solver 选项。

4）配置 Hardware Implementation 选项为自己计算机的 CPU 类型。

5）配置 Code Generation，system target file 选择 ert.tlc，toolchain 选择对应的

C 编译器。

6）展开 Code Generation，配置 Verification，取消选择 Enable portable word sizes。

7）选择 = All Parameters 菜单，配置 Test device vendor and type 为 Custom Processor，选择 MATLAB Host Computer 处理器。

8）配置 Create block（Code Generation—Advanced parameters 下面）为 SIL。

9）右击模型子系统，选择 C/C++ Code—Build This Subsystem。

10）点击 Build 编译子系统。

11）MATLAB 生成一个新模型，模型里只有 SIL 子系统。

12）将 SIL 子系统复制到原模型里，进行仿真对比。

6.2.3 单元模块设计

1. 驾驶员意图识别模块

将档位辨识控制模块输入端信号分别设置成制动踏板信号为 1，车速为 0，电机转速等于 0，点火开关处于打开状态，电池充电开关处于关闭状态，在 10s 后由 N 位挂入 D 位，即 N 位信号在 10s 时由 1 变为 0，D 位信号在 10s 时由 0 变为 1，该模块的输出为档位信号，如图 6.38 所示。

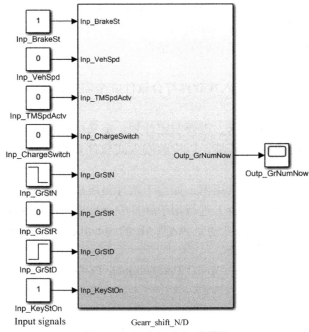

图 6.38 N 位切换 D 位模块

在该工况下，0~10s 时，驾驶员踩下制动踏板，车辆处于静止状态，点火开关打到 ON 位，车辆档位处于 0（N 位）。在 10s 时，驾驶员按下 D 位开关，该模块输入的 D 位信号变为 1，N 位信号变为 0，此时的车辆状态满足换档的条件，即车速小于规定值、电机转速小于规定值、点火开关处于 ON 位状态或汽车处于充电状态，车辆档位信号从 0（N 位）换成 1（D 位），如图 6.39 所示。

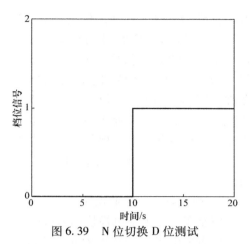

图 6.39　N 位切换 D 位测试

将档位辨识控制模块输入端信号分别设置成制动踏板信号为 1，车速为 0，电机转速等于 0，点火开关处于打开状态，电池充电开关处于关闭状态，在 10s 后由 R 位挂入 N 位，即 N 位信号在 10s 时由 1 变为 0，R 位信号在 10s 时由 0 变为 1，该模块的输出为档位信号，如图 6.40 所示。

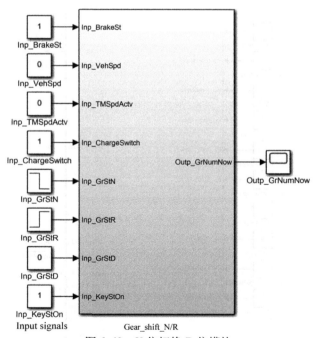

图 6.40　N 位切换 R 位模块

在该工控下，0~10s 时，驾驶员踩着制动踏板，车辆处于静止状态，点火

211

开关打到 ON 位,车辆档位处于 0(N 位)。在 10s 时,驾驶员切换至 R 位,该模块输入的 R 位信号变为 1,N 位信号变为 0,此时的车辆状态满足换档的条件,即车速小于规定值、电机转速小于规定值、点火开关处于 ON 位状态或汽车处于充电状态,车辆档位信号从 0(N 位)换成 2(R 位),如图 6.41 所示。

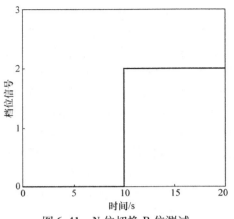

图 6.41　N 位切换 R 位测试

2. 整车高压上下电模块

将整车高压上下电模块输入端信号分别设置成电机实际转矩为 0,车辆当前档位信号为 0,电机实际工作模式为 1,电池两端实际电压为 510V,电机两端实际电压为 510V,电池两端实际电流为 15A,点火开关在 10s 时由打开状态变为关闭状态,车速为 0,不处于充电状态,故障等级信号为 0、燃料电池控制器状态处于 1,如图 6.42 所示。

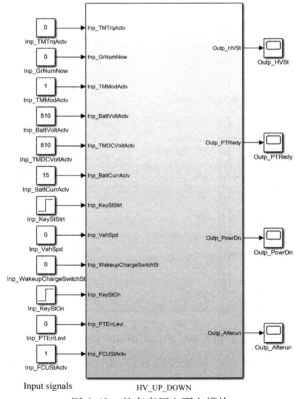

图 6.42　整车高压上下电模块

在该工况下，车辆先处于 Ready 状态，在点火开关由打开状态变为关闭状态时，车辆将进入 AfterRun 状态（休眠状态）且此时整车高压下电完成，如图 6.43 所示。

3. 整车驱动控制模块

将整车工作模式模块输入端信号分别设置成点火开关处于 ON 位，动力系统处于 Ready 状态，动力传动故障等级为 0，制动踏板开度为 0，加速踏板开度为 0，车速为 0，下电标志位关闭，档位为由 N 位经过 20s 变到 D 位，车辆不处于滑行状态，如图 6.44 所示。

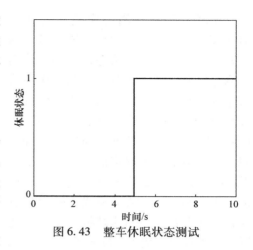

图 6.43 整车休眠状态测试

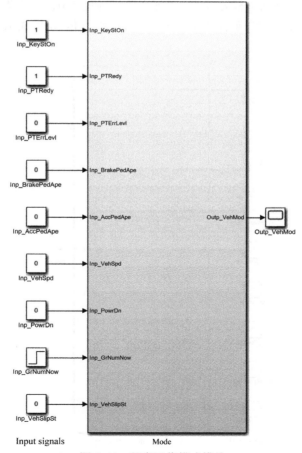

图 6.44 整车工作模式模块

燃料电池汽车整车控制系统开发实践

在该工况下车辆工作模式变化如图 6.45 所示。由图 6.45 可知，当车辆动力系统处于 Ready 状态，且动力传动故障等级小于等于 3 时，车辆工作模式快速从 1（停机模式）转入 2（待机模式）。在 10s 时，当档位为由 N 位变到 D 位后，因制动踏板开度、加速踏板开度和车速均小于等于规定值且车辆不处于滑行状态，车辆工作模式快速从 2（待机模式）转入 4（滑行模式）并保持直到制动踏板开度、加速踏板开度和车速满足转入其余车辆工作模式条件。

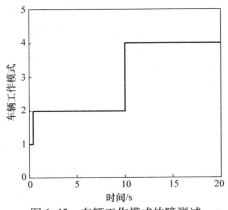

图 6.45 车辆工作模式故障测试

将整车工作模式模块输入端信号分别设置成点火开关处于 ON 位，动力系统处于 Ready 状态，制动踏板开度为 0，加速踏板开度为 0，车速为 0，下电标志位关闭，档位为 N 位，车辆不处于滑行状态，动力传动系统故障等级变化如图 6.46 所示。

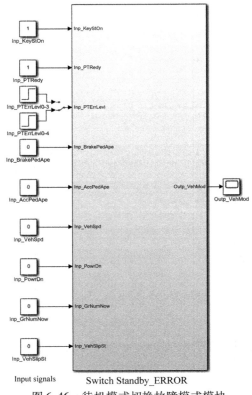

图 6.46 待机模式切换故障模式模块

第 6 章
整车控制策略硬件在环仿真

该工况下车辆工作模式变化如图 6.47 所示。当车辆动力系统处于 Ready 状态，且动力传动故障等级小于等于 3 时，车辆工作模式快速从 1（停机模式）转入 2（待机模式）。在 10s 时，当动力传动系统故障等级由 0 变成 4 后，车辆工作模式快速从 2（待机模式）转入 3（故障模式），而当动力传动系统故障等级由 0 变成 3 后，车辆工作模式仍然维持待机模式。

将整车工作模式模块输入端信号分别设置成点火开关处于 ON 位，动力系统处于 Ready 状态，动力传动系统故障等级为 0，制动踏板开度为 0，车速由 0 逐渐增大，下电标志位关闭，档位为 D 位，车辆不处于滑行状态时，将加速踏板开度分别设置为 3% 和 10% 进行比较，如图 6.48 所示。

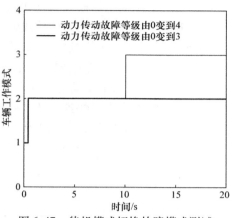

图 6.47 待机模式切换故障模式测试

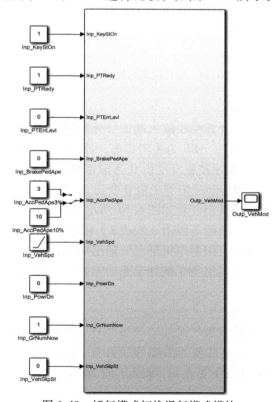

图 6.48 蠕行模式切换滑行模式模块

215

在该工况下车辆工作模式变化如图 6.49 所示。由图 6.49 可知,当车辆动力系统处于 Ready 状态,且动力传动故障等级小于等于 3 时,车辆工作模式快速从 1(停机模式)转入 2(待机模式),在 20s 时,因车速达到 20km/h 且加速踏板开度小于 10%,所以车辆工作模式快速从 4(蠕行模式)转入 6(滑行模式)而非 5(驱动模式)。当车辆动力系统处于 Ready 状态,且动力传动故障等级小于等于 3 时,车辆工作模式快速从 1(停机模式)转入 2(待机模式),若车速和加速踏板开度满足规定值,车辆工作模式迅速转入 5(驱动模式)。

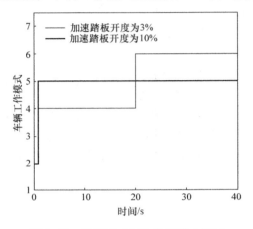

图 6.49　蠕行模式切换滑行模式测试

4. 整车能量管理模块

将整车需求转矩初步计算模块输入端信号分别设置成制动踏板开度为 0,车速为 60km/h,档位为 D 位,ABS 为关闭状态,冰雪模式为关闭状态,车辆工作模式为 5(驱动模式),加速踏板开度由 0 逐渐增加,将动力传动故障等级分别设置成 0 和在 50s 时动力传动故障等级由 0 变为 2,如图 6.50 所示。

在该工况下电机需求转矩变化如图 6.51 所示。由图 6.51 可知,当车辆处于驱动模式时,若动力传动故障等级由 0 变成 2,由于 2 级故障是可恢复故障,出于安全性,整车控制器将会限制电机最大的输出功率,所以电机需求转矩会迅速下降为原来的一半,且最高值为车辆处于驱动模式正常情况下电机需求转矩最高值的一半。

5. 整车故障诊断模块

将左边输入端分别设置成气泵故障等级为 0,油泵故障等级为 0,6kW 直流变换器故障等级为 0,直流变换器故障等级为 0,电机故障等级为 0,燃料电池控制器故障等级在 5s 时由 0 变为 1,如图 6.52 所示。

第 6 章
整车控制策略硬件在环仿真

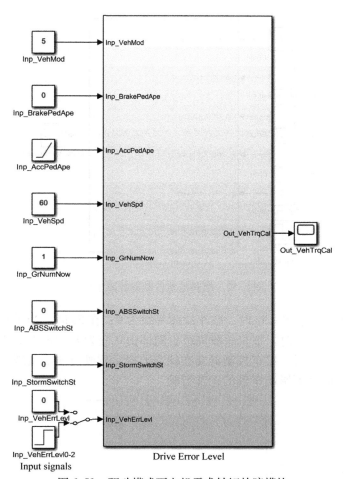

图 6.50　驱动模式下电机需求转矩故障模块

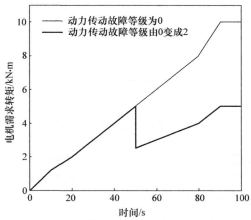

图 6.51　驱动模式下电机需求转矩故障测试

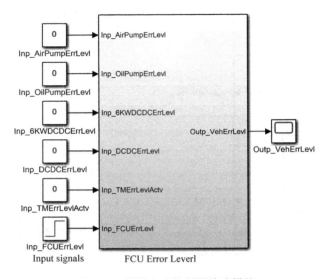

图 6.52 燃料电池控制器故障模块

在该工况下,在 0～5s 时,整车故障等级为 0;在 5s 时,当燃料电池控制器故障等级由 0 变为 1 时,整车故障等级也随即由 0 变为 1,如图 6.53 所示。在整车故障等级变为 1 时,整车控制器会在仪表上提示驾驶员车辆出现了故障,需要去检修,但此时并不影响车辆的正常行驶。

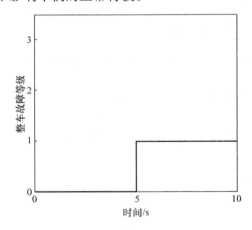

图 6.53 燃料电池控制器故障测试

将左边输入端分别设置成气泵故障等级为 2,6kW 直流变换器故障等级为 2,直流变换器故障等级为 2,电机故障等级为 2,燃料电池控制器故障等级为 2,油泵故障等级在 5s 时由 0 变为 3,如图 6.54 所示。

第 6 章
整车控制策略硬件在环仿真

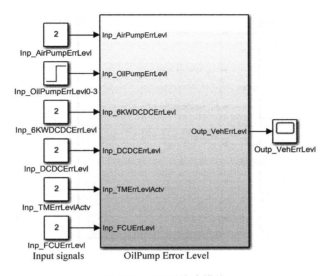

图 6.54　油泵故障模块

在该工况下，在 0~5s 时，由于各部件故障等级最高为 2，所以整车故障等级为 2；在 5s 时，当油泵故障等级在 5s 时由 0 变为 3 时，整车故障等级也随即由 2 变为 3，如图 6.55 所示。在整车故障等级变为 3 时，整车控制器会立即对整车系统进行下电处理，停止电机运行。

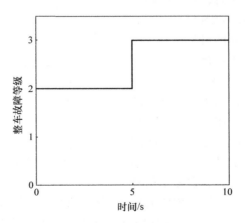

图 6.55　油泵故障测试

将左边输入端分别设置成气泵故障等级为 1，油泵故障等级为 1，直流变换器故障等级为 1，电机故障等级为 1，燃料电池控制器故障等级为 1，6kW 直流变换器故障等级在 5s 时由 0 变为 3，如图 6.56 所示。

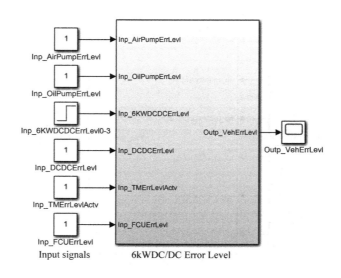

图 6.56　6kW 直流变换器故障模块

在该工况下，在 0~5s 时，由于各部件故障等级最高为 1，所以整车故障等级为 1；在 5s 时，当 6kW 直流变换器故障等级由 0 变为 3 时，整车故障等级也随即由 1 变为 3，如图 6.57 所示。此时，整车控制器会立即对整车系统进行下电处理，停止电机运行。

6. 整车附件控制模块

气泵控制模块是根据车门储气罐的气压值来控制气泵的工作。该模块左边的输入信号分别为充电状态信号、舱门气压信号、后门气压信号、前门气压信号和点火开关状态信号；右边输出信号为气泵工作状态。将气泵控制模块的输入端分别设置成当车辆不处于充电状态，舱门气压值为 1MPa，后门气压值为 1MPa，前门气压信号随时间增大，点火开关处于打开状态，如图 6.58 所示。

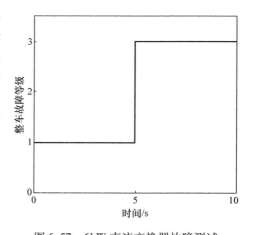

图 6.57　6kW 直流变换器故障测试

在该工况下，当前门气压值小于 0.8MPa 时，气泵始终处于工作状态，给车门储气罐进行充气，直到前门气压值达到 0.8MPa 时关闭气泵，如图 6.59 所示。

第 6 章
整车控制策略硬件在环仿真

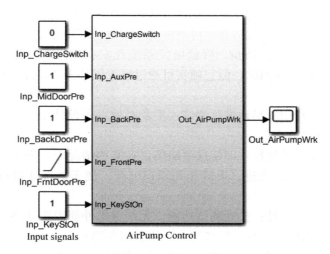

图 6.58 气泵控制模块

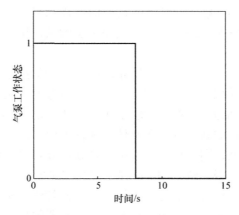

图 6.59 气泵控制模块测试

6.3 整车控制策略 HIL 仿真

6.3.1 HIL 主要内容

随着汽车电子技术的不断革新和迅速发展，汽车电控单元数量不断增加，汽车电子产品和技术在各种车型中得到了越来越多的应用。其中，汽车电子系统成本约占到整车的 30%，而汽车故障的产生多发生在汽车电子系统，因此，从安

221

全性、可行性和成本上考虑，硬件在环（HIL）测试已经成为电控系统开发和应用中非常重要的一环，其优势在于可减少实车路试，缩短开发时间并降低成本的同时提高电控系统的软件质量，降低电控系统开发和应用的风险。虽然 HIL 仿真并不能完全取代物理测试，但它确实可通过以下优势来降低测试成本以及提高产品质量：

1) 在开发过程中更早地进行测试：更及时地发现设计错误，减少修正成本以及对上市时间的影响。

2) 提高测试可重复性：即使这些缺陷仅在某些情况下才发生，也可以通过测试案例的持续积累和改进，形成相关知识沉淀，便于更好地进行设计和功能验证。

3) 提高测试灵活性：扩展测试功能，无须考虑外部因素（例如：即使在炎热的夏天，也可以模拟冬季道路状况，以便测试车辆）。

4) 增加测试覆盖率：在无法进行物理测试的极端条件下测试 VCU，避免安全和设备损坏问题，保证了测试的安全性。

5) 降低测试成本：无须使用物理系统即可模拟整车环境，实现集成测试，同时验证总线功能和整车系统行为，大大减少了测试连接件的购置、维修和维护费用。

硬件在环（Hardware – in – the – Loop，HIL）测试系统是以实时处理器中运行的实体仿真模型来模拟受控对象的运行状态，通过 I/O 接口与被测电控系统连接，对被测 ECU 进行全方位的、系统的测试。HIL 硬件平台通过仿真传感器和执行器来构建一个虚拟的新能源汽车本体，硬件平台可以监测到执行器工作信息并传递给实时仿真模型，同时也可以模拟各种硬件故障等。HIL 测试的目的是验证控制器与功能需求是否一致，HIL 过程是把被控对象的模型生成 C 代码并编译成可执行的文件放到工控机上运行，以便使工控机替代真实的被控对象，然后把控制器和工控机连接起来，实现闭环控制，从控制器的角度上看，就相当于工作在实际控制系统之中。HIL 测试系统可模拟驾驶员、车辆及其工作环境，因而是自动测试的一种理想实验室工具。采用 HIL 仿真的基本动机是提高其开发和测试过程的工作效率。用于 HIL 仿真的硬件和软件工具需要能够帮助工程师专注于测试，而不是忙于配置、支持和维护测试系统。HIL 测试软件应该兼顾易用性和灵活性，以适应不断变化的要求。HIL 系统的价值取决于所能节省的时间和提高的产品质量。

在具有极其严格的上市时间要求的行业中，快速开始进行首次测量非常重要，必须能够快速轻松地将仿真模型连接到物理 I/O 设备，而且在测试参数发生变化时更新配置。驾驶虚拟汽车的前提是能够提供代表可能遇到的环境变量的信号模式。有多种选项可用于生成测试配置文件，包括传统的编程和脚本语言、图

第 6 章
整车控制策略硬件在环仿真

形化显示和复杂的数据回放。最佳方法通常因要求而异，而且 HIL 测试系统必须能够满足这些不同的要求。其主要功能包括：

1) 故障诊断测试：通过手工、自动的故障注入，实现对诊断功能的测试。

2) 总线功能测试：通过信号激励等手段使其运转总线功能，并利用总线节点仿真、总线检测等手段测试其总线功能。

3) 控制功能测试：通过控制模拟器各个参数输入驱动被测硬件工作，模拟工作过程，进行完整控制策略的验证。

4) 联网的集成测试：利用整车网络仿真，将联网间的多个 ECU（如 CMU、VCU 等）进行交互功能集成测试。

5) 自动化测试：通过测试案例的自动化运行，进行各个功能自动、批量或连续测试，以快速验证各功能及其稳定性。

6.3.2 HIL 仿真平台

1. HIL 硬件仿真平台

(1) NI PXI 平台

该系统采用基于 IO 的硬件接口，接收来自控制器的各种控制信号，经过模型计算后，IO 将各个传感器信号输出到控制器中，形成一个闭环的系统，是由嵌入式实时处理器及各种硬件板卡构成的一个实时硬件系统。实时系统是以 NI PXI 技术为基础，利用 PXI 技术实现新能源汽车的实时控制，通过硬件接口接收来自控制器的各种控制信号，经过仿真计算后，IO 将各个传感器信号输出到控制器，形成一个闭环系统。它是一个槽数可选的机箱，内置有实时处理器以及各类 IO 板卡。该部分运行车辆各部分模型，同时通过 IO 板卡来产生各控制器所需的各种电气信号。NI PXI 实时系统如图 6.60 所示。

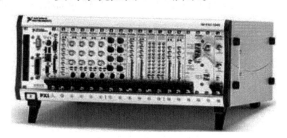

图 6.60 NI PXI 实时系统

(2) 信号调理单元

信号调理单元的功能是将 PXI IO 芯片中的硬件资源进行分配，并根据不同的信号类型对资源进行归类；信号调理，由信号调理板来配置所需的通道，再由信号调理模块对信号进行调理（信号驱动、放大、滤波、保护等）；特殊的信号处理，比如电流型轮速信号输出调理等。其中，信号调理模块对特定的信号进行调理，使测试系统在任何环境下都能模拟出可靠的传感器信号。通常需要调理的信号包括模拟信号输入输出、数字信号输入输出等。信号调理单元如图 6.61 所示。

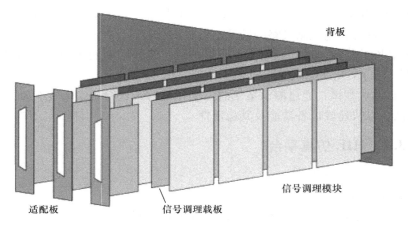

图 6.61　信号调理单元

（3）断线测试盒

断线测试盒的外观如图 6.62 所示，左边为输入连接器，与面板上的黑色端子相连，右边为输出端子，与面板上的红色端子相连，用香蕉插头跨接输入和输出。可以很方便地将测试仪器连接到面板上，在不中断信号连接的情况下进行测试。也可以将香蕉插头拔开，直接从输出端子处引入激励信号或者对输入输出信号进行静态测试，例如测试 HIL 仿真平台发出的传感器信号是否正确。

图 6.62　断线测试盒

（4）可编程电源

对于传统的 12V/24V 等级蓄电池（非动力蓄电池），在实际使用中，电压会在 6～32V 之间波动，同时在各种不同的工况下，蓄电池电压会有较大的波动，为了测试供电电压对各控制器工作的影响，各控制器的供电通过可编程电源提供,通过模型来控制可编程电源的输出电压,以提供不同工况下电压波动的测试环境,测试控制器的该部分功能。根据实际被测控制器以及负载的功率消耗,来确定最终所选择的电源功率等级,以满足功率要求。低压可编程电源采用 ITECH 公司的可编程直流电源,如图 6.63 所示。

图 6.63 可编程直流低压电源

(5) 电源分配单元

电源分配单元 (PDU) 的功能是控制、分配和保护装置的电源。PDU 如图 6.64 所示。PDU 单元从左侧开始,第一个黑色开关是主开关。作为第一级的开关将交流电引入机柜 PD 内部。默认 OFF,水平位置。在使用中,必须将其向右旋转 90°至垂直位置。第二个白色的开关是空气开关,用于保护系统,如果发生短路等故障时,可使其跳闸。默认 OFF 状态,向下,使用时需要扳到上面。第三个是按钮开关 (Main Swicth),按下开关上部绿色按钮 (I) 后,NI 机箱和可编程电源上电。下电时,按开关下部的红色按钮。第四个红色的按钮是急停开关,默认处于拔出状态。在正常实验过程中,若出现异常状况,可迅速按下急停开关,使机柜和台架断电。待排除故障后再给机柜上电时,首先要把急停开关拔出,然后再按照正常步骤给机柜上电。

图 6.64 PDU 实物图

(6) 上电时序模拟

硬件平台使用电源控制模块 HHT – 6101 来模拟上电时序,可模拟 KL30、KL15、KL87 等上电时序。每块板卡有 4 个输出通道,每个通道最大电流可达

20A。根据试验要求，硬件平台提供 2 块 8 路上电时序，满足测试需求。输入输出均有指示灯。

(7) 电阻仿真板卡

电阻仿真板卡的作用是电阻仿真，模拟不同的电阻值。利用电阻仿真板卡可以来模拟某些温度传感器信号，根据不同的传感器可设定不同的电阻值。电阻仿真板卡采用 CAN 通信进行控制，控件集成在实验管理软件 veristand 中，对板卡的电阻值进行控制更改时只需在实验管理软件中对应的控件上输入对应的电阻值即可。方便操作，可实时更新电阻值。电阻仿真板卡如图 6.65 所示。

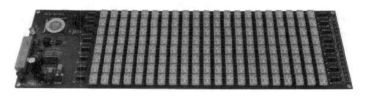

图 6.65　电阻仿真板卡

2. HIL 软件仿真平台

系统测试软件具备用户体验良好的监控界面，监控下载实施平台中运行的模型参数及信号等信息；通过测试软件可实时采集仿真过程的数据，并可进行仿真测试过程的控制；测试软件支持脚本编写测试用例，支持测试用例自动生成，并可自动生成测试报告。测试软件由测试管理软件、故障注入软件、自动测试软件、数据后处理软件等构成。

(1) 图形化管理软件 LabVIEW（图 6.66）

基于图形化的编程界面，使用者可以方便地搭建适合于测试系统本身的监控和测试界面，同时，通过该软件与实时操作系统的互联，实现模型参数的显示、修改标定等各项功能，同时图形化的界面可以使用户方便地搭建自己的虚拟仪表。

图 6.66　图形化管理软件

(2) 硬件及驱动管理软件 MAX

对于实时系统不同硬件配置以及软件驱动，通过 Measurement&Automation Explorer（MAX）软件，实现了对各种硬件、驱动、软件的统一管理，便于用户自行配置，同时，通过 MAX 软件，不需要任何模型和编程，就能实现对所有硬件通道的检测和测试标定工作，大大减少了模型与控制器调试和标定的时间和工作量，便于完成以下任务：
1) 对 NI 的软硬件进行配置。
2) 对数据进行备份或复制。
3) 建立和编辑通道、任务、接口、换算和虚拟仪器。
4) 对系统进行诊断。
5) 检查与系统连接的设备和仪器。
6) 更新 NI 软件。

（3）试验监控软件 VeriStand（图 6.67）

NI VeriStand 是一种配置实时测试应用程序的软件环境。NI VeriStand 有助于配置针对多核处理器的实时引擎，实现动态实时任务。NI VeriStand 还能够从 NI LabVIEW 软件和第三方环境中导入控制算法、仿真模型和其他任务。可以使用运行时可编辑的用户界面监测这些任务，并与其交互，该界面包含许多用于强制赋值、警报监控、I/O 校准、激励配置编辑的有效工具。NI VeriStand 的使用不需要掌握编程知识，但是可以在多种不同的软件环境进行自定义和扩展，如 NI LabVIEW、ANSI C/C++，以及其他建模和编程环境。

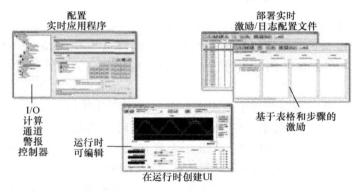

图 6.67 试验监控软件

（4）自动测试软件 ECU - TEST（图 6.68）

ECU - TEST 是一款测试用例编辑、执行、求解、归档的自动化测试工具。它可以执行车辆电子控制单元中复杂的回归测试，同时除了对实物 ECU 的测试之外，它在 ECU 的整个开发流程（MIL/SIL/HIL）中都有应用。ECU - TEST 主要实现测试用例的编写、执行、信号记录和报告生成等功能，可用于联合多款 MIL/SIL/HIL 测试软件，兼容不同 HIL 测试平台（dSPACE/NI），支持统一管理 MIL/SIL/HIL 三个不同环节的测试用例和测试数据，实现 MIL/SIL/HIL 测试用例的复用以及自动化测试。ECU - TEST 可以对记录的测试数据进行自动检测和验证，复杂的测试需求可以被其程序化以便于重复测试。编辑的测试规范可实现对测试数据的自动验证,将不同格式的记录数据基于同一时间轴快速分析,有效提高测试数据的利用率以及测试结果的可靠性。

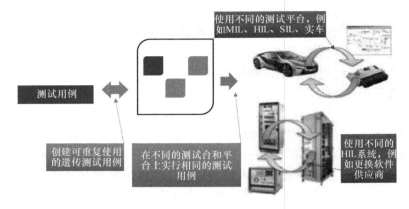

图 6.68　ECU – TEST 应用

6.3.3　HIL 框架搭建

一般的 HIL 系统的搭建包括以下内容:

1)项目准备:收集控制器拓扑图和基本配置(电机类型、电池类型等);收集各 ECU 相关信息(测试考虑、I/O 特性、通信信息、传感器/执行器的特性等)。

2)项目实现:编写硬件平台实现方案,编写软件建模方案,方案确认;建立信号列表,模型参数收集;搭建 HIL 平台(硬件:负载连接、故障注入方式、线束等;软件模型搭建和校准);建立人机接口(GUI 设计、LabVIEW 编程、TestStand、MAX 等);所有 IO 开环测试;主要功能闭环测试。

3)项目使用和维护:测试用例详细设计(功能测试、诊断测试、网络测试);测试用例在测试平台上实现(辅助手段、手动、自动);根据特殊测试用例对设备的拓展(传感器安装、辅助测试设备);电器测试平台使用维护。

1. 开环调试

开环测试的目的一方面对硬件配置情况、线束连接、IO 模型进行验证,另一方面为闭环调试打下基础。开环测试的过程简单描述如下:

接上被测控制器→系统供电检查与测试→实验工程界面中输入需要测试的传感器或执行器物理值,同时通过诊断仪或标定工具监测控制器中收到或发出的物理数据,判断二者是否一致→若不一致进行特性数据(MAP)的修改及固化。

2. 闭环调试

闭环调试是 HIL 系统调试中工作量最大的部分,闭环测试是建立在开环测试的基础之上。对于车身系统控制器来说,闭环调试和开环调试的内容大致相同。闭环调试也是 HIL 系统调试工作中最复杂的部分。HIL 系统的闭环调试是一个系统工程,包括:软件、硬件、车辆动力学模型、实验管理、诊断工具使用与配置、汽车网络通信测试工具的使用与配合等诸多模块的共同体。不同类型的 HIL 测试系统闭环调试的工作内容和工作复杂程度都不一样。

3. 驾驶员模型

在本书的模型中,采用的是抗积分饱和的 PID 模型方法。根据工况模型中输出的参考车速和汽车实测车速之间的误差,来确定一个合适的转矩输出。一方面,车速误差可以乘以比例系数进行调节,即比例环节;同时,加速度也可以通过乘以比例系数来进行调节,即微分环节;另外,对车速误差进行积分调节也能够很好地对输出进行控制。将上述 3 个环节组合起来就构成了本模型中的驾驶员 PID 控制模型。

模型的输入输出关系:输入是驾驶工况模型中输出的参考车速 (V_{ref}) 以及 CAN 总线发送的实测车速 (V_m),输出是驾驶员参考转矩 (M_{ref}),输入的参考车速 V_{ref} 与实测车速 V_m 间的差为 Δv,即

$$\Delta v = V_{ref} - V_m \tag{6.1}$$

输出参考转矩为 M_{ref}:

$$M_{ref} = f(V_{ref}, V_m, P_{drv}) = k_p \Delta v + \dot{M}_i + k_d \frac{dv_m}{dt} \tag{6.2}$$

式中,M_i——初始转矩量,$\dot{M}_i = k_i(\Delta v - k_{arw} M_i)$。

式(6.1)和式(6.2)中,对参考车速 V_{ref} 与实测车速 V_m 间的差 Δv 运用 PID 控制得出输出参考转矩 M_{ref}。P_{drv} 包括 4 个参数 (k_p, k_i, k_d, k_{arw}),这 4 个参数的值根据行驶方式或具体行驶路况要求来确定。另外,本模块其实是一个 PID 驾驶员模型,但同时考虑到积分抗饱和特性,故引入 $M_i = k_i(\Delta v - k_{arw} M_i)$,而不是采用传统的 $\dot{M}_i = k_i \Delta v$。

根据上述输入与输出的关系,建立驾驶员模型。其中 Speed Reference 为输入参考车速,CAN In 为实测车速,Torque Reference 为输出的参考转矩。

PID 模型中的参数整定是模型设计的核心内容。它是根据被控过程的特性来整定 PID 模型中的参数。由于在实际仿真过程中总会根据工况和实际需求给出速度波动界限,因此可以利用一般 PID 整定方法,通过调节模型的各个系数 k_p, k_i, k_d, k_{arw} 使输出的参考模型在期望范围内。

4. 动力学模型

整车动力学模型可以用来计算车辆的行驶阻力进而计算整车需求功率,是整车仿真分析的基础,对整车动力学的分析通常只考虑车辆的纵向动力学。当燃料电池汽车行驶时,由电机产生并通过传动系统传递到驱动轮的驱动力与车辆的行

驶阻力相平衡,其主要包括滚动阻力、空气阻力、坡度阻力和加速阻力,该平衡方程可由下式表示:

$$F_t = F_f + F_w + F_i + F_j \tag{6.3}$$

式中　F_t——车辆行驶所需的驱动力;

　　　F_f——车辆行驶产生的滚动阻力;

　　　F_w——车辆行驶所产生的空气阻力;

　　　F_i——车辆爬坡产生的坡度阻力;

　　　F_j——车辆加速产生的加速阻力。

(1) 滚动阻力

滚动阻力是车辆在行驶过程中因轮胎与路面相互挤压变形而产生的迟滞损失,其大小与轮胎结构、气压、路面条件、车速等因素有关,可以利用下式进行计算:

$$F_f = f \cdot F_N \tag{6.4}$$

$$F_N = mg\cos\alpha \tag{6.5}$$

式中　f——滚动阻力系数;

　　　F_N——汽车对其垂直面的压力;

　　　m——汽车质量;

　　　α——路面坡度角。

(2) 空气阻力

空气阻力包括压力阻力和摩擦阻力两种,是车辆行驶过程中受到的空气作用力在行驶方向上的分力,其计算方法如下:

$$F_w = \frac{1}{2}C_D A \rho u_r^2 \tag{6.6}$$

式中　C_D——空气阻力系数;

　　　A——汽车迎风面积;

　　　ρ——空气密度,通常取 $\rho = 1.2258 \text{N} \cdot \text{s}^2 \cdot \text{m}^{-4}$;

　　　u_r——相对车速。

(3) 坡度阻力

坡度阻力是车辆在爬坡时,整车重力沿坡度方向的分力。其计算方法如下:

$$F_i = mg\sin\alpha \tag{6.7}$$

(4) 加速阻力

加速阻力是车辆加速行驶时阻碍质量加速运动产生的惯性力。车辆的质量可分为两种:平动质量和旋转质量。由于旋转部件加速转动时会产生转动阻力矩,所以需要将旋转质量转换为平动质量进行计算,其计算方法如下:

$$F_j = \delta m \frac{du}{dt} \tag{6.8}$$

式中　　δ——汽车旋转质量换算系数；

　　　$\dfrac{\mathrm{d}u}{\mathrm{d}t}$——汽车加速度。

本书利用 MATLAB/Simulink 自带车身模块建立了整车动力学模型。驱动电机产生的转矩经过传动系统与整车动力系统模型产生的阻力矩相平衡。

6.3.4　HIL 模块测试验证

1. 城市工况转矩输出测试

城市工况测试用例见表 6.3。

表 6.3　城市工况测试用例

VCU_HIL 测试用例 VCU_3_1 蠕行模式			
测试用例	初始条件	测试步骤	期望结果
城市工况转矩输出测试结果	—	—	—
VCU_3_1_1	D 位	执行初始条件	VCU 输出与电机输出一致

在城市工况中，由于城市道路交通的复杂性，密集的车辆以及交通信号频繁变化会导致车辆行驶时的平均车速较低，且波动较大，在该工况下，车速信号、加速踏板开度信号、制动踏板开度信号、电机输出转矩和 VCU 输入给 MCU 的转矩指令如图 6.69 所示。由图可知，在城市工况中，被控对象电机模型的输出转矩能较好地跟随整车控制器的转矩指令，且误差在接受的范围内，符合预期。

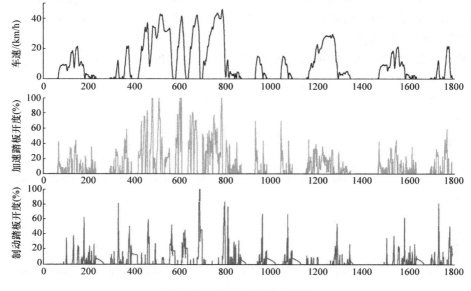

图 6.69　城市工况测试结果

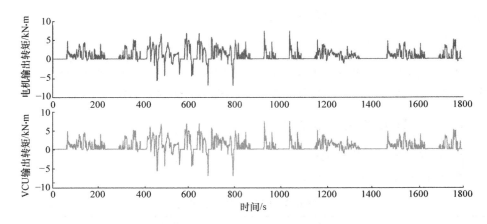

图 6.69　城市工况测试结果（续）

2. 城郊工况转矩输出测试

城郊工况测试用例见表 6.4。

表 6.4　城郊工况测试用例

VCU_HIL 测试用例 VCU_3_2 驱动模式和滑行模式			
测试用例	初始条件	测试步骤	期望结果
城郊工况转矩输出测试结果	—	—	—
VCU_3_2_1	D 位	执行初始条件	VCU 输出与电机输出一致

在城郊工况中，车辆行驶时的平均车速比城市工况时要高，会频繁地加减速，车速信号、加速踏板开度信号、制动踏板开度信号、电机输出转矩和 VCU 输入给 MCU 的转矩指令如图 6.70 所示。由图可知，在城郊工况中，被控对象电机模型的输出转矩能较好地跟随整车控制器的转矩指令，且误差在接受的范围内，符合预期。

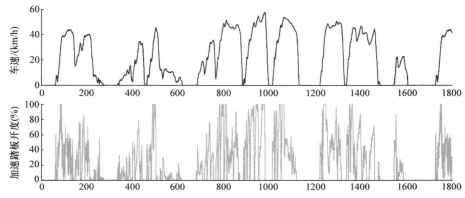

图 6.70　城郊工况测试结果

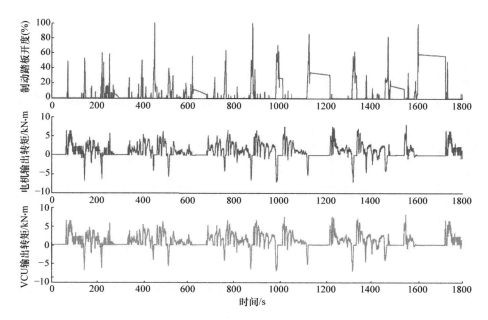

图 6.70 城郊工况测试结果（续）

3. 高速工况转矩输出测试

高速工况测试用例见表 6.5。

表 6.5 高速工况测试用例

VCU_HIL 测试用例 VCU_3_3 制动模式			
测试用例	初始条件	测试步骤	期望结果
高速工况转矩输出测试结果	—		
VCU_3_3_1	D 位	执行初始条件	VCU 输出与电机输出一致

在高速工况中，车辆行驶时的平均车速较高，车辆大多处于加速状态或滑行状态，车速信号、加速踏板开度信号、制动踏板开度信号、电机输出转矩和 VCU 输入给 MCU 的转矩指令如图 6.71 所示。由图可知，在高速工况中，被控对象电机模型的输出转矩能较好地跟随整车控制器的转矩指令，且误差在接受的范围内，符合预期。

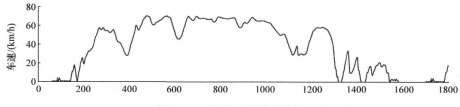

图 6.71 高速工况测试结果

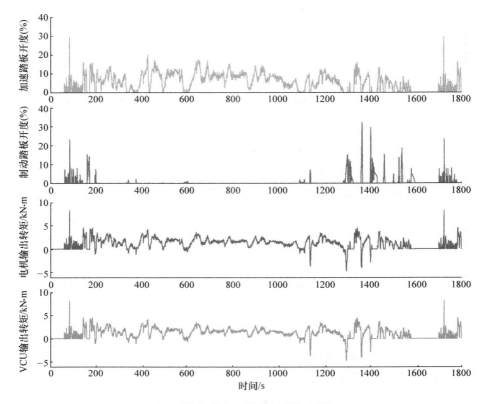

图 6.71　高速工况测试结果（续）

6.4　本章小结

本章介绍了 MIL/SIL/HIL 仿真的主要内容和设计方法与原则，并对整车控制策略中的驾驶员意图识别模块、整车高压上下电模块、整车驱动控制模块、整车能量管理模块、整车故障诊断模块、整车附件控制模块进行了仿真测试。基于系统搭建了硬件在环仿真平台，基于 MATLAB/Simulink 搭建了整车模型，完成了硬件在环仿真试验，验证了整车控制策略的实时性和准确性。

参 考 文 献

[1] EDDAHECH A, CHTOUROU S, CHTOUROU M. Hierarchical neural networks based prediction and control of dynamic reconfiguration for multilevel embedded systems [J]. Journal of Systems Architecture, 2013, 59 (1)：48-59.

[2] PRASSER S, KESSLER F, SCHRODER J. The new BMW electric powertrain in the BMW active E [C] //1st Aachen Colloquium China Automobile and Engine Technology, 2011.

[3] DU G, ZOU Y, ZHANG X, et al. Intelligent energy management for hybrid electric tracked vehicles using online reinforcement learning [J]. Applied Energy, 2019, 251.

[4] KOZLOWSKI J D. Electrochemical cell prognostics using online impedance measurements and model-based data fusion techniques [J]. IEEE, 2003.

[5] 位正. 新一代硬件在环仿真平台的研究和开发 [D]. 北京：清华大学, 2009.

[6] 靳立强, 王庆年, 岳巍强, 等. 基于四轮独立驱动电动汽车的动力学仿真模型 [J]. 系统仿真学报 (12)：220-222.

[7] KRAA O, BECHERIF M, AYAD M Y, et al. A Novel Adaptive Operation Mode based on Fuzzy Logic Control of Electrical Vehicle [J]. Energy Procedia, 2014, 50：194-201.

[8] LUKIC S M, JIAN C, BANSAL R C, et al. Energy Storage Systems for Automotive Applications [J]. IEEE Transactions on Industrial Electronics, 2008, 55 (6)：2258-2267.

[9] 凤志远. 混合动力乘用车功率级硬件在环测试系统研究 [D]. 北京：北京交通大学, 2021.

[10] CHANDAK G A, BHOLE A A. A review on regenerative braking in electric vehicle [C] // 2017 Innovations in Power and Advanced Computing Technologies (i-PACT). IEEE, 2017.

第 7 章

整车控制策略在线自动标定

标定工作是燃料电池汽车控制系统研发流程中很重要的一环。燃料电池汽车的整车控制系统之间的通信变得日益复杂，众多的整车控制参数需要标定和改善，以实现各个单元的相互协调，使整车性能品质得到提升。在整车控制系统中实现标定功能，一个设计制成的整车控制系统在匹配任何一种形式电机时，在其软件中的控制程序和数学模型以及硬件模式基本确定的前提下，能不能使被匹配的电机在动力性、经济性诸方面全面发挥出最佳水平，将取决于能否获得软件中的最佳标定参数。

7.1 ECKA 软件介绍

ECKA 是一套基于 ASAM – MCD 架构并可扩展支持多种通信协议［当前版本仅支持 CCP（CAN Calibration Protocol，基于 CAN 的标定协议）协议］的通用型匹配标定工具，软件安装说明见附录所示，其特点如下：
- 由通信硬件（当前版本仅支持 USBCAN 卡）和 PC 软件组成。
- 用于采用 CCP 协议（可扩展其他协议）作为匹配标定接口的 ECU。
- 可用于车载匹配标定、台架匹配标定等各种场合。
- 可用于 ECU 软件开发调试。
- 软件界面及参数具有极好的可定制性。
- 采用标准格式进行数据存储，便于数据交换。

使用 ECKA 的人员需了解匹配标定技术原理，且对匹配标定对象的特性有所了解。

7.2 ECKA 工作原理

在介绍 ECKA 软件界面及各项功能之前，本节首先对 ECKA 工作的原理进行说明，以帮助用户更快地理解软件的设计思路和操作方式。

7.2.1 ECU 在线标定的原理

正常运行时，ECU 中的程序及数据存储在 Flash 中。一般 Flash 的特性使其只能成片进行刷写，因此很难在 Flash 上直接进行在线标定。为实现标定数据在线的精细修改，在 ECU 内部必须扩展一定空间的 RAM 区域，并将该区域与 Flash 内的标定数据形成映射关系（映射方式由 ECU 内部实现）。在 ECKA 中，将该段 RAM 区域称为工作页（Working Page），其所映射的 Flash 区域为参考页（Reference Page）。

工作页与参考页的切换由 ECKA 发送命令进行触发。当标定上线后，ECU 将被切换至工作页，用户在 ECKA 中进行的标定数据的修改，将直接作用于工作页并生效。当 ECU 掉电后，工作页中标定好的数据将全部丢失，但这些数据仍会保存在 PC 的离线数据文件中；重新上电后，用户可将 PC 中的离线数据重新同步至工作页（ECKA 上线操作时选择下载），以便继续标定操作。

当标定完成后，用户可将 PC 中的离线数据通过 Flash 烧写工具固化至 ECU 的 Flash 中，以使 ECU 重新上电后仍可使用最新的数据。

7.2.2 ECKA 接口架构

ECKA 采用由自动化与测试系统标准化协会（Association for Standardization of Automation and Measuring Systems，ASAM）制定的汽车行业内广泛遵守的匹配标定标准接口 ASAM – MCD（Measurement，Calibration，Diagnostication），如图 7.1 所示。该接口包括三个部分：ASAM – MCD – 1a/b（用于上下位机的数据通信：ASAM – MCD – 1a 表示嵌入下位机 ECU 中的协议接口；ASAM – MCD – 1b 表示嵌入上位机 ECU 中的协议接口）、ASAM – MCD – 2（用于描述下位机匹配标定变量的属性，与变量数据库接口）、ASAM – MCD – 3（用于匹配标定设备与实验台测试设备应用接口）。ECKA 实现了 ASAM – MCD – 1 和 ASAM – MCD – 2 接口的应用。

对于 ASAM – MCD – 1 接口，ECKA 采用基于 CAN 的 CCP 协议，该协议也是目前国际使用最为广泛的匹配标定协议之一。该协议采用 CAN2.0B 通信协议，可读写 ECU 内部任意合法地址（RAM 和 ROM）内的数据（在线标定实现的基础）；可触发连续周期或者事件同步数据采集（Data Acquisition，DAQ 实时监控实现的基础）；可进行 Flash 编程，在线更新代码和数据；支持"即插即用"功能，并具备安全保护机制。

ASAM – MCD – 2 接口是对 ECU 内部结构的详细描述，其通过 A2L 标准描述文件实现。该描述文件描述了监控和标定变量的地址、转换方法、存储结构等各

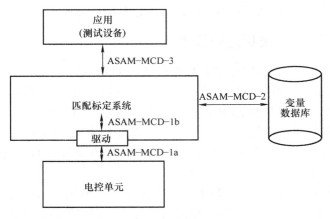

图 7.1　ASAM – MCD 接口定义

种信息，匹配标定系统只需解析该文件即可知道 ECU 各项信息。

除与 ECU 的接口外，为了方便与其他工具的数据交换，ECKA 内部数据的存储也采用了标准协议：

- 标定数据的离线存储采用 Motorola 的 S – Record 格式（文件后缀为 S19）。
- 监控数据的存储采用 MDF（Measure Data Format）格式，该格式文件可在 INCA、CANape 等国外广泛使用的工具上打开并分析。

7.2.3　ECKA 文件组成机制

ECKA 以工程的概念进行标定对象的管理。对于一个工程，需包含以下三个基本文件。

- 工程文件（.prj）：工程的主文件，包含了工程的入口、配置文件的路径、通信设置以及部分附属配置。
- 配置文件（.eka）：配置文件包含了界面配置（如页面数及属性、各子窗口属性等）、A2L 文件路径、离线数据文件路径等。
- 数据库文件（.a2l）：ECU 描述文件，描述了标定对象 ECU 的内部属性。

当一个工程的上述文件均配置好后，只需调用工程文件即可完成相关配置文件以及数据库文件的加载。

此外，在匹配标定过程中，还将生成三类文件。

- 离线数据文件（.s19/.hex）：离线标定数据存储文件，采用 S – Record 格式或 Intel 格式，该文件只有地址和原始数据信息。
- 标定参数存储文件（.dcm）：标定参数存储文件采用 Bosch 定义的标准文件格式，用于存储标定变量的描述及物理参数。

- 监控数据文件（.dat）：监控数据存储文件，采用 MDF 格式，当数据记录使用时，每次监控停止都将触发该文件的生成。

建议用户将上述文件放置在同一目录下进行管理。

7.3 ECKA 界面布局

本节将介绍 ECKA 软件界面及各项功能，以帮助新用户快速熟悉软件的基本操作。通过本节的介绍，用户对匹配标定操作的原理也将有进一步的认识。

ECKA 软件采用传统的框架类结构，其界面布局如图 7.2 所示。界面按功能划分为如下区域。

- 菜单栏：包含软件各项功能的操作项。
- 工具栏：包含常用功能的快捷操作项。
- 状态栏：显示各种提示及状态信息。
- 页面标签栏：用于多页面间的切换，只有在页面数大于 1 时才会显示。
- 子窗口显示区：创建并显示各子功能窗口。

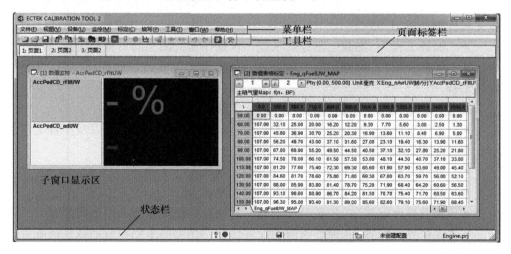

图 7.2　ECKA 界面布局

7.3.1　菜单栏

菜单栏按功能划分为以下下拉菜单。

1)"文件"项包含了工程、配置等文件相关的操作项，如图 7.3 所示（各菜单项右侧显示的按键组合为调用该菜单项的快捷键，以下不再说明）。

图 7.3 "文件"下拉菜单项

• "新建工程":打开新建工程向导,该操作将创建工程文件,并配置工程相关属性以及通信参数。

• "加载工程":加载已创建的工程,该操作需关闭当前工程及配置。

• "保存工程":保存当前工程设置,如当前未创建或加载任何工程,则创建新工程。

• "另存工程为":另存当前工程设置为新的工程文件。

• "工程属性":查看当前工程的属性,包括创建者相关信息以及配置文件、A2L 文件、离线数据文件等路径。

• "打开工程所在文件夹":打开当前工程所在的文件夹。

• "关闭工程":关闭当前工程以及相关配置。

• "加载界面配置":加载已创建的配置信息,该操作需关闭当前配置。

• "保存界面配置":保存当前的配置信息,如当前未创建或加载任何配置,则创建新配置。

• "另存界面配置为":另存当前配置为新的配置文件。

• "最近访问工程":此处列出最近打开的工程文件的路径,单击可加载该工程,该操作需关闭当前工程及配置。

• "退出":退出 ECKA 软件。

2)"视图"项包含各子功能窗口创建的入口以及与界面相关的操作项,如图 7.4 所示。

第 7 章
整车控制策略在线自动标定

图 7.4 "视图"下拉菜单项

● "监控窗口"：该项包含下一级下拉菜单，菜单中包含各监控相关子功能窗口的创建入口。ECKA 目前支持 5 种监控窗口：数值监控窗口、条状图形监控窗口、曲线图形监控窗口、散点图形监控窗口和逻辑值监控窗口（仪表监控窗口尚未完成）。

● "标定窗口"：该项包含下一级下拉菜单，菜单中包含各标定相关子功能窗口的创建入口。ECKA 目前支持 6 种监控窗口：单值变量标定窗口、数值表格标定窗口、二维图形标定窗口、三维图形标定窗口、文本标定窗口和十六进制标定窗口。

● "标定历史窗口"：该项所创建的子窗口将以列表形式打开标定历史记录，并可对记录进行操作。

● "信号发生窗口"：自定义 CAN 消息，并向 CAN 网络中发送。

● "跟踪窗口"：该项所创建的子窗口将以列表形式显示 CAN 网络上的原始信息。

● "消息窗口"：该项所创建的子窗口将以列表形式显示软件运行过程中出现的提示信息。

● "变量使用显示名"：该项为勾选项，当被勾选时，各子窗口中变量将采用 A2L 中定义的 DISPLAY_IDENTIFIER 可选参数作为显示变量名；若该项未被勾选或 A2L 中未定义该可选参数，则采用原始变量名进行显示。

● "显示变量名扩展"：该项为勾选项，当被勾选时，将会在子窗口中各变量当前的显示名前面加上该变量对应的设备的名称再加"."，作为新的显示名；

241

若该项未勾选，则采用原始变量名或上面菜单中提到的显示名进行显示。

- "锁定当前界面配置"：该项为勾选项，当被勾选时，当前配置将被锁定，子窗口不能关闭、移动位置或改变大小，子窗口内部变量列表不能添加删除。
- "高亮当前工作点"：该项为勾选项，当被勾选时，在标定的时候，在"数值表格标定窗口""二维图形标定窗口"和"三维图形标定窗口"中会自动高亮当前工作区域。
- "多页设置"：打开页面设置对话框。

3)"设备"项包含 CAN 卡设备配置、ECU 连接以及数据库描述文件（A2L 文件）加载等操作，如图 7.5 所示。

图 7.5 "设备"下拉菜单项

- "从数据库创建设备"：该项将会打开加载数据库对话框，创建新的设备。
- "设备管理"：该项将打开设备管理对话框。
- "连接所有设备"：ECKA 可同时标定多个 ECU。单击该项将会使未连接的设备向 ECU 发出连接命令，已连接的设备不会受到影响。
- "断开所有设备"：当前有设备已连接时，该项高亮有效，单击该项将使所有已连接的设备向 ECU 发出断开命令；若没有连接的设备，该项变灰失效。
- "通讯硬件管理"：该项将打开通讯硬件管理对话框。

4)"监控"项包含了与监控操作相关的操作和设置以及启动 MDA 分析离线数据，如图 7.6 所示。

图 7.6 "监控"下拉菜单项

第 7 章
整车控制策略在线自动标定

● "开始":当 A2L 文件成功加载、ECU 成功连接且当前具有 ECU 监控权限时,该项高亮有效,单击该项将触发 ECU 的 DAQ 数据采集及发送。

● "停止":当监控成功开始之后,该项高亮有效,单击该项将停止 ECU 的 DAQ 数据采集及发送。

● "监控变量设置":该项将打开监控变量选择对话框,供用户勾选欲监控的变量列表。

● "复制所有变量信息":该项将复制所有已勾选变量名及其当前值至剪切板,以供临时数据采样及记录。

● "触发器管理":该项将打开触发器管理对话框,进行触发器的管理操作。

● "记录数据":该项为勾选项,当被勾选后,监控数据的记录功能被使能,当监控停止时,将弹出 MDF 文件保存提示对话框,用户须选择保存路径,并可设置 MDF 文件相关属性。

● "保存当前数据":当监控正在进行或已经完成一段时间监控已停止时,该项高亮有效,单击该项将当前缓存的监控数据转换为 MDF 格式并保存成文件。

● "打开 MDA 分析监控数据":该项将启动 MDA,MDA 是用于分析离线数据的软件。

5)"标定"项包含了与标定操作相关的操作和设置,如图 7.7 所示,下拉菜单项根据设备数量不同而略有不同。

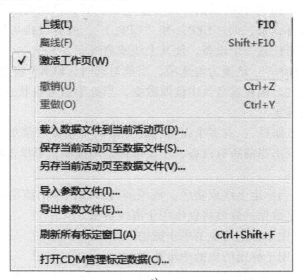

图 7.7 "标定"下拉菜单项
a)当前只有一个设备时

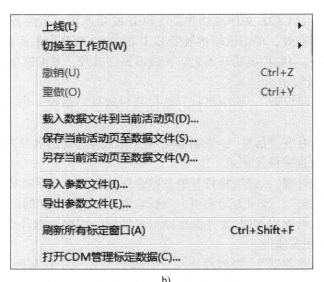

b)

图 7.7 "标定"下拉菜单项(续)

b) 当前有多个设备时

- "上线":当 A2L 文件成功加载、ECU 成功连接且当前具有 ECU 标定权限时,该项高亮有效,单击该项将触发上线同步操作。上线成功后,用户即可在线实时修改 ECU 内工作页的参数。当有多个设备时,该项有子菜单,子菜单中会列出当前的所有设备,如"CPP"和"CPP_1",所有设备可同时上线或同时离线,也可以单击任意一个设备,使其上线或离线。

- "激活工作页":该项为勾选项,当被勾选时,ECKA 将会在 ECU 工作页中读取数据,反之,则在参考页中读取数据,当处于参考页状态时,此时 ECKA 只能监控,不能标定。

- "切换至工作页":有多个设备时的"激活工作页"菜单项,该项有子菜单,子菜单中会列出当前所有设备,子菜单都是勾选项,可单击相应设备激活工作页。

- "离线":当标定上线成功后,该项高亮有效,单击该项将结束标定上线状态,用户对标定数据的修改将仅作用于离线数据。

- "撤销":用于标定历史的单步撤销。

- "重做":用于标定历史的单步重做。

- "载入数据文件到当前活动页":该项将打开文件对话框,供用户加载离线标定数据文件,加载成功后更新各标定窗口的显示数据。

- "保存当前活动页至数据文件":该项将当前从 ECU 中载入的标定数据或之前载入的离线标定数据,保存为新的离线标定数据文件(可覆盖之前载入的

第 7 章
整车控制策略在线自动标定

文件),并将该文件作为下次工程加载时自动载入的离线标定数据文件。

- "另存当前活动页至数据文件":该项与"保存当前活动页至数据文件"项类似,区别在于所生成的离线标定数据文件不会作为下次工程加载时自动载入的离线标定数据文件,即当前离线标定数据文件路径不变。

- "导入参数文件":当设备未上线时该项高亮有效,单击该项将打开导入参数文件对话框,供用户加载 DCM 文件,DCM 文件中包含了变量的名称和取值,加载成功后,将把 DCM 文件中变量的值导入到当前标定页中。

- "导出参数文件":导出 DCM 文件。单击该项将打开数据库变量选择对话框,选择需要保存的变量后单击工具栏中的"关闭并保存"按钮将弹出导出标定参数文件对话框,选择存储位置,即可导出 DCM 文件,文件中包含了选择变量的名称及当前的标定值。

- "刷新所有标定窗口":若当前处于标定上线状态,该项强制将 PC 中的标定数据与 ECU 工作页中的标定数据进行同步,并刷新所有标定窗口中的显示数据;若当前处于标定离线状态,则只是刷新所有标定窗口中的显示数据。

- "打开 CDM 管理标定数据":该项启动 CDM 软件管理标定数据(尚未完成)。

6)"烧写"项针对 Flash 的上传和下载等操作,如图 7.8 所示。

图 7.8 "烧写"下拉菜单项

- "烧写当前工作页数据至 Flash":当 ECU 成功连接且当前具有 ECU 编程权限,以及 ECU 支持 CCP 烧写时,该项高亮有效,单击该项将把当前工作页的数据烧写至 Flash。

- "烧写文件至 Flash":当 ECU 成功连接且当前具有 ECU 编程权限,以及 ECU 支持 CCP 烧写时,该项高亮有效,单击该项将打开文件对话框,供用户选择欲下载至 Flash 的 S19 文件,若文件加载成功则激活下载过程。

- "上传 Flash 至文件":当 ECU 成功连接且当前具有 ECU 编程权限时,该项高亮有效。该项将打开文件对话框,供用户选择上载后数据欲存储的位置,当存储位置有效则激活上传过程。

- "调用外部烧写工具":当 ECU 不支持 CCP 烧写时,可调用外部烧写工具烧写数据。单击该项将弹出调用外部烧写工具对话框。

7)"工具"项包含了软件配置、用户权限管理等，如图 7.9 所示。

- "配置"：该项将打开软件配置对话框。
- "语言/Language"：该项包含下一级下拉菜单，可切换中英文使用环境。
- "用户权限管理"：该项是对工程的权限管理和加密解密等操作。当创建或加载工程成功后该项高亮有效，单击该项将打开用户权限管理对话框。

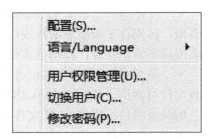

图 7.9 "工具"下拉菜单项

- "切换用户"：当创建或加载工程成功并激活用户权限管理后该项高亮有效，单击该项将打开用户登录对话框切换用户。
- "修改密码"：当创建或加载工程成功并激活用户权限管理后该项高亮有效，单击该项将打开更改用户密码对话框更改用户密码。

8)"窗口"项包含了与窗口操作相关的功能，并罗列当前页面所有子窗口标题，如图 7.10 所示。

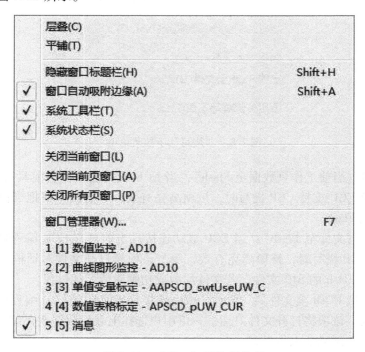

图 7.10 "窗口"下拉菜单项

第 7 章
整车控制策略在线自动标定

- "层叠"：将当前页面中的子窗口以层叠方式重新排列。
- "平铺"：将当前页面中的子窗口以平铺方式重新排列。
- "隐藏窗口标题栏"：该项为勾选项，当被勾选时，所有子窗口的标题栏将自动隐藏，该显示效果可使界面更为简洁。
- "窗口自动吸附边缘"：该项为勾选项，当被勾选时，移动子窗口到其他子窗口边缘时会自动吸附排列，否则不会自动吸附。
- "系统工具栏"：该项为勾选项，当被勾选时，系统工具栏将被显示，否则被隐藏。
- "系统状态栏"：该项为勾选项，当被勾选时，系统状态栏将被显示，否则被隐藏。
- "关闭当前窗口"：关闭当前处于激活状态的子窗口。
- "关闭当前页窗口"：关闭当前页面内的所有子窗口，但当前页面不会被关闭。
- "关闭所有页窗口"：关闭所有页面以及各页面内的子窗口。
- "窗口管理器"：该项将打开窗口管理器对话框。

9)"帮助"项包含帮助相关选项，如图 7.11 所示。

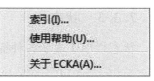

- "索引"：该项将打开软件帮助对话框，并置于索引状态（尚未完成）。
- "使用帮助"：该项将打开软件帮助对话框，并置于内容状态（尚未完成）。

图 7.11 "帮助"下拉菜单项

- "关于 ECKA"：该项将打开软件的关于对话框。

7.3.2 工具栏

工具栏是常用功能的快捷入口，ECKA 的工具栏包含如图 7.12 所示的快捷按钮，每个按钮均与菜单栏中的某项相对应，从左至右依次如下：

图 7.12 工具栏

- "新建工程"
- "加载工程"
- "保存工程"
- "加载界面配置"
- "保存界面配置"

- "设备管理"
- "连接所有设备"
- "通信硬件管理"
- "监控变量表"
- "开始监控"
- "停止监控"
- "打开监控数据文件"
- "触发器管理"
- "所有设备标定上线"
- "所有设备标定离线"
- "标定撤销"
- "标定重做"
- "打开 CDM 管理标定数据"
- "配置"

各项具体功能参见菜单栏对应项的说明。单击即可触发对应功能的操作。

7.3.3 状态栏

状态栏用于显示各种提示以及软件运行的各项状态，如图 7.13 所示。

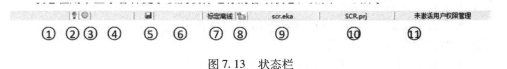

图 7.13 状态栏

状态栏上各项对应功能如下。

① 功能提示栏：用于显示各步操作的提示信息，当没有提示时，该栏为空。

② 消息提示栏：当消息提示小灯亮起时，说明当前有新的消息出现，用户可通过直接单击该栏打开消息窗口查看软件消息；否则该栏中小灯处于熄灭状态。

③ 连接状态栏：该栏以红黄绿三色灯形式显示当前 CAN 网络及 ECU 连接状态：当 CAN 设备正常但未进行连接时，黄灯亮起；当 CAN 设备异常或 ECU 连接失败时，红灯亮起；当 ECU 连接正常时，绿灯亮起。

④ 监控状态栏：当未与 ECU 连接时，该栏为空；当 ECU 连接正常且监控未开始时，该栏显示"监控就绪"；当监控处于运行状态时，该栏显示"监控运行中……"。

⑤ 数据记录状态栏：当记录监控数据功能未被使能时，该栏中的磁盘图标

为灰色；当记录数据功能被使能时，该栏中的磁盘图标将亮起，且当监控开始后，将显示存储动画。

⑥ 当前监控数据大小栏：当记录监控数据功能被使能且监控处于运行状态时，该栏将实时显示当前记录的监控数据大小。

⑦ 标定状态栏：当标定上线成功后，该栏将显示"标定上线"，否则将显示"标定离线"。

⑧ 配置锁定状态：该栏中的小锁图标显示当前配置锁定的状态。

⑨ 配置名称：该栏显示当前界面配置的名称，如果没有创建配置，则显示"未创建配置"。

⑩ 当前工程文件路径栏：当前若已加载或创建工程，则在该栏中显示当前工程文件路径，否则显示"未建立工程"。

⑪ 当前用户权限：显示当前用户，若没有激活用户权限管理，则显示"未激活用户权限管理"。

7.3.4 页面标签栏

由于匹配标定过程可能涉及很多参数同时监控或标定，而 PC 显示器的显示区域是有限的，因此 ECKA 采用了多页面扩展设计，当页面数量大于 1 时，将显示如图 7.14 所示的页面标签栏。

| 1: 信号采集 | 2: 转速信号处理 | 3: 喷射控制 | 4: 整车管理 | 5: 高温高原实验 | 6: 怠速控制 | 7: 故障诊断 | 8: 高原冷起动 |

图 7.14 页面标签栏

工程建立时，ECKA 会创建一个初始页面，此时页面标签栏处于隐藏状态。用户可通过主菜单的"视图"下拉菜单或在子窗口显示区单击右键时弹出菜单中的"多页设置"项，激活多页设置对话框，进行页面的添加删除及管理。当页面数量大于 1 时，页面标签栏将自动显示，用户可通过单击标签进行切换。

在页面标签栏空白处单击右键，将弹出菜单，用户可快速新建页面，或打开多页设置对话框。在已有页面标签上单击右键，除将切换至当前页面外，还将弹出新的菜单，该菜单最后两项与空白处弹出菜单相同，除此之外，增加了三项功能：

• "编辑页名"：将打开编辑页名对话框，用户可在该对话框中修改页面名称以及页面描述。

• "删除页面"：将删除当前页面以及该页面中所有子窗口。

• "窗口"：将打开窗口列表对话框，如图 7.15 所示，该对话框罗列所有页面中的子窗口，而属于当前页面的子窗口将处于勾选且高亮状态。用户可通过勾选或取消勾选快速调整属于当前页面的子窗口。

图 7.15　窗口列表对话框

7.3.5　子窗口显示区

子窗口显示区即子窗口创建及显示区域。

其中子窗口的创建，除可通过主菜单"视图"下拉菜单中各项进行外，还可通过在该区域中单击右键所弹出的菜单来快速完成各子窗口的创建操作。

7.4　应用例程

本节将通过实际应用例程说明 ECKA 的使用方法。本应用例程中，将搭建一套完整的发动机匹配标定工程。

7.4.1　创建工程

进行匹配标定操作前需针对不同对象创建相应的工程文件（*.prj）。通过主菜单"文件"菜单项下的"新建工程"项或工具栏上对应的新建工程快捷按钮打开新建工程向导，如图 7.16 所示。

该向导对话框中工程名和工程目录为必须设置项，当"在所选目录下创建与工程同名的目录"复选框被勾选时，工程文件将建立在"工程目录\工程名\"目录下，否则将直接建立在工程目录下，工程文件名为"工程名.prj"。

第 7 章
整车控制策略在线自动标定

图 7.16 新建工程向导对话框

向导对话框中还可设置工程属性，包括创建者、公司或部门、操作对象以及工程描述。填写完整的工程属性有利于工程文件的管理，且这些属性将作为监控数据文件（MDF 文件）的默认头信息。

单击确定后，将弹出创建设备对话框，加载数据库文件、工作页文件和参考页文件，设置各类参数。若此时 CAN 卡已连入 PC 机，工程创建完成后将自动连接 CAN 卡，并尝试与 ECU 进行连接。若连接成功，状态栏的连接状态栏中的黄灯将变为绿灯，监控状态栏将显示"监控就绪"。若 CAN 卡未连接或 ECU 连接失败，连接状态栏中将亮起红灯，并弹出错误对话框。

进行上述操作后，工程文件即建立成功，将在状态栏的当前工程文件路径栏中显示所创建的工程文件名，本实例中，即在 G：\ Engine \ 目录下创建了 Engine.prj 工程文件，在当前 A2L 文件路径栏中显示所载入的 A2L 文件名。本应用实例中将显示 EUP.a2l。之后的使用过程中，若软件配置的工程文件关联属性被勾选，可通过直接双击所创建的工程文件加载该工程。

7.4.2 设备管理

ECKA 可以同时监控和标定多个设备，工程创建完成后，可通过主菜单"设备"菜单项下的"从数据库创建设备"项或"设备管理"项创建新的设备，本实例中创建一个新的设备 cpp_1，用于监控 DCU，如图 7.17 所示。设备管理对话框中列出了所有的设备，用户可设置、编辑和操控每个设备。

在创建设备时会创建通信端口，单击主菜单"设备"菜单项下的"通信硬件管理"项可打开通信硬件管理对话框，该对话框中列出了当前已打开的所有

燃料电池汽车整车控制系统开发实践

图 7.17　设备管理对话框

通信端口,如图 7.18 所示,通过右键菜单用户可设置和连接当前焦点端口,也可以打开新的端口。

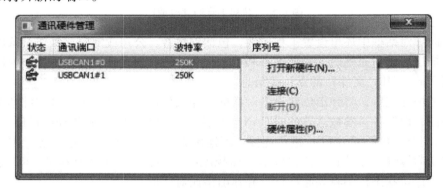

图 7.18　通信硬件管理对话框

7.4.3　权限管理

ECKA 可以对工程进行权限管理,加密或解密工程数据库,为工程添加用户,设置用户权限等。

若要进行权限管理,首先需要激活该项功能,可通过主菜单"工具"菜单项下的"用户权限管理"项激活,激活完成后便可添加用户。本实例中添加一个名为 ECTEK 的用户,该用户不具备管理员权限,如图 7.19 所示。

通过主菜单"工具"菜单项下的"切换用户"项切换"ECTEK"为当前用户,因为该用户不具备管理员权限,所以此时主菜单"工具"菜单项下的"用户权限管理"项变成灰色。

另外,在激活完成后会提示用户是否对数据库进行加密处理,若选择

第 7 章
整车控制策略在线自动标定

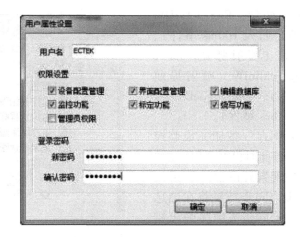

图 7.19 用户属性设置对话框

"是",则下次加载该工程时会弹出用户登录对话框,如图 7.20 所示,用户需要选择工程保存时使用的用户名以及输入对应的密码才能加载。如果用户要解密数据库,那么需要解除激活,解除激活时会提示用户是否对数据库进行解密处理,选择"是"即可解密。

图 7.20 用户登录对话框

7.4.4 配置监控

由于实时监控采用了 DAQ 模式(下位机主动周期性向上位机发送监控数据),与在线标定的问答会话机制不同,因此必须事先设置好欲监控的变量列表。只有在该列表中的变量,用户才可将其添加至各监控子窗口进行查看。由于下位机 DAQ 资源有限且受到传输速率的限制,可加入该监控列表的变量数目是有限的。

监控列表通过单击主菜单"监控"菜单项下的"监控变量表"项或工具栏上的"监控变量表"快捷按钮进行配置,其将打开监控变量表配置对话框,如图 7.21 所示。

对话框左侧"监控信号"目录下列出了所有的设备,选择需要的设备,单击对话框菜单或工具栏中的"添加监控变量"按钮添加变量,设置 DAQ 事件(同步、10ms、100ms、Polling 等)。本实例中选择 CPP,如图 7.21 所示,向监控变量表加入 4 个变量：Eng_nAvrUW（发动机平均转速，归入 100ms 事件）、Eng_phiDurationUW（喷射脉宽，归入 10ms 事件）、Eng_phiInjW（喷射提前角，归入同步事件）、Eng_qFuelFltUW（喷射油量，归入 10ms 事件）。

单击"关闭并保存"按钮完成监控变量列表的配置，若此时已与 ECU 建立连接，则会立即将配置好的监控变量列表信息同步至 ECU，同步结果将在消息窗口中给出提示，若同步失败将弹出错误对话框。

图 7.21　监控信号配置对话框 – 监控配置

7.4.5　配置界面

对各子窗口进行界面配置，对于标定窗口，当有多个设备时，在创建之前会弹出选择目标设备对话框，如图 7.22 所示，用户要选择标定设备。

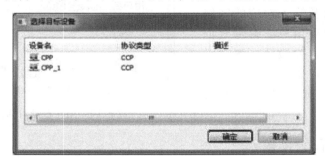

图 7.22　选择目标设备对话框

配置之前，可先对窗口类型进行划分，对不同类型的窗口，建立相应的页面进行管理。单击主菜单"视图"菜单项下的"多页设置"项或在主窗口边框上单击右键菜单中的"多页设置"项打开多页设置对话框，进行页面的创建，在本实例中，建立两个页面，分别为"油量标定"和"发动机参数标定"，如图 7.23 所示。

在油量标定页面中，分别创建如下子窗口：

● 曲线图形监控窗口：通过右键菜单中的变量选择，加入监控变量 Eng_nAvrUW、Eng_phiDurationUW、Eng_phiInjW、Eng_qFuelFltUW；根据各变量的物理属性设置其取值范围，如 Eng_nAvrUW（发动机平均转速）可设置为 0 ~

第 7 章
整车控制策略在线自动标定

图 7.23　创建页面

3000；设置时间轴跨度为 30s。如图 7.24 所示。

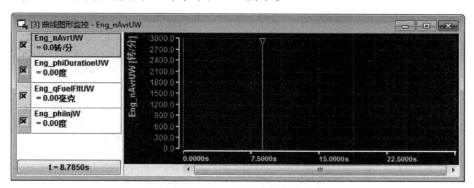

图 7.24　曲线图形监控窗口

• 数值表格标定窗口：通过右键菜单中的变量选择，加入标定变量 Eng_qFuelUW_MAP（主喷油量 MAP 图），如图 7.25 所示。若未加载离线数据文件，表格中数据将均为 0 且呈灰色。

在发动机参数标定页面中，分别创建如下子窗口：

• 单值变量标定窗口：通过右键菜单中的变量选择，加入标定变量 Eng_numCylUW_C（发动机缸数），如图 7.26 所示。

• 二维图形标定窗口：通过右键菜单中的变量选择，加入标定变量 CTSCD_tUW_CUR（冷却液温度特性曲线），如图 7.27 所示。

完成上述界面配置后，单击主菜单"文件"菜单项下的"保存配置"项或

255

\	0.00	100.00	200.00	300.00	400.00	500.00	600.00	700.00	800.00	900.00	1000.00	1100.00	1200.00
0.00	0.00	0.00	0.00	0.00	0.00	0.00	0.00	0.00	0.00	0.00	0.00	0.00	0.00
5.00	56.00	56.00	56.00	56.00	56.00	56.00	56.00	56.00	17.71	13.16	8.99	5.15	0.81
10.00	56.00	56.00	56.00	56.00	56.00	56.00	56.00	56.00	30.00	30.00	25.62	20.64	15.60
20.00	56.00	56.00	56.00	56.00	56.00	56.00	56.00	56.00	34.00	34.00	34.00	34.00	32.50
30.00	56.00	56.00	56.00	56.00	56.00	56.00	56.00	56.00	38.00	38.00	38.00	38.00	38.00
40.00	56.00	56.00	56.00	56.00	56.00	56.00	56.00	56.00	42.50	42.50	42.50	42.50	42.50
50.00	56.00	56.00	56.00	56.00	56.00	56.00	56.00	56.00	45.00	45.00	45.00	45.00	45.00
60.00	56.00	56.00	56.00	56.00	56.00	56.00	56.00	56.00	47.50	47.50	47.50	47.50	47.50
70.00	56.00	56.00	56.00	56.00	56.00	56.00	56.00	56.00	50.00	50.00	50.00	50.00	50.00

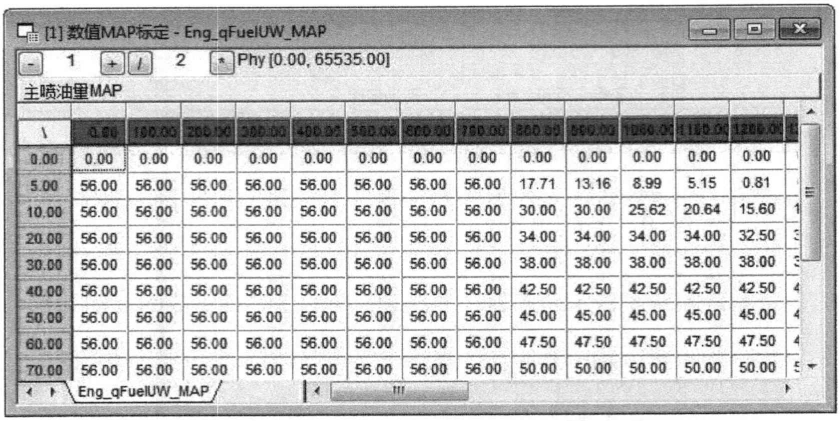

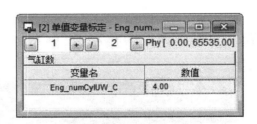

图 7.25　数值表格标定窗口

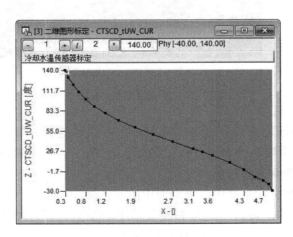

图 7.26　单值变量标定窗口

图 7.27　二维图形标定窗口

工具栏上的保存配置快捷按钮，保存当前界面配置，以便下次载入工程时，自动恢复所配置的界面。

第 7 章
整车控制策略在线自动标定

7.4.6 标定上线

在标定上线之前，标定处于离线状态，所有在标定子窗口中进行数据修改操作均只作用于数据缓存中。单击主菜单"标定"菜单项下的"上线"项或工具栏中的"标定上线"快捷按钮，可触发标定上线操作。

标定上线即数据同步过程，ECKA 分别将上位机离线数据与下位机标定页中的数据进行校验，若校验结果不一致，将弹出同步操作提示对话框，如图 7.28 所示：选择"下载"，上位机离线数据将被下载至下位机标定页，替换下位机中的原有数据；选择"上传"，下位机标定页中的数据将上传至上位机离线数据区，替换上位机的原始离线数据；单击对话框右上角关闭按钮将中断标定上线过程。

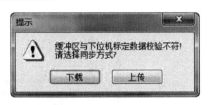

图 7.28 同步操作提示对话框

当上位机（PC 机）中离线数据较新或延续上次标定操作时，应选择下载操作；当需获取下位机（ECU）原始数据时，可选择上传操作。

当上位机未加载任何离线数据文件时，标定上线操作将不进行同步检验，自动选择上传操作。上传结束后，可通过主菜单"标定"菜单项下的"保存当前活动页至数据文件"项，生成初始的离线 MAP 文件。

标定上线成功后，状态栏中的标定状态栏将显示"标定上线"，此时在各标定子窗口中进行的数据修改操作将同时在线修改下位机标定页中的数据。在本例程中，标定上线后，即可对各发动机参数以及主喷油量进行在线标定。

完成标定后，可单击主菜单"标定"菜单项下的"离线"项或工具栏中的"标定离线"快捷按钮，使标定处于离线状态。

7.4.7 运行监控

运行监控前可通过勾选主菜单"监控"菜单项下的"记录数据"项来设置是否记录监控数据。

单击主菜单"监控"菜单项下的"开始"项或工具栏上的"开始监控"快捷按钮，即可运行监控。在本例程中，可通过曲线图形监控窗口监控发动机转速等发动机状态量的变化过程。若使用了记录数据功能，状态栏上的当前监控数据大小栏将实时显示记录文件的大小。

单击主菜单"监控"菜单项下的"停止"项或工具栏上的"停止监控"快捷按钮，即可停止监控。若使用了记录数据功能，停止监控时，将弹出监控数据保存对话框，如图 7.29 所示。监控数据文件为 .dat 后缀的 MDF 文件，可在该对

257

图 7.29 监控数据保存对话框

话框中添加描述或注释。

单击主菜单"监控"菜单项下的"打开 MDA 分析监控数据"项或对应的工具栏快捷按钮,可打开 MDA 分析数据。

7.5 本章小结

本章介绍了 ECKA 通用型匹配标定工具、匹配标定原理以及其工程文件组成机制,说明了 ECKA 软件的界面设计及各项功能,包括菜单栏、工具栏、状态栏、页面标签栏和子窗口显示栏,最后以电控发动机 ECU 匹配标定工程的建立为例程,说明 ECKA 的使用方法。

附　录

附录 A　ECCoder 安装说明

ECCoder 需要进行安装之后才能进行使用，安装步骤如下。

1. 删除工具箱

在 MATLAB 主视图中选择附加功能，点击管理附加功能。在打开的页面中，找到旧版 ECCoder，选择卸载。卸载时请确保无 Simulink 工程或 ECCoder 相关功能正在运行，如下图所示（如果之前未安装过 ECCoder，请忽略此步骤）。

2. 安装工具箱

将 ECCoder 安装包（.mltbx）文件拖拽至 MATLAB 命令行中，根据提示完成安装即可。

3. 激活与配置

安装完成后,需要激活 ECCoder 才能正常使用,否则无法进行代码生成和自动编译。在命令行中输入:

eccoder. activation;

复制页面中的 System ID 并提供给 ECTEK,获取到 Key 之后粘贴到 Activation Key 栏中即可完成激活。对于之前激活过,但是升级或重新安装工具箱的情况,可直接使用之前激活码激活或在卸载旧版工具箱之前另存工具箱路径 bin 文件夹下的 license. dat 文件,在安装新的工具箱之后加载该文件即可。激活后重新输入该命令可查看 license 有效日期。

在正式使用之前,还需要对某些 IDE 路径进行配置(供自动编译功能使用,如果不需要自动编译可不指定)。在命令行中输入:

eccoder. systemconfig;

在界面中点击 browser 按钮,分别指定 Hightec Eclipse IDE 路径和 Code Warrior 路径,指定完成后点击 OK 即可。Hightec 编译器文件名为 eclipsec. exe,一般保存在 HIGHTEC \ ide \ htc – ide – v2. X. X (eclipse – v1. X. X) 路径下。

4. 扩展包管理

ECCoder 采用包的形式来实现对额外硬件平台的支持。在命令行中输入:

eccoder. packagemanager;

来打开扩展包管理界面,如下图所示。

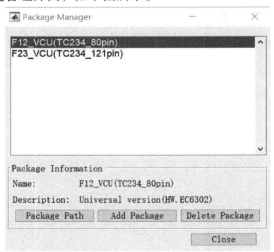

在界面中,用户可以添加/删除扩展包。点击 Add Package 按钮,选择由 ECTEK 提供的. ecpkg 文件即可添加。每一个扩展包对应一个相应的硬件平台,添加扩展包成功后,即可在模型 Configuration – Code Generation – Platform 页面 Hardware Platform 列表中发现相应平台(如果 ECCoder 仅包含唯一一个包则无法

删除）。如果添加的 package 名称在列表中已存在，会将旧包文件覆盖。

可以点击 Package Path 按钮打开包路径，路径中 pin_def.pdf 文件为该平台硬件接插件定义及硬件规格；Monitor.zip 压缩包为该平台底层 a2l 文件及 ECKA 监控工程；DefaultProject.zip 压缩包为该平台底层 Hightec IDE 工程文件，包含了底层库及上层基础服务代码；UserDefine.xml 为用户自定义配置样例文件。该路径中内容均为只读，如有需要请另行拷贝，切勿直接修改，修改后可能会导致 EC-Coder 编译出错。

附录 B　ECKA 安装说明

本匹配标定工具的安装包括三个步骤：
- CAN 卡驱动的安装。
- ECKA 软件的安装。
- ECKA 软件的注册。

1. CAN 卡驱动安装

本工具所采用通信硬件（USBCAN 卡）与 PC 机采用 USB 接口，其安装方法如下图所示。

当第一次将 USB CAN 卡的 USB 接头插入 PC 的 USB 接口时，系统会提示发现新硬件。采用手动安装的方式，将驱动目录指向软件安装目录下的 Drivers 文件夹，确认后即可完成 CAN 卡驱动的安装。

2. ECKA 软件安装

ECKA 软件安装包为单独的 ECKA2.0.0Rev1220.exe 文件，运行该文件即可开始安装过程，如下图所示。

选择许可协议，如下图所示。

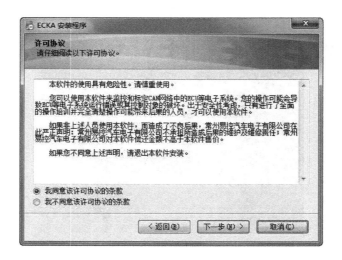

填写用户信息，如下图所示。

附 录

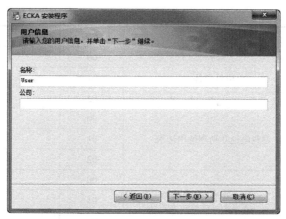

安装过程中可自定义安装路径,默认安装目录为"C:\ProgramFiles\ECKA\",如下图所示,确认后即可开始文件复制过程。

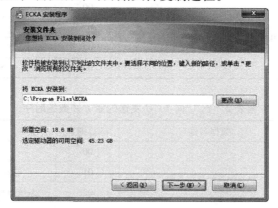

3. ECKA 软件注册

ECKA 软件需要序列号和 License 才能正常运行。注册需提供用户名、目标版本号信息。请将上述信息发送至 ectek@ectek.com.cn。

附表 1　VCU 向 FCU 发送的第 1 帧数据时序

位置	数据名称	范围	时序
Byte3.1	整车燃料电池请求开关	00	关机
		01	开机
		02	Reserved

263

（续）

位置	数据名称	范围		时序
Byte3.3	电堆急停	00		无急停
		01		急停
		02		Reserved
Byte3.5	燃料电池 0 功率输出请求	00		无请求
		01		请求
		02		Reserved
Byte3.5	6kW DC/DC 接触器状态反馈	00		Reserved
		01		Opened
		02		Closed
		03		Signal Invalid
Byte4.3	59kW DC/DC 主接触器状态反馈	00		Reserved
		01		Opened
		02		Closed
		03		Signal Invalid

附表 2　FCU 向 VCU 发送的第 1 帧数据时序

位置	数据名称	范围	时序
Byte1	燃料电池状态	00	Reserved
		01	待机（低功耗阶段）
		02	系统自检（FCU 低压自检）
		03	起动（电堆上电完成）
		04	运行
		05	降载
		06	关机中
		07	紧急停机
		08	已关机（关机完成）
		09	故障
Byte2.1	燃料电池故障等级	00	Reserved
		01	一级故障（警告）
		02	二级故障（降功率）
		03	三级故障（关机）

附 录

附表3 FCU 向 VCU 发送的第 4 帧数据时序

位置	数据名称	范围	时序
Byte2.1	高压 DC/DC 状态	00	Off
		01	On
		02	Error
Byte2.3	燃料电池液位报警	00	无报警
		01	报警
Byte2.4	氢气剩余量报警	00	无报警
		01	报警
Byte2.5	电导率高报警	00	无报警
		01	报警

附表4 VCU 向 BMS 发送的第 1 帧数据状态

位置	数据名称	范围	状态
Byte1	VCU 生命信号	255	无效
Byte2.1	整车发给 BMS 的主回路上下高压指令	00	Reserved
		01	PowerOn
		02	PowerOff
		03	Invalid
Byte2.2	整车发给 BMS 的附件1回路上下高压指令	00	Reserved
		01	PowerOn
		02	PowerOff
		03	Invalid
Byte2.3	整车发给 BMS 的附件2回路上下高压指令	00	Reserved
		01	PowerOn
		02	PowerOff
		03	Invalid
Byte2.4	整车发给 BMS 的附件3回路上下高压指令	00	Reserved
		01	PowerOn
		02	PowerOff
		03	Invalid
Byte4.1	整车端主正继电器触点状态	00	Reserved
		01	PowerOn
		02	PowerOff
		03	Invalid

（续）

位置	数据名称	范围	状态
Byte4.2	整车端主正继电器故障状态	00	Reserved
		01	PowerOn
		02	PowerOff
		03	Invalid
Byte4.3	整车端主负继电器触点状态	00	Reserved
		01	PowerOn
		02	PowerOff
		03	Invalid
Byte4.4	整车端主负继电器故障状态	00	Reserved
		01	PowerOn
		02	PowerOff
		03	Invalid
Byte4.5	整车端充正继电器触点状态	00	Reserved
		01	PowerOn
		02	PowerOff
		03	Invalid
Byte4.6	整车端充正继电器故障状态	00	Reserved
		01	PowerOn
		02	PowerOff
		03	Invalid
Byte5.1	整车端加热正继电器触点状态	00	Reserved
		01	PowerOn
		02	PowerOff
		03	Invalid
Byte5.2	整车端加热正继电器故障状态	00	Reserved
		01	PowerOn
		02	PowerOff
		03	Invalid
Byte5.3	整车端加热负继电器触点状态	00	Reserved
		01	PowerOn
		02	PowerOff
		03	Invalid

（续）

位置	数据名称	范围	状态
Byte5.4	整车端加热负继电器故障状态	00	Reserved
		01	PowerOn
		02	PowerOff
		03	Invalid
Byte6.1	整车端辅件1接触器触点状态	00	Reserved
		01	PowerOn
		02	PowerOff
		03	Invalid
Byte6.2	整车端辅件1接触器故障状态	00	Reserved
		01	PowerOn
		02	PowerOff
		03	Invalid
Byte6.3	整车端辅件2接触器触点状态	00	Reserved
		01	PowerOn
		02	PowerOff
		03	Invalid
Byte6.4	整车端辅件2接触器故障状态	00	Reserved
		01	PowerOn
		02	PowerOff
		03	Invalid
Byte6.5	整车端辅件3接触器触点状态	00	Reserved
		01	PowerOn
		02	PowerOff
		03	Invalid
Byte6.6	整车端辅件3接触器故障状态	00	Reserved
		01	PowerOn
		02	PowerOff
		03	Invalid
Byte6.7	整车端辅件4接触器触点状态	00	Reserved
		01	PowerOn
		02	PowerOff
		03	Invalid

(续)

位置	数据名称	范围	状态
Byte 6.8	整车端辅件4接触器故障状态	00	Reserved
		01	PowerOn
		02	PowerOff
		03	Invalid

附表5　VCU 向 BMS 发送的第 2 帧数据状态

位置	数据名称	范围	状态
Byte1	绝缘检测仪工作状态	00	Selfcheck
		01	working
		02	stop work
		03	equipment failure
Byte2	绝缘故障等级	00	Normal
		01	Level 1 – Light fault
		02	Level 2 – More severe fault
		03	Level3 – Most severe fault

附表6　BMS 向 VCU 发送的第 1 帧数据状态

位置	数据名称	范围	状态
Byte1	电池编码信息帧序号	01	Frame1
		02	Frame2
		03	Frame3
		04	Frame4

附表7　BMS 向 VCU 发送的第 2 帧数据状态

位置	数据名称	范围	状态
Byte7.1	电池类型	01	铅酸电池 Lead – acid battery
		02	镍氢电池 NI – MHBattery
		03	磷酸铁锂电池 LEP
		04	锰酸锂电池
		05	钴酸锂电池
		06	三元材料电池 NCM
		07	聚合物锂离子电池 Polymer li – ion battery

附　录

（续）

位置	数据名称	范围	状态
Byte7.1	电池类型	08	钛酸锂电池
		09	超级电容 Super-capaciyor
		10	Reserved
		11	Reserved
		12	Reserved
		13	Reserved
		14	燃料电池 Fuel battery
		15	其他车载储能装置
Byte7.2	电池冷却方式	00	其他冷却方式
		01	自然冷却
		02	风冷
		03	水冷
Byte7.3	电池厂家	01	CATL
		02	Li Shen
		03	MGL
		04	SAMSUN
		05	LG
		06	GUOXUAN HIGH_TECH
		07	SUNWODA
		08	Others

附表8　BMS 向 VCU 发送的第 3 帧数据状态

位置	数据名称	范围	状态
Byte1	电池系统中 CSC 总的数目	255	Signal Invalid
Byte2	电池包中单体	6554	Signal Invalid
Byte3	电池的总数目		
Byte4	电池包中单体电池温度点	6554	Signal Invalid

附表9　BMS 向 VCU 发送的第 4 帧数据状态

位置	数据名称	范围	状态
Byte1	电池包可用电压上限	6554	Signal Invalid
Byte2			
Byte3	电池包可用电压下限	6554	Signal Invalid
Byte4			

附表 10　BMS 向 VCU 发送的第 7 帧数据状态

位置	数据名称	范围	状态
Byte1.1	主正继电器状态	00	Reserved
		01	Opened
		02	Closed
		03	Signal Invalid
Byte1.3	主负继电器状态	00	Reserved
		01	Opened
		02	Closed
		03	Signal Invalid
Byte1.5	主回路预充或预检继电器状态	00	Reserved
		01	Opened
		02	Closed
		03	Signal Invalid
Byte2.1	直流充正继电器 1 状态	00	Reserved
		01	Opened
		02	Closed
		03	Signal Invalid
Byte2.2	直流充负继电器 1 状态	00	Reserved
		01	Opened
		02	Closed
		03	Signal Invalid
Byte3.1	直流充正继电器 2 状态	00	Reserved
		01	Opened
		02	Closed
		03	Signal Invalid
Byte3.2	直流充负继电器 2 状态	00	Reserved
		01	Opened
		02	Closed
		03	Signal Invalid
Byte4.1	加热正继电器状态	00	Reserved
		01	Opened
		02	Closed
		03	Signal Invalid

附　　录

（续）

位置	数据名称	范围	状态
Byte4.2	加热负继电器状态	00	Reserved
		01	Opened
		02	Closed
		03	Signal Invalid
Byte4.3	集电弓正继电器状态	00	Reserved
		01	Opened
		02	Closed
		03	Signal Invalid
Byte4.4	集电弓负继电器状态	00	Reserved
		01	Opened
		02	Closed
		03	Signal Invalid
Byte4.5	交流正继电器状态	00	Reserved
		01	Opened
		02	Closed
		03	Signal Invalid
Byte5.1	BMS当前高压状态	00	HV open
		01	Precharge or Precheck
		02	HV closed
		03	Fail to HV on
Byte5.2	BMS当前均衡状态	00	No Balancing
		01	Balancing
Byte6.1	直流充电枪连接状态	00	Not connected
		01	single gun connect
		02	double gun connect
		03	Invalid
Byte6.2	集电弓充电枪连接状态	00	Not connected
		01	Connected
Byte6.3	交流充电枪连接状态	00	Not connected
		01	Connected
Byte6.4	BMS当前充电模式	00	Notcharging
		01	DC charging
		02	AC charging
		03	Other charging

（续）

位置	数据名称	范围	状态
Byte6.5	充电状态	00	Not charging
		01	Charging
		02	ChargeFinished
		03	Charge error
Byte7.1	当前加热状态	00	not heating
		01	heating
Byte7.2	当前冷却状态	00	not cooling
		01	cooling

附表11　BMS向VCU发送的第8帧数据状态

位置	数据名称	范围	状态
Byte8.1	当前最高故障等级	00	Normal
		01	Level 1 – Light fault
		02	Level 2 – More severe fault
		03	Level 3 – Most severe fault
Byte8.2	BMS下高压请求	00	Signal Invalid
		01	require power off
		02	not require power off
		03	Signal Invalid
Byte8.3	BMS生命信号	15	Signal Invalid

附表12　BMS向VCU发送的第9帧数据状态

位置	数据名称	范围	状态
Byte1	BMS绝缘检测状态	00	stop insulation detection
		01	insulation detection active

附表13　BMS向VCU发送的第10帧数据状态

位置	数据名称	范围	状态
Byte1	单体电池温度最大值	254	Abnormal
		255	Signal Invalid
Byte2	单体电池温度最小值	254	Abnormal
		255	Signal Invalid
Byte3	单体电池温度平均值	254	Abnormal
		255	Signal Invalid

附表 14　BMS 向 VCU 发送的第 15 帧数据状态

位置	数据名称	范围	状态
Byte1	充电继电器请求	00	require contactor open
		01	require contactor close
		02	Reserved
		03	Reserved
Byte2	加热正继电器请求	00	require contactor open
		01	require contactor close
		02	Reserved
		03	Reserved
Byte3	加热负继电器请求	00	require contactor open
		01	require contactor close
		02	Reserved
		03	Reserved
Byte4	主负继电器请求	00	require contactor open
		01	require contactor close
		02	Reserved
		03	Reserved
Byte5	绝缘禁止请求	00	forbid Insulationdetection
		01	allow Insulation detection
		02	Reserved
		03	Reserved
Byte6	主负继电器线圈状态	00	coil opened
		01	coil closed
		02	Reserved
		03	Reserved

附表 15　VCU 向 MCU 发送的第 1 帧数据状态

位置	数据名称	范围	状态
Byte1.1	电机使能指令	00	无效
		01	有效
		10	清理故障
Byte1.3	电机运行方向	00	停止
		01	正转
		10	反转

（续）

位置	数据名称	范围	状态
Byte1.5	电机控制模式	00	自由转
		01	转速控制模式
		10	转矩控制模式
		11	主动放电控制模式
Byte6.1	档位	00	N 位
		01	P 位
		02	D 位
		03	R 位
Byte6.3	驻车制动状态	00	无
		01	有
Byte6.4	制动踏板状态	00	无
		01	有
Byte6.5	加速踏板状态	00	加速踏板松开
		01	加速踏板踩下
Byte6.6	防倒溜请求	00	无请求
		01	有请求

注：电机运行方向：
① 从输出轴往后端盖看，顺时针方向转动为正转，逆时针方向转动为反转。
② 发电机需要同时具有两个方向的驱动能力和发电能力。

附表 16 MCU 向 VCU 发送的第 1 帧数据状态

位置	数据名称	范围	状态
Byte1.1	电机实际使能状态	00	未使能
		01	使能
Byte1.3	电机实际运行方向	00	停止
		01	正转
		10	反转
Byte1.5	电机实际工作模式	00	初始化
		01	低压上电正常
		02	（保留）
		03	电机允许运行
		04	电机转速闭环运行
		05	电机转矩闭环运行
		06	下强电（主动放电）
		07	下弱电（高压低于 36V）
		08	错误（故障保护）

附 录

附表17 MCU 向 VCU 发送的第 2 帧数据状态

位置	数据名称	范围	状态
Byte1.1	电机故障等级	00	正常
		01	驱动系统一级故障（报警）
		10	驱动系统二级故障（降功率）
		11	驱动系统三级故障（强制停车）

附表18 MCU 向 VCU 发送的第 3 帧数据状态

位置	数据名称	范围	状态
Byte1	电机直流母线电压	0~1000	Byte1 为电机直流母线电压的低字节
Byte2			Byte2 为电机直流母线电压的高字节
Byte3	电机直流母线电流	-500~500	Byte3 为电机直流母线电流的低字节
Byte4			Byte4 为电机直流母线电流的高字节
Byte5	电机三相线电压	0~1000	Byte5 为电机三相线电压的低字节
Byte6			Byte6 为电机三相线电压的高字节
Byte7	电机三相线电流	-500~500	Byte7 为电机三相线电流的低字节
Byte8			Byte8 为电机三相线电流的高字节

附表19 MCU 向 VCU 发送的第 4 帧数据状态

位置	数据名称	范围	状态
Byte1	电机实际电功率	-300~300	Byte1 为电机实际电功率的低字节
Byte2			Byte2 为电机实际电功率的高字节
Byte3	电机消耗的电能累计	-300~300	Byte3 为电机消耗的电能累计的低字节
Byte4			Byte4 为电机消耗的电能累计的高字节

附表20 VCU 向 IP 发送的第 1 帧数据状态

位置	数据名称	范围	状态
Byte1	输出轴转速	0~16000	Byte1 为车速的低字节
Byte2			
Byte3	纯电续驶里程	0~655	Byte3 为车速的低字节
Byte4			
Byte5.1	高压互锁状态	00	高压互锁正常
		01	高压互锁异常（MSD 未插紧）

(续)

位置	数据名称	范围	状态
Byte5.3	档位显示	00	N 位
		01	P 位
		02	D 位
		03	R 位
Byte6.1	空调运行控制	00	禁止运行
		01	允许运行
Byte6.2	空调运行状态	00	关闭
		01	打开
		11	故障
Byte6.4	空调请求	00	无请求
		01	请求打开
Byte7.1	PTReady 灯	00	车辆不具备行驶状态
		01	车辆具备行驶状态
Byte7.2	驱动系统故障灯	00	指示灯灭
		01	指示灯亮
Byte7.3	火灾报警灯	00	指示灯灭
		01	指示灯亮
Byte7.4	制动指示灯	00	指示灯灭
		01	指示灯亮
Byte7.5	驻车制动指示灯	00	指示灯灭
		01	指示灯亮

注：1. 输出轴转速表示车辆输出轴的实际转速（直驱系统时，就是电机转速；带变速器时，为电机转速与当前档位速比的比值）。
2. 纯电续驶里程表示以当前的剩余电量，车辆还能行驶的以 km 为单位的里程数。

附表 21 VCU 向 IP 发送的第 2 帧数据状态

位置	数据名称	范围	状态
Byte7.1	电机运行状态	00	停机
		01	运行
Byte7.3	电机工作模式	01	驱动
		10	制动/发电

（续）

位置	数据名称	范围	状态
Byte7.5	电机转向	01	正转（前进）
		10	反转（后退）
Byte7.7	电机状态	00	初始化，预充电等
		01	准备好
		10	正常
		11	故障
Byte8.1	电机故障等级	00	正常
		01	一级故障（严重故障）停机
		10	二级故障（轻微故障）限功率（额定功率以下）
		11	三级故障（警告、提醒）
Byte8.3	电机故障码	0x00	正常
		0x01	自检异常
		0x02	通信故障
		0x11	过电压（高压）
		0x12	欠电压（高压）
		0x13	短路/绝缘检测（高压）
		0x14	断路/开路（高压）
		0x15	过电流（高压）
		0x16	驱动电机过载
		0x17	驱动电机温度过高
		0x18	驱动电机控制器温度过高
		0x19	驱动电机控制器24V欠电压
		0x1A	旋变故障
		0x1B	驱动电机输出缺相
		0x1C	驱动电机超速

附表22　VCU向IP发送的第3帧数据状态

位置	数据名称	范围	状态
Byte1	电池电压	0～980	Byte1为电池电压低
Byte2			
Byte3	电池放电/充电电流	1600～1600	Byte3为电池放电/充电电流低
Byte4			

（续）

位置	数据名称	范围	状态
Byte5	电池荷电状态	0~100	—
Byte7.1	电池状态	00	电池断开
		01	辅助接触器接合（预充）
		10	正常（主接触器接合）
		11	故障
Byte7.3	充电连接状态	00	未连接
		01	已连接
Byte7.4	充电状态	00	未充电
		01	充电中
		10	充电完成
		11	充电故障
Byte8.1	电池故障等级	00	0级故障（最高等级故障，需要断开电池继电器，弃车）
		01	一级故障（严重故障）电池禁止充放电
		10	二级故障（轻微故障）电池充放电限制功率（额定功率以下）
		11	三级故障（警告、提醒）
Byte8.3	电池故障码	0x00	正常
		0x01	自检故障
		0x02	通信故障
		0x03	内网通信故障（主从通信故障）
		0x04	BMS与充电桩通信故障
		0x05	BMS 24V过电压（或12V）
		0x06	BMS 24V欠电压（或12V）
		0x10	火灾报警（0级故障）
		0x11	总电压过高
		0x12	总电压过低
		0x13	充电电流过大
		0x14	放电电流过大
		0x15	SOC过高
		0x16	SOC过低
		0x17	单体电压过高（高压）

附　录

（续）

位置	数据名称	范围	状态
Byte8.3	电池故障码	0x18	单体电压过低（高压）
		0x19	单体电压差异过高，电池均衡故障（电池一致性故障）
		0x1A	单体温度过高
		0x1B	单体温度过低
		0x1C	单体温度差异过大
		0x1D	极柱温度过高
		0x1E	极柱温度差异过大
		0x1F	绝缘检测故障
		0x20	SOC跳变故障
		0x21	放电正极接触器故障（开路）
		0x22	放电负极接触器故障（开路）
		0x23	放电正极接触器故障（短路，粘连）
		0x24	放电负极接触器故障（短路，粘连）
		0x25	充电器正继电器故障（开路）
		0x26	充电器负继电器故障（开路）
		0x27	充电器正继电器故障（短路，粘连）
		0x28	充电器负继电器故障（短路，粘连）
		0x29	支路放电故障（多支路电箱回路，出现单支路放电，另一个支路出现电箱MSD断开的情况）
		0x2A	电池系统匹配故障（由于在电池更换后导致系统不匹配的故障）
		0x2B	高压互锁故障报警
		0x2C	动力电池过充电故障
		0x2D	加热或水冷继电器故障
		0x2E	充电电源电压超限故障
		0x2F	充电底座过温故障
		0x30	正极充电插座过温报警
		0x31	负极充电插座过温报警
		0x32	充电机过温
		0x33	充电机内部过温
		0x34	充电机急停

注：1. 电池电压指若干单体电池经过一系列串并组合后，电池两端的输出总电压。
2. 电池放电/充电电流指若干单体电池经过一系列串并组合后，电池的充放电电流，正值表示放电电流，负值表示充电电流。
3. 电池荷电状态指电池当前剩余电量占其完全充电状态时电量的百分比，电池剩余能量相当于传统车的油量，常用百分数表示，100%即表示为电池充满状态。
4. 电池故障码正常时故障码和故障等级必须为0；故障时故障码必须为非0值，故障等级分为0~3 4个等级。每个故障码可能对应4个故障等级，但不限定所有故障码必须有4个故障等级。

附表23　VCU向IP发送的第4帧数据状态

位置	数据名称	范围	状态
Byte1	燃料电池主接触器状态	00	断开
		01	闭合
		02	异常
		03	无效

附表24　VCU向IP发送的第5帧数据状态

位置	数据名称	范围	状态
Byte5	燃料电池发动机状态	00	未定义
		01	起动中 – Start Up
		02	运行 – Enable
		03	故障 – Error
		04	待机 – Idle
		05	正在关机 – Off
		06	紧急停机 – Off
		07	开机自检 – Power Up/Ready
		08	未定义
		09	
		10	
		11	
		12	
		13	
		0xE	异常
		0xF	无效

附表25　VCU向IP发送的第6帧数据状态

位置	数据名称	范围	状态
Byte8.1	氢高压压力偏低报警灯	00	警示灯灭
		01	警示灯亮
Byte8.2	冷却水箱液位低报警灯	00	警示灯灭
		01	警示灯亮
Byte8.3	氢气浓度高报警灯	00	警示灯灭
		01	警示灯亮

附 录

附表 26　IP 向 VCU 发送的第 1 帧数据状态

位置	数据名称	范围	状态
Byte1	整车累计行驶里程数	01	Byte1 为整车累计行驶里程的低字节
Byte2		02	
Byte3		03	
Byte4		04	
Byte5	整车当前行驶里程数	05	Byte5 为整车当前行驶里程的低字节
Byte6		06	
Byte7		07	
Byte8		08	

注：1. 整车累计行驶里程数表示整车从运行到现在累计行驶的里程数。
　　2. 整车当前行驶里程数表示整车从清除当前里程数开始到现在行驶的里程数。

附表 27　IP 向 VCU 发送的第 2 帧数据状态

位置	数据名称	范围	状态
Byte8.1	制动状态	00	驻车制动无
		01	驻车制动有
Byte8.2	真空泵状态	00	制动真空泵正常
		01	制动真空泵不足
Byte8.3	前门状态（无则发0）	00	前门关闭
		01	前门打开
Byte8.4	中门状态（无则发0）	00	中门关闭
		01	中门打开
Byte8.5	后门状态（无则发0）	00	后门关闭
		01	后门打开
Byte8.6	发动机舱门状态（无则发0）	00	发动机舱门关闭
		01	发动机舱门打开

附表 28　VCU 向 PDU 发送的第 1 帧数据状态

位置	数据名称	范围	状态
Byte1.1	电机预充接触器指令请求	00	断开
		01	闭合
Byte1.2	电机主正接触器指令请求	00	断开
		01	闭合

（续）

位置	数据名称	范围	状态
Byte1.3	油泵接触器指令请求	00	断开
		01	闭合
Byte1.4	气泵接触器指令请求	00	断开
		01	闭合
Byte1.5	DC/DC 接触器指令请求	00	断开
		01	闭合
Byte1.6	电空调接触器指令请求	00	断开
		01	闭合
Byte2.2	DC/DC 使能请求	00	未使能
		01	使能
Byte2.3	6kW DC/DC 接触器指令请求	00	断开
		01	闭合
Byte2.5	59kW DC/DC 主接触器指令请求	00	断开
		01	闭合

附表 29　PDU 向 VCU 发送的第 1 帧数据状态

位置	数据名称	范围	状态
Byte1.1	电机预充接触器状态反馈	00	保留
		01	开启
		02	关闭
		03	信号无效
Byte1.3	电机主接触器状态反馈	00	保留
		01	开启
		02	关闭
		03	信号无效
Byte1.5	油泵接触器状态反馈	00	保留
		01	开启
		02	关闭
		03	信号无效
Byte1.7	气泵接触器状态反馈	00	保留
		01	开启
		02	关闭
		03	信号无效

附　录

（续）

位置	数据名称	范围	状态
Byte2.1	DC/DC 接触器状态反馈	00	保留
		01	开启
		02	关闭
		03	信号无效
Byte2.3	电空调接触器状态反馈	00	保留
		01	开启
		02	关闭
		03	信号无效
Byte2.5	6kW DC/DC 接触器状态反馈	00	保留
		01	开启
		02	关闭
		03	信号无效
Byte3.1	59kW DC/DC 主接触器状态反馈	00	保留
		01	开启
		02	关闭
		03	信号无效
Byte3.3	电机预充接触器故障状态	00	正常
		01	熔焊
		02	断路故障
		03	信号无效
Byte3.5	电机主接触器故障状态	00	正常
		01	熔焊
		02	断路故障
		03	信号无效
Byte3.7	油泵接触器故障状态	00	正常
		01	熔焊
		02	断路故障
		03	信号无效
Byte4.1	气泵接触器故障状态	00	正常
		01	熔焊
		02	断路故障
		03	信号无效

（续）

位置	数据名称	范围	状态
Byte4.3	DC/DC 接触器故障状态	00	正常
		01	熔焊
		02	断路故障
		03	信号无效
Byte4.5	电空调接触器故障状态	00	正常
		01	熔焊
		02	断路故障
		03	信号无效
Byte5.1	6kW DC/DC 接触器故障状态	00	正常
		01	熔焊
		02	断路故障
		03	信号无效
Byte5.5	59kW DC/DC 主接触器故障状态	00	正常
		01	熔焊
		02	断路故障
		03	信号无效

附表 30　PDU 向 VCU 发送的第 2 帧数据状态

位置	数据名称	范围	状态
Byte1.1	DC/DC 状态	00	Off
		01	On
		02	Error
Byte7.1	输出欠电压	00	无故障
		01	故障
Byte7.2	输出过电压	00	无故障
		01	故障
Byte7.3	输入欠电压	00	无故障
		01	故障
Byte7.4	输入过电压	00	无故障
		01	故障
Byte7.5	硬件故障	00	无故障
		01	故障

（续）

位置	数据名称	范围	状态
Byte7.6	过温	00	无故障
		01	故障
Byte7.7	短路/过电流保护	00	无故障
		01	故障
Byte7.8	通信故障	00	无故障
		01	故障
Byte8.1	24V 低压欠电压	00	无故障
		01	故障

附表 31　PDU 向 VCU 发送的第 3 帧数据状态

位置	数据名称	范围	状态
Byte1.1	气泵状态	00	Off
		01	On
		02	Error
Byte5.1	控制器硬件故障	00	无故障
		01	故障
Byte5.2	控制器软件过载及堵转故障	00	无故障
		01	故障
Byte5.3	直流输入软件过电压	00	无故障
		01	故障
Byte5.4	直流输入软件欠电压	00	无故障
		01	故障
Byte5.5	控制器散热板过温	00	无故障
		01	故障
Byte5.6	EEPROM 故障	00	无故障
		01	故障
Byte5.7	U 相霍尔传感器检测故障	00	无故障
		01	故障
Byte5.8	V 相霍尔传感器检测故障	00	无故障
		01	故障
Byte6.1	W 相霍尔传感器检测故障	00	无故障
		01	故障

（续）

位置	数据名称	范围	状态
Byte6.2	输出缺相故障	00	无故障
		01	故障
Byte6.3	输出线绝缘故障	00	无故障
		01	故障
Byte6.4	硬件直流过电压故障	00	无故障
		01	故障
Byte6.5	硬件交流过电流故障	00	无故障
		01	故障
Byte6.6	硬件IGBT过温故障	00	无故障
		01	故障
Byte6.7	硬件IGBT损坏故障	00	无故障
		01	故障
Byte6.8	硬件直流欠电压故障	00	无故障
		01	故障
Byte7.1	总线CAN通信故障	00	无故障
		01	故障
Byte7.2	电机过载报警	00	无故障
		01	故障
Byte7.3	控制器失速失调故障	00	无故障
		01	故障
Byte7.4	电机过热	00	无故障
		01	故障
Byte7.5	电机温度传感器断线	00	无故障
		01	故障
Byte7.6	故障等级	00	无故障
		01	一级故障
		02	二级故障
		03	三级故障

附表32　PDU向VCU发送的第4帧数据状态

位置	数据名称	范围	状态
Byte1.1	油泵状态	00	Off
		01	On
		02	Error

（续）

位置	数据名称	范围	状态
Byte5.1	控制器硬件故障	00	无故障
		01	故障
Byte5.2	控制器软件过载及堵转故障	00	无故障
		01	故障
Byte5.3	直流输入软件过电压	00	无故障
		01	故障
Byte5.4	直流输入软件欠电压	00	无故障
		01	故障
Byte5.5	控制器散热板过温	00	无故障
		01	故障
Byte5.6	EEPROM 故障	00	无故障
		01	故障
Byte5.7	U 相霍尔传感器检测故障	00	无故障
		01	故障
Byte5.8	V 相霍尔传感器检测故障	00	无故障
		01	故障
Byte6.1	W 相霍尔传感器检测故障	00	无故障
		01	故障
Byte6.2	输出缺相故障	00	无故障
		01	故障
Byte6.3	输出线绝缘故障	00	无故障
		01	故障
Byte6.4	硬件直流过电压故障	00	无故障
		01	故障
Byte6.5	硬件交流过电流故障	00	无故障
		01	故障
Byte6.6	硬件 IGBT 过温故障	00	无故障
		01	故障
Byte6.7	硬件 IGBT 损坏故障	00	无故障
		01	故障
Byte6.8	硬件直流欠电压故障	00	无故障
		01	故障

（续）

位置	数据名称	范围	状态
Byte7.1	总线CAN通信故障	00	无故障
		01	故障
Byte7.2	电机过载报警	00	无故障
		01	故障
Byte7.3	控制器失速失调故障	00	无故障
		01	故障
Byte7.4	电机过热	00	无故障
		01	故障
Byte7.5	电机温度传感器断线	00	无故障
		01	故障
Byte7.6	故障等级	00	无故障
		01	一级故障
		02	二级故障
		03	三级故障